프로

영업에는 왕도가 없다? 아니다 영업에는 왕도가 있다

세일즈의
조건

당신을 영업달인으로 이끌어줄 최고의 개념서!
영업은 마인드, 과정, 결과의 차이이다

성공 세일즈를 위해서는 요령보다 기본기가 우선이다
세일즈 성패는 영업을 알고, 아는 것에 대한 실행의 차이이다
따라잡기, 앞서가기 Know-how를 통해 진검 승부하라

프로

영업에는 왕도가 없다? 아니다 영업에는 왕도가 있다!

세일즈의
조건

최광돈 지음

이담
Books

Prologue

우수 세일즈맨으로 육성하기 위한 영업 교육에서 가장 많이 주장되나 부정하고 싶은 5가지 내용이 있다.

1. 영업은 뿌린 만큼 거둘 수 있는 농사와 같다.
2. 영업에는 왕도가 없으며 꾸준한 활동이 비결이다.
3. 교육을 받은 대로 실천하라.
4. 세일즈 우수 사례를 따라 하라.
5. 최고의 세일즈맨을 따라 하라.

아니다.

1. 농사에서 같은 양의 씨앗을 뿌리고 같은 방법으로 경작하여도 작황이 다르다.

2. 영업 조직에서 나도 주위의 동료도 성실한데도 불구하고 성과가 부족하다.
3. 영업 조직에서 교육대로 실천한 각각의 세일즈맨의 성과가 다르다.
4. 학교에서 같은 교재로 같은 시간 교육을 받아도 석차는 발생한다.
5. 성공한 기업의 전략을 모방해도 성과를 얻지 못한다.

불황이 깊어질수록 각광받는 직무가 영업맨이다. 기업이 아무리 좋은 제품과 서비스를 개발하여도 팔지 못하면 무용지물이다. 인쿠르트가 기업의 채용 공고를 분석한 결과 영업(20.5%), 회계(9%), 기획·마케팅(7%), 일반사무(6%) 등으로 영업직의 비율이 단연 앞섰다.

경기가 나쁠수록 기업의 수익을 바로 낼 수 있고 난국을 돌파할 방법이 영업이요, 경기 불황과 내수 위축으로 기업들은 실적 부진을 타개할 해결사로 영업맨을 찾는 것이다. 또한 다양한 영업 채널을 운영하는 보험, 화장품, 건강기능식품업 등의 경우도 불황기에 영업력을 강화하는 방법으로서 고객 대면 영업을 강화하며 영업 조직의 확대를 도모하고 있다.

"억대 연봉의 보험 설계사가 전체의 4%이며 매년 10%씩 늘고 있다."
"연봉 10억 원 이상의 보험 설계사들이 탄생하고 있다."

"억대 연봉의 증권회사 영업사원이 늘고 있다."

"기업에서 가장 많은 임원 보직은 영업 부문에 있다."

"기업에서 자신을 가장 객관적으로 평가받고 성과만큼 보상이 이루어지는 부문이 영업이다."

"기업에서 기획을 해도 관리를 해도 영업을 경험하여 알아야 한다."

영업! 분명 매력 있고 도전할 만한 가치가 있어, 직장 생활을 통해 누구나 한번 생각해 보는 직무이고 제2의 직업으로 선택을 생각하게 된다. 땀을 흘린 만큼 성과와 보상이 이루어지며 스스로의 역량을 마음껏 발휘할 수 있다는 이유이다. 또한 쉽게 할 수 있다 여기고 기업에서도 많은 영업 인력을 필요로 하기 때문이다.

그러나 얼마나 많은 인원이 영업에서 좌절하고 실패를 하는가! 직장 생활을 하면서도 영업 일선에 근무하다 퇴직하는 경우가 많으며 각 업종의 세일즈 분야에서도 대량 탈락이 이루어지고 있다.

기본을 갖추지 않고 기본기 없이 영업에 뛰어들고, 기업 또한 마치 전쟁에서 학도의용군처럼 극히 기본적인 군사 교육을 통해 인해전술식으로 영업맨들을 내몰고 있는 것은 아닌가?

영업! 결코 아무나 하는 쉬운 업이 아니다. 알고 해야 하는데 그냥 쫓기고 밀리며 모르고 한다.

22년간 영업을 경험한 저자가 스스로를 위로하고 독려하며 부르던 노래이며 영업맨들이 자주 부르던 노래들이 기억난다.

나그네 설움 "오늘도 걷는다마는 정처 없는 이 발길~", 동백 아가씨 "헤일 수 없이 수많은 마감 내 가슴 도려내는 아픔에 겨워~", 창밖의 여자 "누가 영업을 아름답다 했는가, 누가 영업을 꽃이라고 했는가, 차라리 고객의 흰 손으로~", 사랑만은 않겠어요 "이렇게도 영업이~."

급기야는 영업과 관련한 곡을 만들기까지 하였다.

"칭칭힌 영업 생활, 영아만을 이지하면, 계약과 유지 속에도, 고된 줄 몰랐오, 그 누가 앗아를 갔나, 내 품 안에 잠든 영아를, 아! 아! 아! 불러보는, 영아! 영아! 영아! 영아! 영아의 노래."

이 곡에서 영아라는 이름은 고객을 의미한다. 물론 영업하던 동료들에게 대히트한 곡이 되었다.

영업맨들은 위의 노래들이 단지 애환을 달래는 스트레스 해소의 노래일 뿐, 영업은 스스로 선택하고 결정한 생각과 행동을 마음껏 펼칠 수 있으며, 승부가 정확한 업이며, 노력한 만큼 비례하여 성과를 낼 수 있으며, 성과만큼 보상을 보장해 주는 최고의 매력적인 직무이며, 직장인들이 종착역으로 생각하는 자기 사업을 위해서도 소중한 경험의 직무라고 예찬한다.

경제가 어렵고 경기가 불황일수록 기업들은 영업 부문의 판매를 통한 매출 극대화를 강조한다.

각 기업이 어려움으로 구조 조정 시 우선시하는 명분의 하나가 현장 중시 경영, 영업 조직 강화, 영업 효율 증대 등으로 많은 인력을 영업 조직으로 이동시키고 영업 부문의 효율을 위해 영업 인력을 구조 조정 1순위로 행하기도 한다.

그만큼 영업은 항상 결과와 성과가 요구되는 현재 진행형이 중요시되는 부문이다. 내부적으로 기업의 가장 큰 조직으로서 가장 많은 인원이 가장 심한 경쟁을 행하는 곳이 영업 부문이요, 외부적으로도 모든 기업의 영업 전략과 전술, 실행이 충돌하는 무한경쟁과 무한도전이 이루어지는 곳이 영업 시장이다.

그러한 영업에 많은 인원이 전직 및 제2의 출발로 세일즈를 택하며 오늘도 새로이 입문한다. 보험, 카드, 증권, 은행, 자동차, 정보기술, 제약, 화장품, 건강기능식품, 건강음료, 정수기, 학습지, 전자제품, 도서, 회원권… 수많은 업종에서 대한민국에서 가장 많은 인원이 종사하는 업이 영업이요, 어찌 보면 인생 또한 영업의 연속이라 할 수 있다.

아기가 엄마에게 젖 달라고 우는 것도, 아이가 부모의 관심을 유발하여 칭찬을 받고자 하는 것도, 학창 시절 공부를 열심히 하여 미래를 대비하는 준비도, 기업에 취직하는 것도, 취업 후 회사 생활에 필요한 평판·평가·인사·고과·승진 등도, 사회생활에 필요한 처세·인맥·관계 등도 모두 상대방에 대하여 나를 보여주는 영업인 것이다. 반장 선거도, 회장 선거도, 국회의원 선거도, 대통령 선거도 자신을 알리고 자신을 홍보하는 영업인 것이다.

영업만큼 결과의 차이와 성패가 분명하고 처우와 보상이 확실한 업도 드물다. 영업만큼 입문과 도전과 탈락이 대량으로 반복되고 노력에 의해 솔직하게 성과와 진퇴가 좌우되는 업도 드물다.

그런데 문제는 영업을 누구나 할 수 있는 쉬운 업으로 생각하며 입문한다는 것이다. 그리고 그들은 영업에는 왕도가 없으며 열심히만 하면 된다고 이야기하며 결과 지향적인 영업만을 추구하다 보니 쉽게 좌절하고 포기를 하게 되는 것이다. 그러면서 영업을 포기하며 하는 변명의 말들은 '적성에 맞지 않는다', '비전이 없다', '어렵다' 등 자기합리화를 하려고 한다.

왜 그럴까? 무엇이 문제인가? 고민하고 내린 결론은, 미술에는 빨강, 파랑, 노랑의 3원색이 있고, 음악에는 도미솔, 도파라, 시레솔의 기본 화음이 있고, 무릇 스포츠에서도 기본기가 필요하듯이 영업에 필요한 기본 마인드, 과정의 준비 없이 결과만을 추구하며 누구나할 수 있는 것으로 착각을 하기 때문이다. 한글도 자음과 모음이 결합하여 글자가 만들어지고, 영어도 알파벳을 결합하여 단어가 이루어지듯 세일즈도 기본 위에 기법, 기술이 이루어지는 것이다.

많은 세일즈맨들이 "남만큼 하는데도 안 된다", "남보다 더 하는데도 안 된다", "도대체 왜 나는 안 될까"라는 말을 한다. 모든 일에 원인과 결과가 있듯이 안 되는 데는 이유가 있다. 모르고 열심히 하는 사람이 알고도 게으른 사람보다 성과가 좋을 수 없으며, 알고도 실천하지 않는 사람이 알면서 실행하는 사람을 당할 수 없다.

세일즈 성공의 해답은 단순하다. 알고 행해야 하고, 알고 있는 것을 실천하는 것이다. 박지성 선수처럼 되고 싶으면 그와의 차이를 알고 극복해야 하며, 추신수 선수처럼 되고 싶으면 그와의 차이를 알고 극복해야 한다.

유능한 세일즈맨과 보통의 세일즈맨 차이는 크지 않다. 그런데 기본적인 차이를 알지 못하고 무조건 따라한다고 자신도 유능해질 수는 없다. 아무리 모방이 뛰어나도 원조를 이길 수 없는 것은 모방을 하면서도 차이를 알지 못하기 때문이다. 문제는 그 차이를 알고, 그 알게 된 차이를 실행을 통해 따라잡아야 되는 것이다.

그리고 그 차이는 기술이 아닌 기본의 차이인 경우가 많다. 그래서 참고서를 보기 전에 교과서로 기본을 굳건히 해야 하는 것이다. 어떤 일을 하고자 하면 기본이 필요하다. 기본부터 차근차근 올라가다 보면 결국 원하는 것을 얻게 된다. 기본이 없다면 그 결과는 안 봐도 뻔하다. 순간적인 성공과 잠시의 만족이 있을지언정 결국은 실패만이 기다리고 있다.

회사는 세일즈맨에게 영업력 향상을 위한 교육을 체계적으로 실시하기도 하나 우수 세일즈 사례와 세일즈맨의 경험담을 더 중요시하고 세일즈맨 또한 기본적인 학습보다는 실제의 사례만을 귀 기울이고 맹종하려 한다. 그러나 그것은 남의 것이다. 우수 사례를 따라 한다고 똑같이 될 수 없는 이유는 똑같은 방법으로 공부하여도 성적이 틀린 것과 같다. 즉, 소화해 낼 수 있고 없고의 차이와 자기에게 맞는 다른 방법이 있을 수 있다는 것이다. 남의 것을 따라 할 것이 아니라 그들과의 차이를 알고 극복해야 한다.

의욕을 가지고 도전하는 세일즈맨에게 있어 능력과 노력은 크게 차이나지 않는다. 문제는 기본의 차이를 인정하여 알고, 알고 있는 것을 따라잡기 위한 실천이다. 알고 행하는 것은 준비된 영업이요, 모르고 행하는 것은 나 홀로 무대포 영업이다. 알고 행하는 것은 예측의 영업이요, 모르고 행하는 것은 불확실의 영업이다. 알고 행하는 것은 지속 가능한 영업이요, 모르고 행하는 것은 시한부 영업이다. 알고 행하는 것은 열애의 영업이요, 모르고 행하는 것은 짝사랑 영업이다. 알고 행하는 것은 성과의 영업이요, 모르고 행하는 것은 맴돌다 지치는 영업이다.

'영업은 뿌린 만큼 거둘 수 있는 농사와 같다', '영업에는 왕도가 없으며 꾸준한 활동이 비결이다', '교육을 받은 대로 실천하라', '세일즈 우수 사례를 따라하라', '최고의 세일즈맨을 따라하라'는 영업의 성경과 같은 말들도 기본을 갖추고 기본의 경쟁력을 배양한 다음의 방법론이므로 무엇보다 앞서 영업의 기본이 중요하다.

업종의 특성에 따라 영업의 환경이 다를 수 있고 개인 고객과 법인 고객의 차이에 따라 활동의 차이가 있을 수 있으나 감히 말하지만 세일즈의 기본과 기법은 크게 다르지 않다. 한 업종의 우수한 세일즈맨이 다른 업종의 세일즈에서도 두각을 나타내는 것은 당연하고 이미 검증이 된 주지의 사실이다. 이 책 또한 보험 영업의 사례가 주로 다루어졌지만 모든 세일즈에 통하는 이야기임을 확신한다.

또한 그동안의 세일즈 서적이 세일즈맨으로서 성공한 사람들의 자전적 이야기가 대부분이나 그러한 책을 읽고 학습을 하면서도 많은 세일즈맨들이 조기에 탈락하는 대량 입문, 대량 탈락 현상이 계속되고 있다. 적어도 세일즈에 성공한 사람들의 이야기는 대기업 CEO로 출세한 만큼의 확률과 영광이다. 직장인이 임원이 되는 것이 목표이고, 부장이 목표이고, 정년까지 근무가 목표일 수 있다. 그리고 그러한 목표의 연계선상에서 CEO까지 될 수 있다.

요즈음 직장인들에게 직장 생활 잘하는 법, 직장에서 살아남기, 직장인 필살기 등 현실적인 내용이 인기가 있는 이유는 초점이 CEO가 아닌 보통의 평범한 직장인의 성공에 맞추어진 현실 공감이기 때문이다.

아쉽게도 저자는 영업을 하면서 영업을 이해하고 기본적인 영업 지식을 배양하여 실전으로 이어지게 하는 체계적인 책을 많이 보지도 읽지도 못했다. 대부분 책의 저자가 판매왕들이었으며 사례, 즉 기술이 주 내용이었으며, 세일즈 입문 시 기본적이고 필수적인 세일즈 업의 개념 정립을 위한 내용은 부족하였다. 또한 영업 관리와 기획을 경험하거나 관리자 출신의 저자도 많이 못 보았다. 감히 외람되게 말을 하자면 저자는 전사적인 영업 관리와 기획 그리고 현장 개인영업과 법인영업을 경험하여 조금은 더 체계적이고 종합적이고 실제적인 다양한 시각으로 영업을 볼 수 있었다.

저자는 이 책의 시작을 실패하는 세일즈맨으로 하고 있으며 이유는 많은 사람이 세일즈에 실패를 하고 실패를 거울삼아야 현실적인 느낌이 오고 그러한 느낌을 통해 성공의 길을 갈 수 있기 때문이다. 세일즈는 이론보다 실천과 행동이며, 경험에 의한 노하우와 습관적 활동에 의해 자신의 역량과 스타일이 만들어진다.

부디 이 책이 정상을 향해 모자란 부분의 '따라잡기'와 최정상을 향해 차별화할 '앞서가기'에 작은 도움이 되어 읽는 이들이 프로 세일즈맨으로 거듭나길 바란다.

오늘도 땀 흘려 영업에 최선을 다하고 있는 수십만, 수백만의 세일즈맨들과 새로이 세일즈에 입문하거나 세일즈를 생각하고 있는 사람들, 그리고 세일즈맨들의 교육과 지원에 여념이 없는 수많은 세일즈 매니저들의 성공적 영업을 간절히 바란다.

최광돈

CONTENTS

7장 성공 세일즈 100계명

1장

실패하는 세일즈맨

실패하는 세일즈맨

실패하는 세일즈맨은 공통점과 특징을 갖고 있다. 그들은 딴 일을 찾다 영업을 그냥 하게 되었다느니, 영업을 한번 알아보려 한다느니, 남들이 하니까 나도 한번 해보려고 한다느니 말하며 자기 스스로를 비하하고 비굴하게 만든다. 그리고 영업의 목적도 목표도 없다.

또한 직장에서 내근직에서 영업직으로 전배되는 순간 '이제 한직으로 발령나는구나'라고 생각한다. 영업을 시작하는 마음이 전쟁에 나가며 이기러 가는 것이 아니고 살아만 돌아오려고 나간다. 놀자니 영업을 하는 것이라며 용돈만 벌어보려고, 100만 원만 벌어보려고 한다며 언제 그만둘지 모른다고도 한다. 직장 내 영업직에서 하위 몇 %는 퇴출된다, 연속하여 목표 미달하는 지점장은 보직에서 탈락한다는 등의 말에 두려움만 느낄 뿐 헤쳐 나가려 하지 않으니 두려움만 커지고 결국 스스로 사표를 내거나 후선 전배나 퇴직을 당하게 된다.

영업! 분명 실패하는 이유가 있다.

1

기본을 갖추지 않는다

기본이 튼튼한 운동선수가 결국 스타 선수가 되어 놀라운 연봉을 받게 된다. 아무리 기술이 뛰어나도 체력이 바탕이 되어야 하고 해당 종목의 기본기를 갖춘 후 반복적인 훈련을 통해 기본기에 기술이 더해지며 그러한 기술이 습관적으로 발휘되는 것이다. 명교수의 명강의는 지식을 바탕으로 내용이 있고 수강생에게 전달하는 기술을 통해 이해가 쉽고 흥미를 불러일으킨다. 명연기자는 배역에 대한 철저한 연구로 지식을 쌓아 연기에 몰입할 수 있으며 습관적으로 연기에 표현되어 관객을 감동시킨다. 곡을 완전히 알고 이해해야 명연주자나 지휘자가 될 수 있으며 이해를 바탕으로 기교를 부릴 수 있다. 그리고 위에 열거한 달인들은 태도와 매너가 갖추어져 있을 때 진정한 스타가 된다. 영업 스타의 전제 조건 또한 상품지식, 세일즈 태도, 영업 기법을 갖추고 습관적인 표준활동이 이루어져야 하는 것이 기본이다.

🎲 지식

모르는 게 많다 보니 설명을 제대로 하지 못해 고객 니즈를 일으키기는커녕 고객의 니즈를 읽지도 못한다. 고객 니즈를 모르니 니즈에 부응하는 상품을 제시하지 못한다. 자신이 설명하기 어려운 부분의 고객 질문을 무시하고 대화가 이어지지 못하고 자주 끊기며 분위기가 서먹해진다. 그러나 보니 했던 말을 계속 반복하고, 상품의 장점은 과장하고, 단점은 축소한다. 고객은 이미 알고 있는 뻔한 설명을 계속 듣자니 지루해한다.

🎲 태도

아무리 고객을 위해 필요한 상품이라 할지라도 고객이 나에게 시간을 할애해 주는 것이지 세일즈맨이 고객에게 시간을 할애해주는 것이 아니다. 세일즈맨의 본업은 세일이지 강의나 강연이 아니다. 그러므로 고객을 위해 최선을 다하는 모습이어야 한다. 두발, 손톱, 면도, 신발, 옷차림, 냄새, 인상, 준비물, 용어, 자세, 매너 등 갖출 수 있는 최대한을 갖추어야 한다. 고객의 체면과 고객 주위 사람에게 체면을 떨어뜨리는 태도를 경계해야 한다. 흐트러진 머리, 긴 손톱, 콧수염, 먼지 덮인 구두, 단정치 못한 의상, 구겨진 인상, 없는 팸플릿·설명서·필기구, 반말·비속어, 뻣뻣한 몸가짐, 고객을 배려하지 않는 태도 등을 고객은 거부한다.

 기술

같은 설명을 어렵게 하거나 교과서적인 화법에 구속되어 마치 녹음기를 듣는 듯한 어투, 시대에 뒤떨어진 화법, 상황에 맞지 않는 대처, 현실감 없는 예시, 핵심 없는 일관된 내용, 악센트 없는 평범한 과정 등으로 고객의 주의와 관심을 받지 못한다. 기술이란 알고 있는 것을 조합하고 응용하며 적절하게 구사하는 것인데 막히면 돌아가지도 번복하지도 넘어가지도 못하고 엉뚱하게도 부딪히기만 한다. 기술은 현재에서 더하거나 빼거나 곱하거나 나누어서 개발하는 것인데 현재에 대한 피드백이 없으니 지금에서 나아지는 것이 없다.

 습관

세일즈 기본에 반하는 행동을 반복적, 무의식적으로 행한다.

눈을 뜨니 출근하고 출근하니 활동할 뿐 생각과 혼이 들어있지 않으며, 머리와 가슴이 아닌 발로만 활동하고, 모두 다른 고객에게 모두 똑같이 영업하며, 잘못된 것을 개선하지 않고 연구 노력하지 않는, 즉 편안함을 추구하는 겉모양뿐인 영업이 계속되어 그것이 자기 습관이 되어버린다.

2

쉽게 생각한다

 고객과의 관계를 과신한다

친지, 친구, 선배, 후배, 기 계약자, 과거 도움을 주었던 지인, 소개받은 사람, 동향, 동창, 이웃 등 그들에게 세일즈 할 때 같은 값이면 자기와 계약을 체결할 것이라는 잠재의식 속의 믿음은 자신도 모르게 체결을 위해 고객의 입장이 아닌 자신의 입장을 우선시하며 Push 영업을 행하게 한다. 얼마나 많은 세일즈맨들이 그 고객을 상담하였겠는가? 그 고객의 상품에 대한 지식과 정보가 얼마나 많이 부족하겠는가? 혹시 다른 세일즈맨과 비교를 하고 있지 않을까? 설혹 관계를 생각하여 불리하게 계약을 체결하였거나 상품을 구매하였어도 사후 재계약이나 재구매가 불가하며 관계의 울타리 속 다른 지인들에게 입소문을 통해 악영향을 미칠 수 있다. 고객은 절대 불리한 구매를 용납하지 않으며 불리한 구매는 한 번으로 끝이다. 세일즈맨을 위해 계약을 하는 것이 아니라 고객 자신을 위해 계약을 한다. 고객과의 친밀도는 접근이 용이하고 신뢰를 얻을 수 있는 기반인 것이지 그 관계 자체가 계약을 의미하지 않는다. 관계 외의 고객에게 정성을 기울이듯 최선을 다할 때 계약의 확률이 다른 고객보다 높고 계약의 시기가 앞당겨지는 것이지 당연히 택해지는 것이 아니다. 믿는 도끼에 발등 찍힌다. 고객은 당신에게 빚도 없고 계약의 의무도 없다.

🎲 고객의 수준을 절하한다

인터넷, 페이스북, 트위터, 홈페이지, 광고, 통신 상담, 각종 DM 등 정보와 지식의 홍수이다. 같은 자동차를 어느 카드를 어떻게 사용하면 더 싸게 살 수 있는지 고객이 알고 있으며, 보험은 어느 회사에 어떤 채널로 가입하는 것이 효율적이고, 자동차 구매자 명의를 누구로 할지 공동 명의로 할지까지도 생각하는 것이 고객이다. 구매에 따른 일반적인 부가서비스는 다른 구매자를 통해 알고 있으며, 임시 넘버를 달고 테스트 운전을 하는 것이 만약에 불량 차를 구매했을 때 상대적으로 반품이 용이하다는 것과 지역마다 취득세가 다르고 마음에 드는 차량 번호를 위해 해당 구청을 찾아야 하는 것까지도 고객이 알고 있다. 지인의 차를 탑승해 보고 이미 구매하려는 차의 장·단점을 알고 있으며 신차의 새로운 기능과 개선된 기능을 알고 신차를 구매하려 하는 것이 고객이다. 그러한 고객에게 홍보 팸플릿의 내용만 설명하거나, 불확실한 내용을 설명하거나, 모르는 것을 틀리게 설명하거나, 과장 설명을 하거나, 거짓말을 하면 고객에게 신뢰를 잃는다. 모르면 모른다고 하고, 알아보고 답변을 해야 한다. 고객이 타던 중고차 가격을 통해 이익을 취하려 하지 마라. 할부금융사의 수수료가 높다고 고객에게 불리한 할부금융을 권하지 마라. 필요한 부분의 옵션만 권유하라. 저질의 서비스 물품을 제공하지 마라. 필요한 서비스를 행하라. 평생 부착할 차량 번호를 고객이 좋아할 번호로 받을 수 있도록 최선을 다하라. 그래야 고객이 관계를 이어가고 다른 고객도 소개시켜준다.

3

고객을 피한다

영업맨에게 피할 고객은 아무도 없다. 구매력이 없는 어린이, 학생, 노인도 잠재 고객이며 협력자가 된다. 일반적인 대인 관계에서 피하고 싶은 상대는 피곤하거나, 통하지 않거나, 도움이 되지 않거나, 해가 되거나 특별한 이유 없이 싫은 경우 등이며, 스포츠 경기에서 절대 강자, 일반 상거래에서 갑, 채권·채무 관계에서 채권자 등이다. 고객이 싫은가? 피곤한가? 도움이 되지 않는가? 해가 되는가? 통하지 않는다고 상대하지 않을 것인가? 더 중요한 것은 피하고 싶은 마음을 갖고 고객을 대할 때 고객이 그 사실을 안다는 것이다. 영업맨은 말이 통하지 않는 동물이나 외국인에게도 판매에 도움이 된다면 정성을 다 해야 한다. 고객이 영업맨에게 미칠 최악의 경우가 구매를 하지 않는 것인데 고객이 구매를 하지 않는다고 영업맨이 손해를 보는 것은 없다. 지금이 아니더라도 언젠가는 구매를 할 가능 고객이 될 기회가 만들어질 수 있으니 피할 만남은 없다. 그런데도 부진한 영업맨일

수록 어느 고객은 말이 많다느니, 구매 확률이 낮다느니, 방문 소요 시간이 길다느니, 질문이 많고 까다롭다느니 하면서 고객을 피하고 고객을 역으로 선택해 만나려고 한다.

피하려 하는 고객 유형과 대응

- **안 좋은 기억을 갖고 있는 고객**
  - 남과의 비교를 통해 불가능한 것을 요구하는 고객: 비교 우위를 점하고 고객 요구에 응할 수 있는 가능성의 최대한을 설정하라.
  - 뜬구름 잡고 장시간을 빼앗는 고객: 인내하고 시간을 먼저 통제하라.
  - 야금야금 너무 많은 것을 요구하는 고객: 줄 수 있는 만큼의 최대한을 주어라.
  - 되지도 않는 이유를 달며 비합리적 이유로 거절하는 고객: 되지 않는 이유는 없다. 경청하고 거절을 처리하라.
  - 변함없이 부정적인 마인드로 마음을 열어주지 않는 고객: 두드리면 열린다.

- 세일즈맨 스스로의 자존심이 앞서는 고객

  - 과거에 자신보다 못한 입장이었던 고객: 과거가 아니라 현재가
    중요하며 미래를 바꾸어라.
  - 한동안 연락이 끊겼다 재회한 고객: 당당하게 자긍심을 갖고
    즐겁게 세일즈 하라.

- 수차례 거절을 당한 고객

  - 수차례 구매를 할듯할듯 하여 판촉 서비스를 높여도 결국은
    구매 거절하기를 반복하는 고객: 열 번 찍어 안 넘어가는 나무
    는 없다.

- 추가 판매가 불가능한 고객

  - 고객의 상황과 여건은 변한다. 지금의 불가능이 가능으로 바
    뀔 때를 생각하라.

- 불완전한 판매를 행한 고객

  - 언젠가는 문제가 곪고 터지며 피하면 오히려 만나게 된다. 문
    제를 해결하라.

4
무리하게 판매한다

고객의 경제적 능력을 벗어나는 상품을 권하지 마라. 할부 계약이라면 중도에 납입이 불가하여 고객이 고통을 겪게 될 것이며 일시납이었다면 다른 필요한 구매 활동에 제약을 받게 될 것이다. 고객은 누구를 원망하겠는가? 상품 내용을 과장되게 설명하거나 허위 사실을 설명하면 후에 고객이 알게 되며 결국 고객과의 다툼이 벌어지고, 특히 득실 관계가 개입되면 고객과는 돌아오지 못할 다리를 건너게 된다. 일정 기간 경과 후 계약하겠다는 고객의 말을 믿지 못하고 앞당겨 계약하여 고객의 자금 계획을 어렵게 하여서는 안 된다. 대납으로 선계약을 하면 선계약이 습관화되고 대납 계약이 쌓이게 되면 공과 사, 돈의 개념이 흐려지고 수렁에 빠지게 된다. 더구나 보험 계약의 경우 대납한 선계약이 유지가 되지 못하면 앞으로 남고 뒤로 손해 보는 계약이 된다. 고객에게 적합한 상품보다 수수료가 높은 상품을 판매하면 고객의 니즈를 충족시킬 수 없으며 판매할 욕심에 신상품 출시를 목전에 두고 구상품을 판매한다면 고객은 배신감을 느낀다. 있지도 않고 할 수도 없는 내용으로 포장하더라도 포장지는 벗겨지기 마련이듯이 거짓이 드러난다. 무리한 판매는 부실 계약으로 이어지고 부실 계약은 불완전 판매로 이어지며 불완전 판매는 사고를 일으키고 사고는 범죄를 야기한다. 사고가 터지고 범죄를 일으킨 사람의 결론은 무엇이며 당한 자의 생각과 행동은 어떠하겠는가? 나쁜 소문은 멀리 퍼지고 무리한 판매에 대한 사후 처리로 좋은 계약자와 협력자에게 서비스할 여력이 없어진다. 결국 영업다운 영업을 하고 싶어도 할 수가 없다.

5

편안함을 즐긴다

영업은 일견 자유업이요, 개인사업이다. 대부분의 영업직이 일정액의 고정 수당에 성과에 의한 차등 수당제를 적용하고 있기 때문이다. 개인사업이다 보니 철저하게 간섭을 받지도 않으며 평가와 승진에 대한 부담도 상대적으로 덜하다. 그래서 스스로 통제할 수 있는 자제력이 절실히 요구된다. 늦잠을 자면 지각하고, 과음으로 힘이 들면 결근하고, 피곤하면 사무실로 복귀하지 않고, 점심시간이 길어지고, 갈 곳이 없으면 쉴 곳을 찾아가고, 평일에도 취미생활하고, 사적인 일에 시간을 할애하고, 업무 외적인 일에 흥미를 갖고, 고객의 요청을 피하고, 고객의 요구를 대충 처리하고, 준비 없이 고객을 만나고, 일에 도움이 되지 않는 사람을 만나고, 시간과 돈을 낭비하고, 방문을 미루고, 고객과의 약속에 대해 핑계를 만들어 어기고, 방문지 인근의 기 계약 고객을 피하고, 문제에 대한 해결을 미루고, 계획대로 행하지 않고, 계획을 편한 방향으로 바꾸고, 목표 달성 의지가 없고, 핑

계와 변명으로 남의 탓을 일삼고, 과도한 유흥 생활을 하고, 한탕·
한 건주의 사고를 갖고, 즉흥적으로 일정을 수시 변경하고, 어려운
자리를 피하고, 어려운 사람을 피하며 편안함을 즐기는 세일즈맨에게
는 계약 성립에 대한 의지, 정성, 열의, 간절함과 절박함이 있을 수 없
으며 성과 또한 따르지 않는다. 편안함을 맛보고 즐긴 사람이 힘든 일
을 해내기란 쉽지 않다. 영업은 힘든 일이다. 오늘 힘든 일을 참아내야
내일도 힘든 일을 해낼 수 있다. 개미와 배짱이의 모습이 땀 흘리는 자
와 편안함을 즐기는 자의 모습이다. 어제 힘들게 일을 하였는데 어찌
오늘을 헛되이 보낼 수 있는가? 반면 어제도 적당히 일하였는데 오늘
이라고 특별히 더 일할 이유가 없다고 생각한다. 영업의 성패는 지속
가능성에 달려 있다. 끊임없이 몸과 마음에 불이 붙고 열이 있어야 온
기가 고객에게 전달된다. 내가 편하면 내 몸의 온도가 내려가고 고객
또한 냉기를 느낀다. 여름 내내 산이나 바다에서 휴가를 즐기고 싶지
않은 사람이 어디 있겠는가? 이열치열로 열심히 일한 후 더위를 피하
기 위한 며칠간의 휴가가 휴가의 참맛을 느끼게 한다. 항상 휴가인 사
람은 휴가의 맛을 모르고 산이나 바다에서도 더워서 더 편안한 곳을
찾는다.

6

준비 없이 영업한다

고객과의 약속이 성사되면 만나서 팔아야지 하는 생각만 앞설 뿐 어느 상품을 어떻게 팔아야 할지 구체적인 생각과 계획을 갖지 않는다. 막연히 준비를 한다고 생각하지만 실제로는 어느덧 시간을 보내고 약속한 날짜를 맞이하게 된다. 준비는 고객과 자신에 대한 준비를 하여야 하나 고객에 대한 지식과 정보를 갖고 있지 못하다 보니 고객의 니즈에 부응하지 못하며 고객에 대한 지식과 정보 부족은 세일즈맨으로 하여금 자신감을 잃게 하고 활동에 대한 계획도 없고 의욕도 없이 실패를 예상하고 요행을 바라며 고객을 만나게 된다.

단계별 활동 계획을 갖고 있지 않다

첫 번 만남에서 계약이 성사되는 경우가 거의 없음에도 불구하고 처음부터 계약 성사의 의욕과 실패의 두려움에 계약을 강요하거나 서두른다. 고객에게도 설명을 들은 뒤 생각할 시간이 필요함에도 불구하고 마치 내일은 없다는 듯이 밀어붙이고, 첫 만남은 좋은 이미지를 남기고 다음의 만남을 이루어 내는 것이 우선이어야 하나 지속적인 만남의 관계를 이어갈 수 있도록 초점을 맞추지 못한다.

고객의 정보를 파악하지 않는다

구매하려는 고객의 경제력, 직업, 업종, 활동 분야, 사회적 지위, 대인 관계, 기존 계약, 관심 분야, 취미, 성향, 가족 관계, 연령, 학력, 고향 등의 고객 정보를 알고 대화를 나누면 친밀도가 강화되고 고객이 구매하려는 동기를 연계하여 추측할 수 있어 니즈에 접근할 수 있으나 아는 것이 없다보니 대화를 원활하게 이어가지도 발전시키지도 못한다.

고객의 니즈를 파악하지 못한다

자영업자는 운영하는 업의 특성에 따라 필요로 하는 차가 다르며 장거리를 자주 오가며 고속도로 운행이 일상적인 고객과 운행 거리가 많은 영업직의 고객과 출·퇴근 시만 운행하는 고객 등 개인 사정에 따라 차에 대한 니즈가 다르며, 공무원 연금이 보장된 공무원과 위험 환경에 근무하는 생산직과 정년이 보장되지 않는 기업 근무자의 보험 니즈가 다르며, 공장과 사무실과 병원과 학교와 요양원의 단체 급식 니즈가 다르며 기억력이 걱정되는 분과 관절이 걱정되는 분과 시력이 걱정되는 분의 건강기능식품 니즈가 다를 것이다.

고객의 니즈를 충족시키지 못한다

연비를 중시하는 고객에게 대형차를, 노후 대비를 중시하는 고객에게 보장성 보험을, 메모리 용량을 중시하는 고객에게 처리 속도 위주의 컴퓨터를, 안전성을 중시하는 고객에게 고수익 원금 비보장 펀드를, 뼈 관절의 기능성건강식품을 중시하는 고객에게 혈관 강화 건강식품을 권하며, 상품의 양보다 질을 중시하는 고객에게 양을 권하는 등 고객 니즈와 동떨어진 상품을 권한다.

자신의 외형을 돌보지 않는다

고객에게 맞추지 않은 외모로 방문을 하는 것은 실례이며 신뢰를 주지 못한다. 헝클어진 머리, 점심 식사한 자장면 냄새, 과음으로 인한 술 냄새, 충혈된 눈, 오피스 방문 시 캐주얼 복장, 닦지 않은 구두, 너무 튀는 옷차림, 과도한 매니큐어, 시뻘건 립스틱…. 어쩌면 고객은 주변의 사람들에게 이와 같은 외모로 방문을 한 세일즈맨이 마치 자신의 모습인 양 부끄러워할 수도 있다.

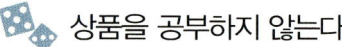 상품을 공부하지 않는다

　상품 설명이 연계되어 이어지지 못하고 깊이가 없이 수박 겉핥기
식의 리플릿 내용만 소개하며 같은 이야기만 반복하여 고객의 궁금
증을 풀어주지 못하고 고객의 질문에 답을 하지 못한다. 고객 구매의
동기와 결정 요인은 물론 사후 고객 만족의 기본은 상품 내용이지 부
가 서비스가 아니다.

거절을 준비하지 않는다

　당연한 거절에 대해 당황하며 쫓기는 마음과 두려움으로 거절을
처리하는 것이 아니라 거절에 부딪히며 항변하고 계약을 강요하거나
애걸한다. 거절의 원인은 예상에서 크게 벗어나지 않으므로 경험 사례
와 고객의 특성을 감안하여 예상되는 거절 원인에 대한 처방을 준비
하면 고객과의 영업 과정이 순조롭게 진행되며 철저한 준비에 대한 고
객의 만족을 유도하고 은근히 고객을 압박할 수도 있다.

7

부실에 뒷다리 잡힌다

 불완전 판매를 행한다

구매자 니즈에 반하는 판매, 구매자 의사에 반하는 판매, 세일즈맨을 위한 판매, 부정확한 설명에 의한 판매, 상품 대금 대납에 의한 밀어내기 식 판매, 불리한 정보를 숨긴 판매, 연고자에 대한 강요된 판매, 고객 간 불평등 판매, 과도한 고객 서비스 판매, 거짓 설명에 의한 판매, 불확실한 정보 제공 판매 등 불완전 판매를 하고 나면 반드시 사후에 문제가 발생하며 영업 활동은 판매 활동이 아닌 사후 처리 활동으로 변하게 되어 시간의 낭비는 물론 세일즈맨의 활동 의욕을 저하시킨다. 앞으로 나가지 못하고 뒤만 돌아보니 재미가 없고 재미가 없으니 영업의 본질을 떠나 다른 재미를 찾게 되고 영업을 마지못해 건성으로 하니 실질적인 영업 활동이 이루어지지 않아 소득이 저하되어 결국은 탈락하게 된다. 불완전 판매는 고객으로 하여금 영원히 등을 돌리게 한다. 한 번의 이익과 눈앞의 이익만을 챙기다 보니 두세 번의 이익과 사후 추가로 발생할 이익의 기회를 포기하게 되는 것이다. 1명의 고객으로 250명의 잠재 고객을 확보할 수 있다는 1:250의 법칙은 신규 고객 확보에만 적용되는 것이 아니다. 오히려 나쁜 소문은 더 빨리 더 많이 부풀려지므로 등 돌린 한 사람의 고객으로 인해 활동 기반 자체가 흔들릴 수 있다. 왜냐하면 고교 동창 그룹, 회사 동료 그룹, 친지 그룹, 고향 그룹 등 고객들은 그룹화되어 있는 경우가 많기 때문이다.

불완전 판매를 하는 이유는 오로지 계약이 인격이고 사후는 뒷전이며 고객보다 세일즈맨이 우선이다 보니 세일즈맨의 입장에서 Push하고 고객 만족이 아닌 세일즈맨 만족을 위한 영업을 하기 때문이다.

🎲 부실이 부실로 이어진다

보험 계약의 경우 1회 보험료를 대납하여 당겨서 계약을 성립시킨 경우 익월에 계약자는 한 번에 2회분을 쉽게 납입하지 못하며 그경우 1회분 연체에 의해 계약이 실효되는 경우가 많다. 당연히 유지가안 되면 수당이 발생하지 않고, 해약 시 원금보다 적은 해약환급금을받은 계약자에게는 대납 보험료를 돌려받기도 미안하고 돌려주지 않는 계약자도 있다. 계약자의 동의를 얻지 않고 대납하여 선계약을 했다면 당연히 돌려받을 권리도 없다. 확실한 계약 확률과 계약자의 동의가 없다면 대납하지 마라. 대납이 쌓이면 실제 소득이 불명확해지고 소득 계획도 세울 수 없다. 보험료 계속 납입 능력이 없는 계약자의 보험료 대납은 더욱 무의미하다. 고객의 경제 능력이 매월 바뀌는 것이 아니기 때문에 한 번 대납을 하면 계속 대납을 하게 된다. 앞으로 남고 뒤로 밑지는 것이 대납이다. 대납을 하다 보면 돈이 궁해지고 돈이 궁해지면 다른 우수 고객의 보험료에 눈이 가게 되며 바늘 도둑이 소 도둑 되듯 보험료 유용과 횡령의 금전 사고로 이어진다.

모든 판매에서 대납은 구멍을 이야기하며 구멍을 때우려면 또 다른 구멍이 생기고 구멍투성이가 되면 결국은 터지기 마련이다. 소득 없이 신용카드를 돌려막는 것과 같은 경우이다. 부실 판매로 환불이나 반품된 물건을 제 값을 받고 다시 판매하기는 어렵다. 만일 할인하여 판매하였다면 헛노력이나 이중노력을 하게 되어 그에 따른 기회 손실도 발생하게 된다. 그러한 손실을 보상받으려고 또다시 부실한 판매를 하게 되고 부실 판매는 다시 환불과 반품으로 이어지니 그야말로 부실의 악순환이 일어나는 것이다. 애당초 부실한 계약도 판매도 생각하지 마라. 일반적인 계약에서 갑은 하자나 이의가 있을 시 계약을 해지할 수 있다. 부실 계약은 해지의 원인이기 전에 고객의 신뢰를 잃는다.

 고객과 단절의 관계에 이른다

불완전 판매와 부실한 계약은 고객의 끊임없는 이의 제기와 문제를 불러일으킨다. 영업은 항상 현재진행형인데 영업 활동 중에 이러한 고객의 불만 제기를 받다 보면 다른 일을 할 수 없게 되어 고객과의 약속을 미루게 되고, 약속을 어기게 되고, 고객을 피하게 되고, 고객에게 거짓말을 하게 되고, 고객과 충돌이 생기고, 고객과 다투게 되고, 고객과 등을 돌리고, 결국에는 고객과 단절하게 된다. 세일즈맨이 본의 아니게 고객과 단절의 관계가 되는 이유는 불완전과 부실을 해결할 수 없는 경우가 있으며 해결의 방법이 손해를 감수해야 하는 경우가 대부분이어서 회사에서는 그 책임을 세일즈맨에게 귀속시켜 세일즈맨은 문제 해결을 해도 못해도 회사 아니면 고객에게 문제이니 문제 해결을 피하고 모른 척하여 시간이 지나 잊히길 바라거나 거꾸로 고객의 책임도 있다고 주장하여 고객과 부딪힘이 생길 수밖에 없다. 고객을 피하거나 고객과의 다툼은 고객과의 단절을 의미한다.

 소개 계약, 추가 계약, 재계약이 불가하다

순수한 백지 시장에서의 개척 계약보다 기존 고객과 협력자를 통한 연고 개척이 판매 확률이 높다. 기존 고객의 만족 바이러스는 고객 주위에 전파되며 만족은 신뢰를 낳는다. 반면 불완전하고 부실한 판매를 경험한 기존 고객은 결코 도움을 주지 않으며 더 나아가 주위에 악성 바이러스를 전파할 것이다. 순수 개척 영업만으로는 고객 수의 증가가 이루어질 수 없으며 기존 고객 관리를 통해 고객 탈락을 막고 기존 고객의 협력으로 연고 개척이 이루어질 때 영업의 궁극적 성과인 고객 수의 증대를 이룰 수 있다. 탈락 고객으로 인해 고객 수가 늘지 않는다면 성과도, 소득도 증가할 수 없다. 기존 고객의 불만족으로 탈락 고객이 늘면 신규 고객도 늘지 않는다. 고객이 고객을 부르는 것이 영업이요, 고객이 고객을 막는 것 또한 영업이다. 우수 세일즈맨의 공통점은 소개계약, 추가계약, 재계약을 통해 판매 건수와 고객 수가 늘어나는 것이다. 고객과의 단절은 이곳저곳을 옮겨 다니며 땡처리나 떨이 판매자가 할 수 있는 것이지 지속 가능한 영업을 위해서는 절대 금기 사항이다.

8
헛다리만 짚는다

찾는 고객마다, 권유하는 고객마다 계약을 할 수 없거나 확률
이 극히 낮은 고객군이며 계약을 Push하여도 타이밍을 잘 맞추지 못
해 성립시키지 못한다. 2월은 대학 등록금과 구정으로 목돈 쓸 일이
많은 반면 자영업자들은 오히려 영업일수가 줄어들어 1년 중 수입이
가장 적은 것을 고려하여 영업하는가? 직장인들에게는 2월에 성과급
이 많이 지급되는 것을 고려하는가? 연말연시는 인사철이라 직장 고
객들이 예민한 것을 고려하는가? 전배 인사에 불만이 가득 찬 고객에
게 너무 Push를 하지는 않는가? 집안의 걱정거리가 쌓여 있는데 아
랑곳하지 않고, 사업에 실패한 것도 모르고, 직장에서 퇴직한 것도 모
르고, 자녀가 대학 입시에 실패한 것도 모르고, 이혼한 것도 모르고
Push해서는 안 된다. 타이밍을 잘 잡고 상황을 알고 영업해야 한다.
회사를 개척 방문하여도 실적이 안 좋아 분위기가 안 좋은 회사나 부
도 직전의 회사만 찾아다닌다. 신문기사를 보면 어느 회사가 잘나가

는지 알 수 있는데도 활동은 엉뚱한 곳에서 한다. 최대의 영업이익을 냈다거나, 직원에게 엄청난 성과급을 지급했다거나, 유망하고 발전 가능성이 높다는 업종의 회사이거나, 주가가 오르는 회사로 가야지 왜 거꾸로인 회사에 가는가?

자영업자를 개척할 때도 성장 업종을 놓아두고 침체 업종만 찾아 다닌다. 산후조리원은 뜨고 꽃가게는 진다는데, 동물병원은 뜨고 한약방은 진다는데, 요가학원과 예·체능계 학원이 뜬다는데…. 같은 제과점과 음식점이라도 잘되는 곳에 가야지 왜 손님이 없어 울상인 데를 찾아가는가?

9
낭비하는 시간이 많다

무계획적으로 활동한다

오늘은 부산, 내일은 광주, 모레는 대구를 방문하거나 오늘은 서대문구, 내일은 강남구, 모레는 다시 서대문구를 방문한다. 계획 없이 사무실을 나서니 사무실을 나서자마자 갈 곳이 없고 갈 곳이 없다 보니 무작정 버스를 타게 되어 내리기도 싫고 그냥 하루 영업을 접는다. 고객을 조르고 졸라 어렵게 한 번의 약속을 잡고도 만나는 것에 만족을 할 뿐 목적을 갖고 만나지 못하니 고객에게도 낭비의 시간으로 여겨져 재만남이 이루어지지 못한다. 무엇을 위한, 누구를 위한 만남이었는지 무의미하게 헤어진다. 매번 만날 때마다 똑같은 말과 설명을 하다 보니 체결을 위한 진도가 나가지 못한다. 기록을 하지 않으니 고객의 요구와 의문사항은 물론 이전의 만남에서 한말을 기억 못한다. 할 말을 준비하지 않으니 핵심 없이 변죽만 울린다. 모르는 게 많다 보니 고객의 니즈를 읽지 못하고 고객 니즈에 부응하는 상품을 제시하지 못한다. 준비가 없으니 고객을 두려워하고, 고객의 질문을 무시하고, 상품의 장점만 과장하고, 단점은 축소 설명해 고객의 의문을 사게 되어 계약이 지연된다.

🎲 갈 곳이 없다

어제도 갈 곳이 없었는데 오늘도 출근하니 갈 곳이 없고 내일도 갈 곳이 없다. 영업은 불러야 가는 것이 아니고 찾아서 만들어서 방문하는 것인데 찾지 않고 만들지 않으니 갈 곳이 없고 갈 곳이 있는 동료가 부럽다. 연고 시장도 다 가 보지 않고 연고 리스트도 만들어 보지 않는다. 리스트가 있어도 여기는 이래서, 저기는 저래서라는 이유로 차일피일 미루거나 아예 방문 생각을 접는다. 개척 시장도 밖에 나서면 모든 곳이 방문 대상인데 거절이 두렵고 겁이 나고 성과가 없을 것이라 미리 판단하고 이유를 만들어 피하니 갈 곳이 없다. 신문도 읽지 않고, 모임에도 참석하지 않고, 평소 지인에게 연락도 하지 않고, 취미활동도 동호회 활동도 하지 않으니 갈 곳이 없다. 기 계약자에게는 괜히 방문하여 사후 관리 일만 생기고 서비스만 행해야 한다는 생각에 방문을 삼가고, 거절을 당했던 가능 고객에게는 또다시 거절당해 방문 구실이 완전히 없어질까 겁이 나서 방문을 미루고, 면담하기 힘들었던 고객을 피하고 고객에 대해 미리 속단하여 만나 주지 않거나 시간이 없을 거라 짐작하고 연락을 취하지 않으니 갈 곳이 없는 것 같고 그러한 생각과 행동이 반복되면 정말 생각 그대로 갈 곳이 없어진다.

영업 외적인 시간과 쉬는 시간이 많다

갈 곳이 없다 보니 활동할 수가 없고 집으로 갈 수도 친구를 만날 수도 없어 시간을 보낼 곳을 찾게 된다. PC방, 목욕탕, 만화방, 도서관, 영화관, 오락실… 그렇게 시간을 보내고 나면 자조에 빠져 저녁에는 술 한 잔하며 2차에 노래방까지 가니 다음날 오전 컨디션 난조와 흐트러진 외모에 또다시 쉬게 된다. 연락 안 주던 고객은 하필 그런 날 방문을 요청하여 비정상 컨디션에서 면담을 하게 된다. 평소 표준 활동을 하지 않다 보니 약간의 영업 활동으로도 스스로 자위하거나 피곤함으로 쉴 곳을 찾게 된다. 영업 활동은 누가 감시하거나 동행하는 것이 아니므로 스스로가 마음을 다지고, 스스로가 체크하며 독려하는 강인함과 자제력이 필요한데 거꾸로 간섭받지 않고 매니저에게 보이지도 않으니 스스로 무너지고 스스로 피곤함을 피해 쉬려고만 한다. 활동하는 것보다 시간을 죽이는 것이 더 피곤한 것임을 모르고, 혹은 알면서도 스스로 더욱 몸과 마음을 피곤하게 한다. 열심히 활동한 다음의 달콤한 휴식은 재충전이지만, 계속되는 휴식은 일이라는 것을 모르고 쉬는 시간이 활동하는 시간보다 많다.

10

숨어 있는 것을 못 본다

 고객의 말을 경청하여 생각하지 않고 들리는 대로만 듣는다

고객은 괜히 포장하여 세일즈맨을 위해 말로만 서비스하기도 한다. 고객은 거절을 표현할 때도 완곡히 둘러서 이야기하며 계약 의사를 표현할 때 역시 세일즈맨의 반응을 살피려고 확실하게 하지 않고 뜸을 들이기도 한다. 세일즈맨은 고객이 무엇인가 부족한 점이 있거나 의문 사항이 있는데도 간파하지 못하고 더 원하는 바가 있어 주저하는데도 그저 준비한 대로만 설명을 계속하거나 전혀 눈치를 못 채고 엉뚱한 방향의 이야기만 하기도 한다. 고객은 드러내고 말 못할 사정이 있어 알아듣기를 바라며 변죽을 울리는데 고객의 상황과 입장을 고려하지 못한 채 고객을 답답하게 만들기도 한다. 열심히 설명을 듣기만 하던 고객이 반문이 많아지는 것은 순간 거부감이 생기는 것이고 적절한 질문이 계속되는 고객은 계약의 의사를 표현하고 있는 것이고 면담 진행 중

불현듯 언성이 높아지며 강하게 부정하는 것은 불만족함이 생긴 것이고 긍정만 하던 고객이 부정으로 바뀌는 것은 순간적으로 불만족이 느껴진 것인데 눈치도 없고 이해도 하지 못한다.

부진한 사원만 보이고 자신은 보지 못하며 그와 자신을 비교한다

부진한 사원과 비교하며 그가 왜 부진한가의 원인을 생각하지 않고 그에게서 위안을 찾는다. 자신도 부족하면서 자신보다 부족한 사람과 비교하니 오히려 부족한 사람끼리 동정하고 위로하며 유유상종이다. 비교는 자신보다 우수한 점을 찾고 배우기 위한 것인데 찾고 얻을 것이 없으니 비교할 것도 없다. 부진한 동료에게서는 왜 부진한지를 보아라. 활동량, 활동하는 곳, 활동 방법, 활용 화법, 매너, 외모…. 이래서, 저래서, 왜 안 되는지를 보고 반면교사로 삼아야 한다. 그러면서 공부하는 자녀에게는 잘하는 학생과만 비교하여 그를 닮으라고 독려한다. 마찬가지로 우수한 세일즈맨과 비교하여야 자신이 부족한 부분을 볼 수 있고 고칠 수 있다. 부족한 점은 놓아두고 우수한 세일즈맨만 좇으려 한다면 힘이 벅차고 지친다. 공부 잘하는 학생이 10시간 공부한다고, 예습을 위주로 한다고, 학원을 다닌다고 똑같이 할 것이 아니라 자신이 학습에 집중을 하지 못하는 원인과 시험을 볼 때 예상 문제를 적중시켜 공부 못하는 원인과 실수를 하는 원인과

요점 정리를 못하는 원인을 보아야 한다. Hard뿐만 아니라 Soft를
비교해야 한다.

 올려다만 보고 오르려 하지도, 오르는 방법도 보려 하지
않는다

　영업 잘하는 사람을 시기하고 질투하나 사실은 부러워하고 존경
하면서도 그에게 배우거나 따라하려고 하지는 않는다. 자신도 그렇게
할 수 있으나 그렇게 하지 않을 뿐이라며 자위하거나 그렇게까지 할
필요가 없다는 변명을 한다. 그와의 차이를 알면서도 차이를 따라잡
지 않고, 그가 잘할 수밖에 없는 이유를 알면서도 모른 척하고, 더 잘
할 수 있는 방법이 보이는데도 보려 하지 않고, 현실에 안주하면서 자
신이 잘할 수 있다가 아닌 막연히 잘 될 수도 있다고 생각한다. 우수
한 세일즈맨이 영업 잘하는 이유를 배경, 운 등으로 평가 절하하고 그
의 노력과 방법은 애써 외면한다. 그러고는 자신이 마음만 먹으면, 하
려고만 하면, 제대로만 하면 그보다 잘할 수 있으나 하지 않을 뿐이
라고 자신을 평가 절상한다.

2장

고객이 우선이다

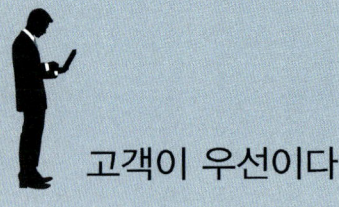

고객이 우선이다

1

고객은 누구인가

고객은 누구이기에 왕이요, 황제요, 신이라고 하는가?

고객은 누구이기에 만족, 감동, 기쁨, 행복해야 한다고 하는가?

"고객을 위한 가치창조", "고객을 먼저 생각합니다", "고객이 OK 할 때까지"라고 기업의 홍보 문구도 고객과 관련한 내용이 주가 된다.

신상품을 개발할 때도 고객이 필요로 하는 것이 무엇일까를 생각하고, 서비스를 제공할 때도 고객이 만족해할까를 고려하고, 영업을 위한 교육이나 회의 시도 고객의 행동을 분석하고 대처한다.

이럴 땐 고객이 이렇게 생각할 것이요, 이러면 고객이 이렇게 행동할 것이요, 이래도 저래도, 이러니저러니 고객이 관련 안 되는 것이 없다. 기업에도, 음식점에도, 백화점에도, 영업점에도, 보험, 자동차, 건강기능식품, 화장품, 정수기, 학습지, 회원권 등 업종을 불문하고 고객 제일, 고객 우선이다.

각 업종의 최고 세일즈맨들도 한결같이 고객을 이야기한다. 그런데 그렇게 떠받드는 고객이 왜 외면을 하는가? 왜 우리 회사가 아닌 다른 회사를 선택하는가? 왜 내가 아닌 다른 세일즈맨을 선택하는가?

그 해답 역시 고객에서 찾을 수 있다.

다른 회사보다 우수하다고 생각되는 제품이 판매가 부진한 것도, 우수한 세일즈맨을 모방하여 똑같이 고객을 관리해도 판매가 부진한 것도 고객을 제대로 알지 못해 발생하는 고객에 대한 진정성의 차이에서 비롯되는 것이다.

경제학 원론을 학습한 뒤 미시 경제학, 거시 경제학, 재정학, 화폐 금융론, 조세론, 수리 경제학 등을 학습하듯이, 모든 스포츠에서 체력, 주력, 기본기를 갖추고 기술을 배양하듯이 마케팅과 세일을 논하기에 앞서 학습해야 하는 것이 고객 원론이다

기업에서도 판매력을 높이기 위해 실시하는 세일즈 교육에 선행되어야 할 학습이 고객 원론인 것이며 세일즈맨 역시 영업에 선행하여 고객을 알아야 한다.

고객을 알고 하는 영업은 생명력이 있다.
고객을 알고 하는 영업은 지속성이 있다.
고객을 알고 하는 영업은 창조성이 있다.
고객을 알고 하는 영업은 발전성이 있다.
고객을 알고 하는 영업은 결과성이 있다.

그러므로 진정한 프로 세일즈란 고객을 아는 것이다.

세일즈맨의 입장에서 육하원칙에 의한 고객 정의를 해 본다

 Who. 고객은 누구인가

  − 판매하고자 하는 재화, 용역, 서비스 등에 필요, 욕구, 바람을
    가지고 있는 사람이다.
  − 계약과 구매를 행하는 사람이다.
  − 회사와 세일즈맨에게 판매 활동의 결과와 성과를 만들어 주는
    사람이다.
  − 회사와 세일즈맨에게 경제적 이익을 제공해 주는 사람이다.
  − 회사와 세일즈맨의 존재 이유이다.

 What. 고객은 무엇을 원하는가

정당한 구매, 공정한 구매, 우월한 구매, 만족한 구매를 원한다.
고객은 구매를 위해 지불한 가격이 자신이 기대하는 가치에 부합
할 만큼의 정당한 가격의 구매와 상대적으로 더욱 유익한 조건의 구
매 활동에 초점을 갖고 있다. 즉, 구매의 절대 가치와 상대 가치에 관
심을 갖는다. 그러한 구매 가치를 실현하기 위해 행하는 행동 역시 타

상품이나 타 구매자와의 절대 비교와 상대 비교를 한다. 어떠한 상품은 어디에서 저렴하게 구매할 수 있으며, 상품 구매는 어느 세일즈맨에게 구매하면 믿을 수 있으며, 어느 회사 제품은 사후 서비스가 완벽하다는 생각을 갖게 되는 것도 정당하고, 공정하고, 우월한 구매를 통해 만족스러운 구매를 실현하기 위한 것이므로 당연히 구매의 과정에서 돌다리도 두드리는 과정의 시간을 갖게 된다.

왜냐하면 모든 고객은 구매에 대한 실패의 경험으로 혹시나 하는 의심을 갖기 때문이다.

계절이 바뀔 때 이월 상품 구매, 연도 말에 차량 가격의 할인, 신종 상품의 추가되는 기능에 따른 구매 효율, 상대적으로 가격이 저렴한 단순 기능 제품의 구매, 보험료가 인상되기 전의 상품 계약, 정기예금 금리가 떨어지기 전의 가입 시기 선택 등 구매자도 구매하기가 어렵고 힘들다.

상품의 가치를 한 번 더 생각하고 적어도 객관적으로 불리하지 않은 조건으로, 역설적으로는 남보다 우월한 조건으로 구매를 위한 과정이 고객이 생각하는 구매 활동이다.

When. 고객은 어느 때 구매를 결정하는가

고객의 구매 시기는 구매의 습성(제품의 검증), 구매의 시급성(필요성), 구매의 경제력(고객 소득), 구매에 대한 자극에 따라 결정된다.

신제품이 나올 때마다 남보다 앞서서 제일 먼저 구매하려는 고객이 있는가 하면, 앞선 구매자의 검증을 거친 후 다음 순위로 구매하려는 고객, 대중적으로 완전한 보급 단계에서 구매하려는 고객, 대중적 보급 단계의 검증까지 마친 후 구매하려는 고객으로 나누어 볼 수 있다.

나이키에서 신상품으로 운동화를 출시할 때 최초의 구매자임에 만족을 느껴 밤 새워 줄을 서는 것을 마다하지 않는 고객이나, 신형 자동차와 최첨단의 신종 휴대폰을 예약 구매하는 고객을 평범한 고객은 이해하기 힘들 것이다

이들은 나이키에 대한 충성 고객을 넘어 나이키를 사랑하고 나이키에 맹종하는고객으로 가장 먼저 구매한다는 것에 자부심까지 느낀다. 신형 자동차, 고가의 물량 제한 신형 휴대폰 등의 예약 구매자는 절대적인 수용자들이다. 예약 판매가 이루어지는 것은 이들의 수요를 알기 때문에 가능한 것이다.

유행을 좇는 구매자들은 앞선 절대 수용자들의 검증을 거친 후 구매를 하고 다음 단계가 일반적인 구매, 마지막으로 늦은 구매자가 구매를 한다.

고객은 구매의 필요성 및 시급성에 따라 즉시,단기,중기,장기 등의 기간을 거쳐 구매시기를 결정한다 필수품과 같은 생활적 구매, 제품 수명에 따른 교체적 구매, 행사에 따른 이벤트성 구매는 즉시나 단기간에 이루어지며 환경 및 계절적 변화에 의한 구매는 중기간에 보완적, 편의적, 선행적 구매는 장기간에 걸쳐 구매 활동이 이루어진다.

고객은 신종 상품을 선호하는데 신종 상품은 과거 상품의 단점을 보완하고 내용이나 기능이 개선되고 추가되었다고 확신하여 신상품의 출시를 기다리며 구매를 미루기도 한다.

은행, 증권, 보험사등에서도 신상품이 개발될 시 대대적인 판촉 활동을 하여 매출을 극대화할 수 있는 것은 고객의 구매 타이밍을 회사가 스스로 만들어내기 때문이다. 고객을 자극하여 구매 시기를 당길 수 있는 것은 신상품 판매시 세일즈맨에게 고객을 유인할 수 있는 판매 무기와 새로운 고객 유인의 구실을 제공하기 때문이다. 즉 계약을 주저하던 고객이나, 미루던 고객에게 신상품은 고객을 끌어당기는 매력이다.

Where. 고객은 어떤 세일즈맨에게서 구매를 하는가

• 친근감의 세일즈맨

사람들은 모임을 갖고 친목을 유지하며 서로의 고충을 이야기하고 기쁨도 슬픔도 나누곤 한다. 그러한 모임 중 가장 편안하고 참석을 즐기는 모임은 아마도 고교 동창 모임인 경우가 많을 것이다. 왜 고교 시절 친구 모임이 친근감을 주고 평생 유지될까? 일정 수준의 자아와 가치관을 갖추고 있는 순수한 상태에서 비슷한 환경과 상황의 통제를 받으며 생활하고 같은 목표, 즉 대학 입시라는 공통의 목표를 갖고 미래의 꿈을 나누는 친구 사이이기 때문이다.

대학과 사회에서 그만큼의 친근감을 이루지 못하는 이유는 모두의 개인 환경과 상황이 차이가 나며 그러한 차이들은 자신의 생존과 발전을 위한 이기주의를 갖게 하여 서로의 공통점을 찾고 공감대를 형성하기가 어렵기 때문이다.

그러한 사회생활이 이루어지다 보니 개인은 외로워지며 자신과 같은 생각과 고민을 할 것 같은 사람이 그리워지고 그러한 사람을 발견하면 친근감을 느끼고 관계가 지속적으로 발전하게 된다. 유능한 세일즈맨들의 고객을 보면 일반적으로 비슷한 성격, 지식, 관심, 인식, 상황, 성향 등을 갖고 있음을 볼 수 있다. 어떤 세일즈맨의 고객 중에는 전문직이 많다느니, 자영업자가 많다느니, 중소기업 직장인이 많다느니, 여성이 많다느니 한다.

그러한 세일즈맨의 관심과 인식, 성향 등을 보면 그의 고객과 유사함을 알게 된다. 고객이 그 세일즈맨에게 구매를 한 이유는 동질성을 바탕으로 친근감을 느꼈기 때문이다. 공통분모를 갖고 있는 고객을 발굴하고 예상 고객에게서 공통분모를 찾아내고 공통분모를 이슈화하는 것이 친근감을 높여 세일즈를 성공시킬 수 있는 방법이다. 세일즈는 제품의 품질을 판매하기 이전에 인간관계를 맺고 발전시키는 것이다.

A전자와 B전자의 TV 품질이 고객 선택에 절대적 영향을 미칠 만큼 차이가 있는 것이 아니며 C자동차와 D자동차의 품질 또한 그러하다. 더불어 제품의 가격, 사후 서비스 등도 차이를 발생 시킬 수 있으나 무엇보다도 우선되는 것은 고객과의 인간관계이며 인간관계를 돈독히 할 수 있는 것이 친근감을 갖게 하는 것이다.

고객의 구매 경로 흐름에 맞추어 변화를 하며 고객의 성향에 맞춘다고 친근감이 발생하는 것이 아니다. 아무리 인터넷이 발달되어 유통 구조의 다양함과 개선을 통해 가격의 유리함을 앞세워도 전통적인 대면 영업의 실적이 줄지 않는 경우도 고객이 갈구하는 친근감을 세일즈맨이 찾아주기 때문이다. 경제가 어렵고 경기가 불황일 때도 역설적으로 고객은 가격의 이로움보다 친근감을 선택한다. 최근 기업에서 영업 조직을 확충하는 이유 또한 영업 상황이 어려울수록 대면 영업의 친근감을 필요로 하기 때문이다. 백화점 판매량이 절대적일 것 같은 화장품도 대형사의 경우 방문 판매가 차지하는 비중이 30~50%가 되니 방판 조직의 확대가 영업 전략일 수밖에 없으며 그 힘의 근간은 고객과 세일즈맨과의 친근감이다.

당신의 친구에게서 느끼는 친근감을 생각해 보아라. 그 친구는 당신과 생각도, 관심도, 행동도 비슷할 것이다. 더 나아가 그러한 친구들 중에도 더욱 친근함을 느끼는 친구가 있다. 바로 나와 딱 맞는 친구이다. 서로서로 맞는 사람이 따로 있다. 흔히 이야기하는 궁합이 맞는 친구이다. 고객과 세일즈맨도 궁합이 맞는 서로가 있는 것이다.

당신이 싫어하는 사람을 생각해 보아라. 그 사람도 결코 당신을 좋아하지 않는다. 싫어도 좋은 척 영업에 임한들 친근감이 형성되지 않으면 고객은 당신을 선택하지 않는다.

찬밥과 더운밥, 쌀밥과 보리밥 가리지 말고 영업을 행하라는 말은 비효율적이다. 이왕이면 임도 보고 뽕도 따는, 누이 좋고 매부 좋은 효율을 생각해야 한다. 어떤 세일즈맨은 10번을 방문해도 결과가 없으나 어떤 세일즈맨은 두세 번의 방문으로 성과를 내는 이유도 고객이 갖게 되는 친근감 때문이며 평균 4회 방문 후 판매가 이루어지는 것도 4회 이후 비로소 친근감을 느끼고 친근감을 바탕으로 신뢰가 형성되기 때문이다.

친근감이 맺어진 고객은 충성 고객이 될 확률이 높다 운 좋게도 예상치 못한 결과를 준 고객은 탈락 고객이 될 수 있어도 친근감을 바탕으로 한 고객은 협력자의 관계로 발전한다. 고객은 원한다. 자신과 닮은 세일즈맨을. 고객도 싫어하는 세일즈맨에게는 예의만 갖추고 실제 구매는 행하지 않는다.

• 아름다운 세일즈맨

아름다운 것은 보기 좋으며 보기 좋은 것은 다시 또 보게 된다. 세일즈맨에게 아름다움이란 언어, 어투, 태도, 자세, 옷차림, 표정 등 외면으로 보이는 것들과 정신, 생각, 마음 등 내면의 갖춤이다. 세일즈북이나 가방을 들지 않은 세일즈맨, 손톱을 자르지 않은 세일즈맨, 턱수염을 깎지 않은 세일즈맨, 구두를 닦지 않은 세일즈맨, 입 냄새가 나는 세일즈맨, 명함을 갖추지 않은 세일즈맨, 캐주얼 복장의 세일즈맨, 경청할 줄 모르는 세일즈맨, 대화가 이어지지 않는 세일즈맨, 구매를 강요하는 세일즈맨, 무리한 계약을 권하는 세일즈맨은 아름답지가 않으며 고객이 반기지 않는다. 중요한 고객 면담을 앞두고는 냄새가 강할 수 있는 점심 식사 메뉴도 피하고 고객을 만나기에 앞서 입냄새도 없애고 거울을 보며 머리도 빗고 옷맵시도 다듬어야 한다.

방문하는 곳이 고객의 직장이라면 만나기 전 반드시 화장실에서 내면과 외면을 가다듬어야 한다. 그러면 고객은 직장 동료에게 세일즈맨이 자랑스럽고 직장 동료도 당신에게 관심을 갖는다. 왜냐하면 당신의 예의바르고 매너 있는 모습이 보기 좋고 아름답기 때문이다.

매년 영업 조직에서는 1년간의 성과를 평가하여 판매왕을 선발하여 성대한 시상식과 더불어 수상자는 그날의 영웅으로 대접을 받는다. 그런 수상자들의 모습은 한결같이 환하고 밝고 아름답다. 그날의 주인공이라서가 아니다. 그 모습이 평소의 수상자 모습이다. 주위에 앞서가는 세일즈맨을 보아라. 그들은 항상 고객을 만날 준비가 되어 있는 아름다운 모습이다.

● 전문성의 세일즈맨

자신이 판매하는 상품에 대한 설명에는 막힘이 없어야 한다. 고객은 세일즈맨의 말을 듣고 계약을 결정하는데 고객의 질문에 모른다거나 불확실하거나 애매모호한 답변을 하게 되면 세일즈맨을 전문가로 인정하지 않는다. 성형수술을 위해서는 성형외과 전문의를 찾고, 눈에 이상이 있을 때는 안과를 가지 일반 외과나 내과를 가지 않는다. 변호사도 산재 전문, 이혼 전문, 통상 전문 변호사를 찾고 공인중개사도 경매, 토지, 상가, 건물 전문가를 찾아 상담하는 이유는 그의 전문성으로 실패 확률을 없애고 사후의 관리와 서비스도 충실할 것이라 믿고 싶은 것이다.

판매하려는 상품에 대하여 판매 대상 고객–상품 내용–세일링 포인트–판매 화법–최적의 제안–거절 처리–사후 관리를 명확히 하고 체계적으로 고객과 상담하여야 한다.

보험을 판매하면서 변액 보험은 전문이 아니다, 펀드를 판매하면서 채권형은 전문이 아니다, 자동차를 판매하면서 소형차는 전문이 아니라고 말하면 고객은 불안하다.

고객의 거절 이유가 과거의 세일즈 경험과 회사의 교육을 통해서도 이미 다 알고 있는 내용임에도 불구하고 방문하는 고객에 대해 준비 없이 상담에 임하다 보니 거절 처리를 못하게 된다. 고객에 대응한 학습과 준비를 통하여 전문가로 인정을 받는 것이지 세일즈 경력이 전문가를 만드는 것이 아니다.

• 신뢰성의 세일즈맨

누구나 다른 사람에게 의존해야 하는 경우가 발생하며 특히 결정하기 어렵거나 곤경에 처했을 때는 더욱 그러하다. 상품의 구매를 결정할 때도 믿을 수 있는 사람에게 구매하고 믿을 수 있는 사람에게 정보를 구하고 믿을 수 있는 정보에 의존하게 된다.

인생을 통해 가장 신뢰하는 사람은 아마도 가족인 경우일 것이며 그 이유는 오랜 시간을 같이하며 가족에 대해서는 예측이 가능하다는 것이다.

스포츠 팀의 감독이 승패의 중요한 고비에서 믿을 수 있는 선수를 기용하는 것은 그 선수에 대해 예측이 가능하기 때문이요, 기업에서 어려운 상황의 부서에 믿을 수 있는 직원을 보직 발령하는 것도 그 직원의 능력 발휘에 대한 예측이 가능하기 때문이다.

2008년 올림픽 야구에서 그렇게 부진했던 이승엽 선수를 기용하여 결정적인 홈런이 나올 수 있었던 것도 예측이 가능한 선수였기 때문이요, 기업의 임원으로 승진한 사람들 중 대부분이 어려운 상황을 극복한 경험을 갖고 있는 것도 그 임원이 예측이 가능한 직원이었기 때문이다. 예측이 가능한 사람에게는 필요하고 절실할 때 전적인 믿음으로 신뢰를 갖고 일을 맡기게 된다.

반대의 경우가 예측이 불가능한 사람이다. 아무리 지식과 능력이 있어도 믿음을 주지 못하는 행동을 보여주는 경우에는 앞으로도 어떠한 예기치 못한 행동에 대한 불안함으로 신뢰를 주지 못한다.

예측할 수 있는 사람과 그렇지 못한 사람의 차이는 일관성에 의한 것이다. 처음이나 중간이나 마지막이나 변함없는 제안을 해 주는 세일즈맨보다 상황에 따라 이런저런 제안을 하는 세일즈맨에게는 왠지 불안함을 갖게 된다. 변함없이 관계를 유지하는 세일즈맨보다 자신의 상황에 맞추어 관계를 설정해 나가는 세일즈맨에게는 왠지 불안함을 갖게 된다.

세일즈맨의 기분에 따라 대화의 내용과 대화의 분위기가 다른 세일즈맨은 왠지 불안하다. 언제나 똑같이 일관성 있는 생각과 말과 행동이 예측을 가능케 하여 신뢰를 얻는다. 그러한 일관성을 가질 수 있는 것은 성실성이다. 고객은 성실한 세일즈맨은 반드시 약속을 지키며 거짓과 가식이 없을 것으로 판단하여 예측이 가능하다고 생각한다.

상품을 구매할 때 고객이 예측하는 것들은 무엇일까? 구매 전 단계에서는 정당하고 공정한 구매에 관한 것이고 구매 후에는 관계 유지와 신속하고 정확한 사후 서비스이다. 고객은 같은 회사의 같은 제품을 구매하여도 누구에게 구매하였는가에 의해 만족의 차이가 발생한다는 것을 이미 알고 있으며 그래서 소위 말하는 단골의 관계가 성립한다. 즉, 단골의 관계는 예측 가능의 관계이다.

• 지속 가능한 관계의 세일즈맨

집안에서 자식들 중 한 명은 법조계나 의료계의 인물이 되길 바라며 명망가의 집안에서는 혼인을 통한 관계를 맺으면서 그러한 인물과 직접적인 관계가 되기를 원하는 이유는 무엇일까? 물론 경제적·신분적으로 안정적인 것이 큰 이유이나 생애를 통하여 항상 일어날 수 있고 자신이 부딪힐 중요한 사안이 법률관계와 건강이기 때문이다. 그러한 경우에 가장 믿을 수 있고 자신의 편에서 옹호해 줄 수 있는 관계의 인물에게 도움을 받기 원하는 것이다.

그러니 너도나도 법대와 의대를 선호하며, 따라서 이들은 대학 입시에서도 가장 높은 점수로만 입학이 가능한 학과이다. 그러면 가까이에 그러한 사람이 없을 때 누구에게 도움을 청할 것인가? 즉, 어떤 변호사와 어떤 의사를 찾을 것인가를 생각하면 당연히 가족과 같이 믿음을 주고 신뢰할 수 있는 전문가이며 그 전문가가 그 분야에 대해 항상 자신을 대변해 주길 바라게 되는 것이다.

자동차를 구매할 때도, 보험에 가입할 때도, 은행에 예금할 때도, 주식에 투자할 때도 단순한 고객이 아닌 언제 어느 때고 해당 분야를 관리하고 조언하여 줄 가족과 같이 지속적인 관계를 유지할 수 있는 전문가를 고객은 찾으며 그렇게 찾은 전문가에게는 절대적인 지지를 보이게 된다. 단순히 판매만을 위한 판매를 통해서는 고객과의 지속 관계를 유지할 수 없다.

영화를 제작하고 제작발표회를 하며 출연배우들이 홍보에 나서는 이유도 잠재 고객들과의 친밀함을 불러일으켜 지속 관계를 형성하여 극장을 찾게 하기 위한 홍보 노력이다. 그 유명한 비싼 몸값의 외국 배우들이 방한하여 출연한 영화의 홍보를 직접 하는 것은 지속 관계를 통하여 친밀함을 불러일으키기 위함이고 물론 흥행 수입은 당연한 이유와 결과이다.

영국 프로 축구 팀 맨체스터 유나이티드가 비시즌에 아시아 순방 경기를 하는 것도, 미국의 메이저리그 경기를 일본에서 하는 것도 친밀한 관계를 위함이요, 또한 그들이 타국의 선수들을 스카우트하고 육성하는 것도 지속적으로 친밀한 관계를 만들기 위함에 있는 것이다.

가수가 노래를 하며 관객을 향해 표정을 연출하고 제스처를 취하고 눈을 마주치는 것도 친밀한 관계를 위한 노력이요, 대통령이나 국회의원이 현장의 소리를 듣기 원한다며 서민들의 행사나 새벽시장이나 등산을 하는 것도, 기업의 CEO가 영업 현장과 공장과 고객을 만나는 것도 사원이나 고객과의 친밀한 관계를 보여주기 위함이다. 영업사원이 고객의 경조사를 챙기고 기념일을 축하하고 이벤트에 고객을 참여시키고 지식과 정보를 제공하는 것도 친밀한 관계를 지속하기 위함이다.

고객에게는 떠오르는 사람이 있다. 자동차 접촉 사고가 났을 때 해당 보험 회사가 아닌 자신을 관리해 주는 그 보험 회사의 신뢰가 가는 영업사원이, 건강을 염려하여 가족의 건강식품구매를 희망하는 고객이 자신에게 구매를 권유하던 성실한 영업사원이, 매일 아침 고객이 마시는 건강 녹즙을 보고 직장 동료가 자신에게 녹즙 구매에 대한 문의를 할 때 자신의 녹즙을 공급해 주는 아름다운 영업사원이 떠올려진다. 이유는 그 영업사원과의 관계가 지속되고 있으며 지속적인 관계는 친밀감을 주기 때문이다. 지속적인 관계의 세일즈맨은 고객에게 Good에서 Better로 Better에서 Best로 Best에서 Only의 세일즈맨이 된다.

 Why. 고객은 왜 망설이는가

• 실패가 두렵다

정기 예금에 가입하였으나 중도에 해지하여 낮은 이율을 적용받거나, 주식형 펀드에서 이익은커녕 원금의 손실을 보고, 보험 해약 시 환급금이 원금보다 적으며, 고정 금리형 대출을 받아 금리 인하의 혜택을 보지 못하고, 신용카드를 만들고 나니 자신에게 더 적합하고 유리한 다른 내용의 카드가 출시되어 카드 수수료만 이중으로 물게 되고, 파격 세일 상품을 구매하니 환불이 되지 않고, 저렴한 가격에 계획에 없던 충동구매를 하니 사용을 하지 않고 짐만 되며, 무리하게 대형차를 구매하였으나 원유 가격 인상에 의한 기름 값의 부담으로 자유롭게 사용하지 못하고, 통신사를 변경하니 원래 통신사에서 더 좋은 조건의 상품을 출시하고, 신종 상품을 구매하니 불과 몇 개월 후 대폭 하락된 가격의 보급형 상품이 되고, 제 값에 구입한 상품이 구매 후 바로 대폭 할인된 가격으로 판매되는 등 구매 활동 실패에 대한 경험을 누구나 갖고 있어 실패를 두려워하게 된다.

• 자기 방어를 한다

비가 올까 하여 우산을 준비하듯 만약의 구매 실패에 대한 방어적인 생각을 갖고 방어를 위한 수단으로 반복적인 행동을 한다. 질문을 반복하며 상품을 보고 또 보고, 묻고 또 묻고, 듣고 또 들으며 거절을 위한 거절이 아닌 구매의 과정을 위한 거절을 한다.

세일즈맨의 질문에 대한 답변과 거절 처리 과정에서의 답변을 통해 구매의 확신을 찾으려 하므로 고객의 질문과 거절은 구매의 신호이다.

• 자기중심적 생각을 한다

회사를 너무 내세우지 마라. 크고 좋은 회사가 아니라 고객을 위해 어떠한 회사인가가 중요하다. 대기업, 대표기업의 상품이 반드시 좋은 것이 아니라 그 기업의 상품과 서비스 내용이 선택 기준이다. 고객은 자신에게 필요하고 자신이 바라던 내용의 상품인가와 회사나 세일즈맨이 자신에 대해 얼마나 관심이 있으며 자신을 위해 무엇을 해 줄 수 있는가가 우선이다.

흔히 기업과 세일즈맨이 갖는 착각은 고객도 자신과 같은 관점을 가지고 있을 것이란 생각이며 자신들이 갖고 있는 의견을 스스로 옳다고 신뢰한다. 자신들의 경험과 통계 그리고 시장조사 등을 통해 보이는 대로만 보려고 한다.

A라는 전자제품 회사는 매출과 고객 만족도가 1위이고 시장 점유율이 40%이며, B사는 시장 점유율이 25%, C사는 15%라고 할 때, A사를 택하는 고객보다 다른 회사 제품을 택하는 고객이 60%로 더 많고 B와 C사를 택하는 절대적 다수의 고객이 있는데도 A사는 브랜드와 자기 확신으로 고객에 대한 생각에 의심을 갖지 않는다.

타사를 택한 고객은 비교를 통해 A사보다 B, C사를 택하였는데 절대적 우위의 경쟁력을 갖춘 A사는 자신의 생각과 방식으로 고객을 공략하니 시장 점유율을 향상시키지 못하는 것이다. 발전을 위하여 A사는 자기중심의 사고에서 벗어나야 하며 고객 역시 A사와 마찬가지로 자기중심의 사고를 하고 있다는 것을 인식하여야 한다.

지금까지의 40%는 물론 회사 상품 마케팅이 주효하여 이루어지긴 하였지만 고객의 자기중심적 사고와 일치한 시장 점유율을 나타내는 것이기도 하다. 단지 A사의 정책과 전략만을 통해 만들어진 40%는 아닌 것이다. 또한 마케팅이란 고객의 자기중심적 사고를 읽어내는 것이다.

• 결정된 생각이 있다

자동차를 구매하기로 한 고객을 가정하면 고객은 이미 상담을 하기 전에 자신이 마음먹은 차종과 메이커를 결정한 상태에서 확인의 과정으로서 영업사원과 상담을 하는 것이다. 상담의 과정은 자신의 선택이 틀림없음을 검증하는 과정인 것이다. 물론 예외적으로 결정을 번복할 수 있으나 현명한 고객들은 충동적인 구매보다는 계획하에 준비된 구매를 하기 때문에 영업의 성과를 높이기 위해서는 고객의 결정 내용을 빨리 캐치하여 고객이 내린 결정을 북돋아 마음먹은 결정이 구매 실행에 옮겨질 수 있도록 초점을 맞추어야 한다. 소형차·중형차·대형차인지, 레저용·사업용·생활용인지, 경제성·품위성·편의성인지 등을 감안하여야 하고, A회사의 경제성을 중시한 생활용 중형차를 구매키로 결정을 하고 B사의 매장을 방문한 고객에게 영업사원은 B사의 최고 경쟁력은 생활용 중형차임을 강조하며 상담하여야 한다. 확고하게 중형차에 마음을 굳히고 내방한 고객에게 중형차의 단점을 부각하여 소형차를 권하는 것은 고객을 피곤하게 하는 것이다.

중형차 선택에 대해 현명함을 칭찬하고, 장점에 맞장구를 쳐서 호응을 얻어내고, A사와 비교 우위를 강조해서 고객의 마음을 B사로 돌려야 한다.

How. 고객은 어떻게 구매하는가

• 가격과 가치를 생각한다.

고객은 경제력에 의한 구매력의 범위와 구매하려는 상품 가치의 범위를 생각하고 있으며 가능한 구매력의 범위 안에서 필요한 가치를 비교하여 구매를 결정한다. 대형 TV, 풀 옵션의 자동차, 고가의 신상품은 누구나 갖고 싶지만 아무나 구매할 수 있는 것은 아니다. 보장이 다양하고 큰 보험 상품, 고액 예치 시 우대 금리를 적용하는 은행 상품, 도심에서 가까운 콘도나 골프 회원권 등도 원한다고 계약할 수 있는 것은 아니다. 고객은 자신의 경제력을 바탕으로 마음속에 가격을 책정하고 책정한 가격 내에서의 상품 가치를 비교한다.

고객이 책정한 가격과 가치에 접근한 상품을 세일즈맨이 권유할 때 고객 구매의 확률이 높으며 고객의 생각과 마음을 읽는 것이 고객에 대한 배려이다.

• 절대적 가치를 중시한다

동종의 상품과 유사한 상품의 상대적 가치를 고려하며 절대적으로 가치가 높은 상품에 대하여는 가격 대비 가치가 다소 떨어져도 기꺼이 구매한다. 복사와 팩스와 전화와 스캔이 가능한 복합기의 가격이 각각의 제품을 구입하는 가격보다 높아도, 앙드레 김이 디자인한 냉장고나 고어텍스 소재의 등산복, 터치스크린 방식의 휴대폰 가격이 높아도 절대적인 가치를 인정하는 경우에는 기꺼이 비용을 지불한다.

• 구매 조건의 우선순위, 가중치, 핵심을 생각한다

상품 구매 시 브랜드, 디자인, 실용, 가격, 품질, 내구성, 현재 가치, 미래 가치 등의 관점을 갖고 구매한다. 펀드에 가입할 때 안정형, 위험 분산형, 위험 감수형의 성향에 따라 채권형, 혼합형, 주식형의 상품을 선택하고 보험에 가입 할 때도 저축형, 보장형, 투자형의 성향에 따라 만기 환급형, 순수 보장형, 변액 보험 등의 상품을 선택한다.

금융 상품을 선택하려는 고객이 우선순위에 의해 금리에 의한 목돈 마련보다 가족의 경제적 보장을 겸하기를 생각한다면 은행 상품 대신 보험 상품을 택할 것이며, 더 나아가 보험 상품을 통해서 저축과 투자의 효과를 얻으려 하면 변액 보험을 계약할 것이며, 저축과 보장과 투자의 구매 동기의 가중치에 따라 보험 상품의 선택을 달리 할 것이다.

자동차도 디자인, 연비, 내구성, 편의성 등에 우선순위, 동기의 가중치, 동기의 핵심 등을 고려하여 구매한다.

• 습관적 구매 경로가 있다

인터넷, 홈쇼핑, 세일즈맨의 방문 판매, 백화점, 할인 매장, 대리점, 직판점 등 고객은 다양한 채널을 선택할 수 있고 채널별 장단점을 알고 편의성과 실익성 등을 고려하여 구매의 경로를 결정한다. 또한 고객은 인터넷의 ○○사이트, ○○홈쇼핑 채널, ○○세일즈맨, ○○백화점 등 주로 찾는 경로를 갖고 있으므로 세일즈맨은 타 경로보다 구매의 장점을 설명할 수 있어야 한다.

다음으로 세일즈맨의 입장인 판매 가능이라는 측면에서 고객을 정의해 본다.

일반적으로 고객이라고 하면 영업맨에게는 영업 대상자, 영업 목표, 단골손님 등을 말한다.

영어에서 고객(Customer)은 Custom에서 유래한 말로 Custom은 관습, 풍습, 관행, (상점 등에 대한 손님의)애호, 애고(愛顧)를 의미한다. 한자에서 고객은 돌아볼 고(顧), 돌볼, 보살필 고(顧)와 손, 나그네 객(客), 사람 객(客)의 의미를 갖고 있다. 즉, 고객은 습관적으로 찾아주는 단골, 판매가 가능한 손님으로 한 번의 거래를 위한 상대가 아닌 미래에도 지속적인 관계를 필요로 하는 구매자 및 구매 가능자이다. 좁은 의미에서의 고객은 가망 고객, 표적 고객, 기존 고객이며 넓은 의미에서의 고객은 잠재 고객을 포함한 모든 사람이 고객이다.

영업은 고객 대상 중 특히 새로운 구매의 가능성이 있는 신규 가망 고객과 구매를 통하여 관리되어 지속 구매가 가능한 기존 고객,

구매의 가능성이 높은 표적 고객 등에 초점을 맞춘다. 이러한 고객들을 만나 기존 고객을 늘려가고 기존 고객의 탈락을 방지하고 기존 고객을 고정 고객으로, 고정 고객을 협력자로 만들어 가는 것이 영업 활동인 것이다. 따라서 영업의 궁극적인 목적은 고객 수의 증가이다.

영업 고객 분류

잠재고객(suspect): 미래의 고객
일반고객(general): 구매력 있는 고객
가망고객(prospect): 유망 고객
표적고객(target): 확률이 높은 고객
기존고객(customer): 구매 고객
경합고객(competition): 복수거래 고객
탈락고객(drop-out): 거래 및 관리 중단 고객
단골고객(regular): 재구매를 행하는 고객
고정고객(life-time): 독점 고객
충성고객(loyal): 지원 고객
협력자(co-worker): 협력 고객

보험 영업 고객

잠재고객: 취업 전 학생, 고객의 자녀
일반고객: 보험 가입을 할 수 있는 연령의 고객
가망고객: 가입 의사를 가지고 있는 고객
표적고객: 가입 확률이 높은 고객
기존고객: 기존 가입 고객
경합고객: 타사나 타 설계사의 영향이 미치는 고객
탈락고객: 중도 해약 및 타사나 타 설계사에게로 계약 이전 고객
단골고객: 추가 계약, 재계약이 이루어지는 고객
고정고객: 종류별 보험 계약을 일관되게 가입한 고객
충성고객: 소개 영업이 이루어지는 고객
협력자: 영업 활동을 도와주는 고객

영업은 고객을 발굴, 창조, 관리하는 것이며 영업 활동 중 고객 분류에 따라 적합한 영업력을 발휘해야 한다. 우수한 세일즈맨은 궁극적인 영업 목표가 고객 수의 증가이며 고객을 가망고객-기존고객-

고정고객-충성고객-협력자로 육성한다. 즉, 우수 고객 수의 증가가 영업의 결과이다.

보험회사의 판매왕들이 공통적으로 말하는 영업 비결은 고객의 중요성을 알고 관리하는 것이며 13회 유지율이 거의 100%에 이른다는 것이다. 즉, 완전 판매와 판매 후 지속 관리를 통해 한 번 고객은 영원한 고객으로 만드는 것이다. 고객은 영업 활동의 목표이므로 고객이 영업 활동의 시작과 과정과 결과이며 영업의 존재 이유이다.

경제가 어렵고 불황일수록 고객 중시 경영이 중요하다. 오죽하면 고객은 왕, 고객은 황제, 고객은 신이라고까지 하겠는가?

고객의 생각이 빠르게 변하고 고객의 니즈가 점점 높아가기 때문에 고객을 모르고는 영업성과를 기대할 수 없다. 고객을 알아야 고객 중심의 영업을 할 수 있고, 고객을 알려면 고객을 만나야 한다. 그래서 발로 하는 영업이 머리로 하는 영업을 앞서는 것이다. 과거의 경험이나 관행은 과거 고객의 특성일 뿐이다. 지속적인 만남으로 고객을 제대로 알고 고객의, 고객에 의한, 고객을 위한 영업이어야 한다.

2

고객의 입장을 고려하라

고객이 필요로 하는 재화와 용역에는 당연히 니즈가 발생한다. 고객의 니즈는 어떻게 구매로 연결되는 것일까? 고객은 구매의 가치 실현을 최소의 비용으로 최대의 효과를 얻는 것에 둔다. 기업의 목표가 이윤 극대화에 있듯 고객의 목표도 가치 극대화에 있다. 구매의 가치가 가격보다 커야 구매가 이루어지며 가치가 크면 클수록 구매의 욕구가 강해진다. 고객은 구매 행위에 신념과 성향을 가지고 있어 구매 활동에 큰 영향을 미친다.

앞에서 언급한 고객 5W1H와 유사한 내용으로서 고객 특성에 대한 추가 설명과 정리의 측면에서 생각 해 본다

 고객은 자신의 계획하에 구매한다

고객은 구매를 계획한 가격 범위의 20%는 벗어날 수 있어도

30%, 50%는 벗어나려 하지 않으며 구매를 계획할 때는 욕구-필요-가치-경제력-우선순위-선택의 단계를 거친다. 따라서 세일즈란 고객의 구매 계획을 파악하여 적시에 적합한 상품을 권유하고 설득과 동기 부여를 통해 고객 구매 시기를 미루고 당기는 고객과의 push & pull의 활동이라 말할 수 있다.

예를 들어 자동차를 갖고 싶어 하고 필요를 느끼며 자동차의 가치를 생각하며 구입 의사를 가지고 있으나 현재의 경제 사정을 고려하여 더 우선적인 부문의 지출을 결정한 고객을 밀고 당겨서 구매를 결정토록 하는 것이 영업이다.

고객은 구매의 기회를 갖게 된다

새로운 필요의 발생, 예상치 못한 수입의 증대, 기존 제품의 내구년수 경과, 신상품에 대한 교체 및 추가 욕구의 발생, 계약의 만기 등을 들 수 있다.

주식 시장의 호황, 토지 보상, 성과급, 보너스 등의 경제력 증가는 구매의 증가로 이어진다. 토지 보상이 이루어지는 지역에 금융기관이 앞다투어 지점을 개설하고, 신차종이 출시되거나 금융 신상품의 판매 때 홍보와 마케팅이 집중되어 매출이 급증하고, 특별한 가격의 세일 시 판매가 증대하는 것은 고객이 구매의 시기와 기회로 생각하기 때문이다. 이러한 고객의 구매 기회에 대량 판매를 해 내는 것이 영업이요, 우수 영업맨들은 기회를 놓치지 않고 영업력의 집중을 통해 확실한 성과를 만들어 낸다.

 ### 고객은 가격 대비 가치가 크면 클수록 구매 의사가 높아진다

고객은 가격에 민감하다. 세일이나 기획 판매 시 똑같은 제품을 남보다 싸게 구입할 수 있다면 다소 경제적 무리를 감수하고도 구매의 시기를 앞당기기도 하고 세일 때까지 기다리기도 한다. 주식도 부동산 투자도 저점을 노리듯 세일을 기다리는 것은 항상의 마음이다.

남보다 자동차를 100만 원 싸게, TV를 50만 원 싸게, 옷을 10만 원 싸게 살 수 있는 것을 행운이라 생각하며 행복해하기까지 한다. 공짜 휴대폰과 1만 원 휴대폰에 관심을 안 가질 수 없는 이유이다.

하지만 고객은 제품의 가치가 절대적으로 높으면 가격의 희생도 감수한다. 명품, 희소 제품, 신제품 등은 가격보다 절대적 가치가 구매 동기를 유발한다.

고객은 제공되는 정보를 분석한다

화장품 방문 판매업에 종사하는 인원은 10만 명, 보험업은 30만 명이다. 고객은 수십 개의 회사, 수십만의 영업사원들을 통해 설명을 듣고 자료를 제공 받는다. 각종 매스컴의 보도 자료, 회사의 홍보와 영업사원의 설명을 접하며 각종 기관에서 발표되는 고객 만족 조사 결과, 수상 실적 등이 공개되고 인터넷을 통하여 원하는 모든 상품 정보를 알 수 있고, 각 회사의 상품을 비교하는 site도 활용한다. 더욱이 같은 회사의 다른 영업사원을 접함으로써 영업사원까지도 비교할 수 있다.

이렇게 습득한 정보들을 고객은 비교하고 분석하는 것이다.

고객은 경쟁 상품과 비교한다

TV를 구매하는 고객은 삼성과 LG, SONY의 상품을 두고 선택을 망설이며, 자동차를 구매하는 고객은 현대와 기아, 토요타를 비교하므로 세일즈맨은 자사 상품은 물론 경쟁사 상품의 내용도 알아야 한다. 자신이 판매하는 상품에 대하여 타사 상품과 비교한 경쟁력 있는 자료를 만들고 활용해야 한다. 서로의 상품을 알아야 경쟁 상품에 비하여 비교 우위의 특성을 강조할 수 있다.

가격, 성능, 사후 관리 체계, 전기 사용량, 추가 기능, 부가 서비스 등 조금이라도 우위에 있는 부문을 찾아내어 장점을 강조하라.

고객은 한 번 등 돌린 상품에 대한 인식을 바꾸려 하지 않는다

경쟁사의 실수와 경쟁사에 대한 불만족은 영업의 기회를 제공한다.

기업체 위탁 급식에서 직원 만족도 조사가 계속하여 낮게 나올 경우 고객사 담당자는 해당 급식 업체의 변경을 고려하게 되며 이때 타 업체는 불만족의 원인을 파악하여 원인에 대한 맞춤형 제안을 하면 관심을 증대시킬 수 있다. 또한 업체 교체의 빌미를 제공한 급식 업체는 새로운 제안 입찰 자격도 제한하는 것이 일반적이므로 향후 해당 업체는 고객사와 단절의 관계가 되며 단절의 관계와 불량한 업체로 각인된 이미지는 몇 배의 노력으로도 복원되기 어렵다.

단체 운동 경기에서도 상대 팀의 실수와 전술 실패로 승리를 거두는 경우가 많으며 결정적인 실수를 범하여 중요한 승부를 놓친 선수는 감독으로부터 출전의 기회를 얻기 어려워지기도 한다.

 고객은 자신이 설정한 가격과 품질을 비교한다

경차를 구매하려던 고객이 소형차를, 소형차를 구매하려던 고객이 준 중형차를 구매할 수도 있으나 2단계를 뛰어넘어 구매하기는 어렵다.

중·대형 아파트에 살고 싶지 않은 사람 없고, 명품을 갖고 싶지 않은 사람 또한 없다. 고객도 자신이 가능한 가격 범위에서 벗어난

품질까지 원하지는 않는다. 다만 가능한 가격의 가능한 품질로서 최적의 조합과 가치를 실현하려는 것이다.

고객이 설정한 가격의 폭에 견주어 품질을 강조하여야 한다. 고객의 생각과 거리감 있는 가격과 품질의 비교에 의한 제안은 고객의 거부감을 발생시킨다.

🎲 고객은 상품에 대해 새로운 지식과 정보를 원한다

다양한 정보 채널과 구매하려는 상품에 대한 사전 조사로 고객은 상품에 대하여 어느 정도의 지식과 정보를 갖고 세일즈맨을 접하게 된다. 그리고 세일즈맨을 접하면서는 혹시 모르던 더 좋은 정보를 얻게 되리라는 기대감이 잠재되어 있다.

고객이 모르고 있는 것을 알게 해 주고 알고 있는 것보다 더 많은 것을 알게 해 주어라. 새로운 사실을 알게 될 때 고객은 괜히 기쁘고, 설레고, 구매 동기가 높아진다. 해당 콘도를 구매하려는 고객이 국내는 물론 해외에도 알고 있는 것보다 더 많은 체인망이 구축되어 있고, 부대시설이 알고 있는 것보다 우수하며, 모르고 있던 성수기에도 보장 사용이 가능하다는 내용을 알게 되면 호감을 더 갖게 되는 것은 당연하다.

고객은 의심을 가질 수밖에 없다

　국민의 특성상 역사적으로는 수많은 크고 작은 외세의 침입과 지리적으로도 일본, 중국, 러시아 등의 강대국과 접하여 있어 항상 조심하고 혹시나 하는 마음을 안 가질 수 없었다. 그러니 오죽하면 전통 한옥의 방문지도 창호지를 사용하여 넌지시 밖을 보고 소리를 들을 수 있게 하였겠는가. 고객의 의심을 이해하고 받아들여야 한다.

　과거에 일반적으로 얼마나 많이 거짓이 행하여졌으면 상인은 진짜임을 강조하기 위해 참기름에서, 진짜 참기름에서, 순 진짜 참기름에서, 순순 진짜진짜 참참기름으로까지 설명하며 의심을 피하려고 한다.

　상품을 구입하면서 불만족이나 실망을 해 보지 않은 고객은 없다. 과거 거짓과 과장으로 불완전 판매가 행하여졌다면 대상은 일반 고객이요, 소비자일 것이므로 누구나 한 번은 경험했을 것이다. 고객의 의심은 당연한 것이다.

 고객은 특별한 것을 원한다

　고객이 원하는 것은 차별화된 가격, 품질, 서비스 등의 구매조건이다. 남보다 조금이라도 더 특별한 가격, 품질, 서비스를 원한다.

　회사에서는 홍보, 재고, 계절, 신상품 계획 등 상황을 고려하여 전략적으로 판매 조건을 결정하는 경우가 있다. 기회를 놓치지 말고 차별화를 강조한 특별한 제안을 통해 영업성과를 높여야 한다. 우수한 세일즈맨의 조건 중 하나는 특별한 기회에 특별한 성과를 만들어 소득의 밑바탕을 이루어내는 것이다.

 ## 고객 여건에 따라 구매력과 구매 특징이 다르다

세대별 구매 여건

미혼	구매 부담 적음, 유행 지향적, 오락 지향적
신혼	현재를 중시, 구매력 양호, 구매 활동 양호, 구매 단가 높음
취학 전 자녀	구매력 미흡(주택 구입), 신제품 선호, 광고 제품 선호
학업 중 자녀	구매력 약화, 광고 영향 약화, 상품 지식 양호, 구매 정보 양호
중년	구매력 양호, 구매 단가 높음, 교체 수요 발생, 다양한 제품 구매
노년	구매 욕구 감소, 현상 유지, 신제품 무관심, 영양 · 건강 · 질병 관련 관심 증대

여건을 더 세분화한다면 가장의 연령 · 직업 · 소득, 자녀의 직업 · 소득, 은퇴의 시기, 노년의 독거 등 고객의 현재 상황이 감안된 구매의 제안을 행할 때 관심을 유발할 수 있다

세일즈맨은 고객의 입장을 고려하여 고객이 이해할 수 있도록 설명하고, 고객이 필요한 것을 설명하며, 고객이 중요하게 생각하는 것을 중점적으로 설명하고, 고객의 이익을 우선으로 해야 한다. 고객에게 제품의 가치나 서비스로 깊은 인상을 주고, 영향을 주고, 느끼게 하고, 마음을 움직이게 하는 고객 감동이 중요하다. 감동은 만족의 다음 단계로서 마음을 뭉클하게 하며 뜨거움과 감개무량함이 용솟음

치게 하기 때문이다. 감동을 주기 위해서는 순수함과 고객 존중의 마음이 필요하다. 고객은 왕이요, 항상 옳고, 기업의 존재 이유이며, 세일즈의 존재 이유이다

3

고객에 대한 지식을 확보하라

1970년대 조미료 시장의 단연 1위는 미원이었다. 제일제당은 화학조미료 시장에서 당시 미풍이란 브랜드로 미원을 추격하였으나 화학조미료의 대명사가 되어버린 미원을 당해낼 수 없자 천연조미료를 강조한 다시다를 출시한다. 고객들의 소득이 늘어가면서 건강에 대한 관심이 증대하고 인공에서 자연을 추구할 것이라는 생각이 적중하여 성공을 거두며 천연조미료 시장이 커지자 미원은 청정원이란 새로운 브랜드를 내 놓게 된 것이다.

1990년대 중반 조선 맥주는 하이트란 브랜드가 출시되면서 시장 점유율이 급진전되었다. 당시는 소득이 늘면서 생수를 사다 먹는 가정이 늘어나던 시기였다. 하이트 측에서는 지하 150m 천연 암반수라는 깨끗한 물로 만든 맥주임을 강조하면서 고객 이해와 일치할 수 있었다.

소주 '처음처럼'은 알칼리수로 만든 소주임을, 음료 '비타 500'은 건강 음료라는 개념으로, 화장품 '더페이스샵'은 저가란 점을 부각시켜 성공할 수 있었다. 고객을 알아야 고객을 창조할 새로운 시장을 찾아 낼 수 있다.

고객에 대한 지식은 고객의 성향으로도 말할 수 있다. 앞서가는 세 일즈는 고객 성향을 알고 타깃 고객을 설정하여 효율적으로 상품을 권 유하고 고객의 니즈를 환기시켜 계약의 동기를 부여하는 것이다.

대표적 방문 영업 업종인 보험, 건강기능식품 고객에 대한 지식을 살펴보자. 3년마다 생명보험협회에서 실시하는 2009년 소비자 성향 조사에 의한 고객 지식이다

가구주 연령별 생명보험 가입률

단위: %

연령	2000년	2003년	2006년	증감	2009년	증감
20대	82.2	85.2	70.8	−14.4	72.9	+2.1
30대	86.4	90.4	88.8	−1.6	87.4	−1.4
40대	87.4	90.1	90.2	+0.1	90.0	−0.2
50대	79.2	80.6	86.6	+6.0	81.3	−5.3
60대	58.7	52.1	63.8	+11.7	66.8	+3.0

• 고객 지식 1

20대는 보험 가입이 급격히 감소하여 상대적으로 낮은 가입률이 지속되며, 30대는 높은 가입률을 유지하나 지속적 감소 추세이고, 40 대의 가입률이 가장 높고, 50대는 지속적으로 가입률이 높아지다 큰 폭의 하락세로 반전되었으며 60대 가입률은 급격히 높아져 지속적 상 승 추세를 보이고 있다.

젊은 층은 저축 및 투자의 마인드가 상대적으로 높고 미래보다는 현재의 삶에 중심을 두며, 중년층은 조기 퇴직 및 노후 기간의 증대로 연금과 질병 및 상해의 보장에 대한 관심이 높아졌고, 특히 평균 수명의 연장 및 고령화 인구의 증가와 경제력을 갖춘 노년층의 가입이 급격하게 늘고 있다고 추정할 수 있으며, 이를 바탕으로 권유 상품은 젊은 층에는 투자 기능을, 중년층에는 연금 저축과 가족 보장 기능을, 노년층에는 질병 보장 기능과 상속세 절감 관련 저축 기능 위주로 판매하며 화법으로는 보험과 더불어 재테크, 노후 준비, 부모에 대한 효도, 평생 안심 등을 주제로 할 수 있다.

보험 종목별 가입률-복수 응답

단위: %

보험 종목별	2006년	2009년	증감
질병	85.2	87.3	+2.1
상해/재해	69.9	71.1	+1.2
사망	42.3	37.1	−5.2
연금	22.7	26.5	+3.8
저축성	14.7	16.7	+2.0
변액	5.1	8.4	+3.3

• 고객 지식 2

보험의 순수 기능인 보장성 상품의 선호도가 뚜렷하며, 재해보다는 질병을, 사망보다는 재해 보장에 대한 욕구가 강하고, 저축 기능과 관련해서는 연금을 가장 중요시하였다.

저금리 지속과 주식 시장에 대한 투자 심리로 저축성 보험에 관심

수요층이 투자형 상품으로 옮겨갔다. 질병 보장 상품이 가장 높은 보험 가입 종목으로 나타나는 것은 건강에 대한 관심이 크게 높아졌을 뿐만 아니라 고가의 의료장비 사용 및 암·성인병 등의 증가로 의료비가 크게 높아졌기 때문일 것이다.

• 고객 지식 3

보험 가입 시 최우선 고려 사항은 보장 내용과 보장 금액이었으며 수익률은 가장 낮은 고려 사항이고 향후 가입하고 싶은 보험 상품은 예금과 보험의 결합상품, 순수 보험 상품, 보험과 증권의 결합 상품, 예금·보험·증권의 결합 상품 순으로 나타났다.

보험 가입 시 최종 결정권자는 가구주의 배우자가 58.1%로 가구주의 30.3%보다 높으며 배우자의 결정률은 높아지고 가구주의 결정률은 낮아지는 추세로 점점 배우자의 경제권과 의사 결정권이 높아지고 있음을 보여 준다.

참고로 통계청이 발표한 '2008 통계로 보는 여성의 삶'에 의하면 2006년 기혼 가구의 의사 결정 관계에 있어 일상 생활비는 여성 65.3% 남성 5.7%, 자녀 양육·교육은 여성 39.2% 남성 3.1%, 주택 매매·이사는 부부 공동 74.7%, 투자·재산 증식은 부부 공동 67.8%로 의사 결정을 한다고 조사되었다.

보험 가입 동기는 자발적 필요성이나 자극적 사건에 영향을 받아서보다는 설계사의 권유에 의한 가입이 54.9%로 가장 높았으며 보험 계약을 체결한 설계사는 종전의 계약을 취급한 설계사가 62.0%, 처음 만난 설계사가 35.5%였다.

　　보험 가입 경로를 보면 설계사가 가정을 방문하여 가입한 경우가 67.0%, 직장에 방문하여 가입한 경우가 24.4%이며 직장에서는 처음 만난 설계사와 계약하는 경우가 더 높게 나타났다.

• 보험 고객 지식 요약 – 보험 영업 Point 10

① 보장 기능은 보험만의 특허 내용이다. 보장 기능을 강조하라.

② 20대–투자, 30대–저축, 40·50대–연금·가족 보장·질병, 60대–질병·상속에 초점을 맞추어라.

③ 가입률은 30, 40대가 가장 높다.

④ 고령화 시대의 도래로 50, 60대의 가입률이 급격히 높아진다.

⑤ 가입을 원하는 상품은 저축과 보장 기능의 결합 상품이다.

⑥ 가입 시 최우선 고려 사항은 보장 내용과 보장 금액이다.

⑦ 가입 시 최종 결정권자는 가구주의 배우자가 많다.

⑧ 계약은 설계사의 권유에 의하여 이루어지는 것이다.

⑨ 기 계약자의 추가 계약이 62%다. 사후 관리가 영업이다.

⑩ 직장에서는 처음 만난 설계사와의 계약이 더 많다. 주기적·정기적으로 방문하라.

건강기능식품에 대한 관심

식품의약품 안전청의 2006년 건강기능식품 관련 설문 조사에 의한 고객 성향을 알아보자.

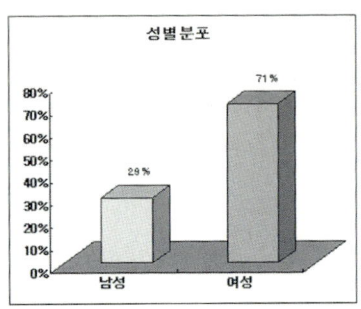

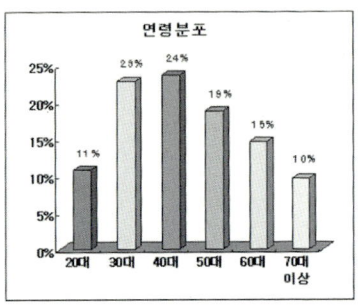

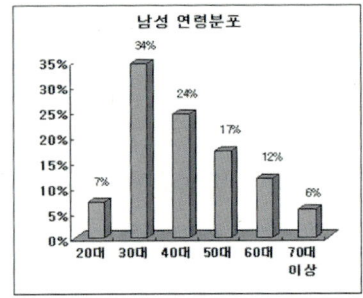

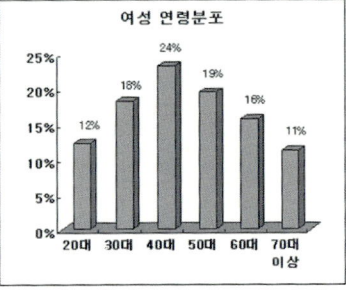

- 고객 지식 1

30, 40대가 건강기능식품에 대한 관심이 가장 높으며, 40대 여성과 30대 남성이 높으며, 40대 이후 연령이 높아질수록 관심도가 감소한다.

건강기능식품을 섭취한 종류 수

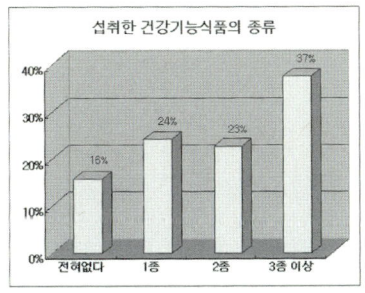

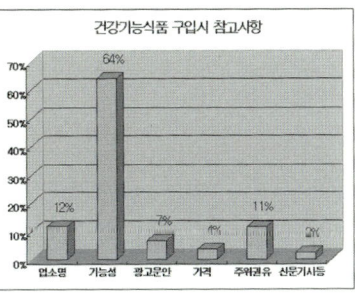

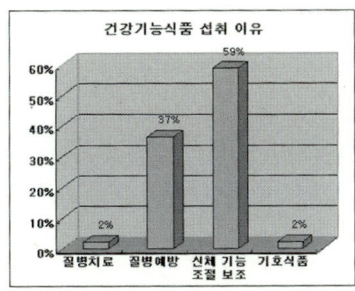

• 고객지식 2

　건강기능식품은 한번 복용한 고객이 종류를 바꾸어 계속 구매하는 경향이 있으며 신문이나 광고와 가격보다는 기능성에 대한 고객의 지식으로 구매를 결정하며 질병과 관련하여서보다는 신체 기능 보조를 위해 구매하며 특히 20·30대 고객은 이러한 경향이 두드러진다.

• 고객지식 3

매출액이 많은 품목은 홍삼제품 2,360억, 알로에제품 1,029억, 영양보충용제품 851억, 글루코사민함유제품 366억, 클로렐라제품 296억 원이며, 상위 10개 품목의 매출액은 5,835억 원으로 전체 매출액의 88%를 차지하여 건강기능식품의 판매가 일부 품목에 치우치는 경향이 있으며, 가장 많이 판매된 품목은 홍삼제품으로 전체 매출액의 36%를 차지, 소비자들이 홍삼제품을 선호하는 것으로 나타났다.

• 건강기능식품 고객지식 요약-건강기능식품 영업 Point 10

① 30 · 40대가 건강기능식품에 대한 관심이 높다.

② 40대 여성과 30대 남성이 Target 고객이다.

③ 40대 이후 연령이 높아갈수록 관심도가 떨어진다.

④ 한번 복용한 고객이 계속 구매한다.

⑤ 신문 · 광고보다는 기능성에 의해 구매를 판단한다.

⑥ 가격보다도 기능성에 구매를 판단한다.

⑦ 특히 20 · 30대는 기능성을 중시한다.

⑧ 홍삼 제품이 건강기능 식품 전체 매출액의 36%를 차지한다.

⑨ 알로에 제품이 전체 매출액의 15%를 차지한다.

⑩ 홍삼+알로에 제품 매출액이 전체의 51%이며 상위 10개 품목이 전체의 88%이다.

야구, 농구, 축구 등의 프로 스포츠 팀에는 상대 팀의 전력을 알기 위해 전력 분석관이란 직책을 운영한다. 변화구에 약한 타자에게는 투수에게 변화구로 승부하게 하고, 어느 수비수에게 유독 약한 징크스를 갖고 있는 상대의 슈터를 봉쇄하기 위해 맨투맨 전담 수비하게 하고, 상대의 핵심 플레이어에게는 전담 수비수를 붙어 다니게 한다.

SK야구팀이 상대적으로 스타급 선수 없이 연속 리그 우승을 할 수 있었던 원인 중 하나가 김성근 감독의 상대 팀 분석에 의한 철저한 통계 야구 때문이라고도 한다.

고객의 성향을 분석하여 고객에 대한 지식을 확보해야 효율적으로 대처할 수 있다.

4
고객과 상생하라

🎲 Mind를 Share하라

세일즈에서 업의 개념은 고객의 Needs와 Wants에 부응한 상품을 제안하여 고객의 구매 동기를 유발하고 동기에 대한 만족을 증대시켜 마음을 움직임으로써 고객 수를 늘려가는 것이다. 즉, 세일즈란 고객 수의 증대이다.

고객과는 상품을 거래하는 것이 아니라 마음을 나누는 것이다. 마음은 고객을 진심으로 대하고 고객을 사랑할 때 나눌 수 있다. 영업을 머리로 하지 않고 마음으로 해야 하며 마음으로 하는 영업은 마음먹은 대로 된다.

고객에게 무리한 계약을 요구하는 것은 고객을 계약과 소득의 대상으로만 보기 때문이다. 고객이 필요한 것을 먼저 얘기하고 고객이 원하는 것을 이해하여 고객에게 진정성을 갖고 판매를 해야 한다. 고객이 선택할 수 있는 범위를 제공하고 마지막 선택은 고객이 하는 것이다. 세일즈맨은 고객이 잘 선택할 수 있도록 지원을 하는 것이다. 그래서 지식이 필요하고 상담이 필요하다. 서로를 이해해야 서로를 위할 수 있고 서로를 사랑해야 서로를 신뢰할 수 있다. 이해와 사랑은 머리가 아닌 마음으로 행할 때 이루어진다. 마음을 주고받는 고객과 세일즈맨은 상담 중에도 이심전심의 미소가 지어진다.

보험연구원이 국민들을 대상으로 실시한 '2008 보험 소비자 설문조사' 결과 우리나라 국민들의 보험가입률이 93%에 달하는 것으로 나타났다. 특히 가구당 보험 가입률은 97.7%를 기록, 포화상태로 들어섰다. 금융감독원 자료에 의하면 2006년 말 금융권 종사자는 52만 명이고 이 가운데 보험권이 31만 명인 59%를 차지했다고 밝혔다. 다음으로 은행이 13만 명으로 25%를 차지했으며 저축은행, 여신 전문사가 그 뒤를 이었다. 보험권 종사자 가운데 26만 명은 보험 설계사 등 영업 현장을 뛰는 사람이었다. 보험 가입을 안 한 가구가 없는 상황에서 26만 명의 세일즈맨이 매일 영업을 하며 그러한 가운데 매일, 매달 변함없이 계약이 이루어지고 잘하는 세일즈맨은 계속 잘하고 부진한 세일즈맨은 계속 부진하다.

계약만을 위한 영업이 아닌 고객을 위한 진정성으로 고객과 마음이 교류되지 않고는 세일이 불가능하다. 고객의 이야기를 듣고 고객의 니즈를 알고 불만을 확인해야 한다. 설혹 불만이 없는 고객에게도 찾아가 계약 후의 만족도를 물어야 한다.

• 고객과 마음을 나누려면

고객에게 진솔해야 한다.

고객에게 배려해야 한다.

고객에게 감사해야 한다.

고객에게 도움이 되어야 한다.

고객에게 이익이 되어야 한다.

🎲 고객은 내 거울이다

미국의 심리학자 메런비언은 상대를 설득하는 주요 요소를 분석했는데 언어가 7%, 소리가 30%, 얼굴이 55%였다고 한다. 얼굴이 가장 중요한 설득 요소이며 물론 여기에서 얼굴이란 미소 띤 모습의 상냥한 얼굴을 의미한다. 얼굴은 나의 내면을 밖으로 드러내는 것이고 본성을 보여주는 것이며 거울에 보이는 내 모습 또한 인위적으로 바꿀 수도, 바꾸어지지도 않는다.

세일즈에서는 고객이 바로 거울에 비친 자신의 얼굴이다. 주름을 제거하고, 코를 높이고, 쌍꺼풀을 만든다는 것은 얼굴 표정이 만들어지는 것이 아니라 얼굴 모양이 예뻐지는 것이다. 그런데 내가 예쁘다고 거울인 고객이 예뻐지는 것은 아니지 않은가. 좋은 마음, 좋은 감정, 좋은 생각, 순수, 보람, 기쁨 등이 좋은 얼굴, 즉 표정을 만드는 것이다. 그리고 그러한 좋은 표정은 그대로 거울에 비친 고객의 표정이 되는 것이다.

잡코리아가 기업체 인사 담당자 268명을 대상으로 '첫인상'이 면접에 미치는 영향을 설문한 결과 응답자의 85.8%가 '면접할 때 첫인상을 채용 기준의 하나로 고려했다'고 답했으며 특히 이들이 면접 시 지원자에 대한 첫인상이 결정하는 데 걸리는 시간은 평균 8분 8초 정도인 것으로 집계됐다 호감도를 판단하는 데 결정적으로 영향을 주는 요소로 응답자들은 '이목구비 및 표정'(36.6%)을 1위로 뽑았으며 '말하는 내용'(31.3%), '머리 및 복장'(25.7%) 순이었다.

고객이 면접관이고 세일즈맨이 입사 지원자라 가정해보면 표정이 가장 중요한 것이다. 거울을 가까이하고 자주 보고 웃어라. 웃는 얼굴에 침 못 뱉는다고 하지 않았던가. 내가 웃으면 고객도 웃고 내가 울상이면 고객도 울상이다. 내가 만족하면 고객도 만족하고, 내가 상품 지식이 부족하면 고객도 상품 지식이 부족하고, 내가 매너가 부족하면 고객도 매너가 부족하고, 내가 힘들어하면 고객도 내 얘기 듣길 힘들어 한다. 내가 자신을 못하면 고객도 자신을 못 갖고, 내가 거짓말 하면 고객도 거짓말 하고, 내가 진심이면 고객도 진심이고, 내가 신뢰하면 고객도 신뢰하고, 내가 좋아해야 고객도 좋아하고, 내가 사랑해야 고객도 사랑한다. 내가 두려우면 고객도 두려우며, 내가 즐거우면 고객도 즐겁다. 내가 지식이 있으면 고객도 지식을 갖게 되고, 내가 정보가 있으면 고객도 정보를 갖게 되고, 내가 선택하면 고객도 나를 선택한다. 자신의 모습을 보아라. 그 모습이 고객의 모습이다. 고객의 모습을 보아라. 그 모습이 자신의 모습이다.

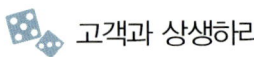 ## 고객과 상생하라

　영업은 세일즈맨이 고객에게 상품과 서비스를 제공해 주어 반대급부로서 세일즈맨에게 소득이 발생하는 업이다. 바꾸어 이야기하면 고객은 세일즈맨의 소득을 보전해 주고 상품과 서비스를 제공받는다. 따라서 고객과 세일즈맨은 주고받음의 관계를 형성한다. 고객은 구입하려는 상품의 가치가 지불하려는 상품의 가격보다 크다고 느낄 때 비로소 구입을 결정하고 만족도도 높아진다. 세일즈맨은 고객의 만족스러운 구매로 자신의 소득이 발생할 때 활동의 가치를 느낀다.

　세일즈맨과 고객의 관계에서 어느 한쪽이 일방적으로 이익을 보거나, 일방적으로 손해를 보거나, 쌍방이 이익을 보거나, 쌍방이 손해를 보는 관계가 성립될 수 있다. 주고받기의 위기와 위험은 일방적 관계에서 발생한다. 세일즈맨의 무리한 판매, 무책임 판매, 불완전 판매는 고객에게 손해를 끼칠 것이고 고객의 무리한 요구는 세일즈맨에게 손해를 끼칠 것이다. 서로의 무리한 요구와 판매는 고객과 세일즈맨 모두에게 손해이다.

　바람직한 관계는 고객이 구매한 상품의 가치가 지불한 가격보다 높으며 그 가격은 세일즈맨에게 소득을 보전해 줄 수 있는 관계를 형성할 때이다. 그러한 관계를 위해서는 의사 결정이 중요하다. 의사 결정이란 여러 가지 대안으로부터 어느 하나를 선택하는 것이고 의사 결정자는 주어진 현실을 인식하고 추구하는 바를 정의하여야 한다. 즉, 세일즈맨이 과도한 욕심에 의해 판매나 가격에 견주어 품질과 가치가 떨어지는 판매로 자신의 소득만을 극대화하려 한다면 결국 고객에게 피해를 입히는 것으로 지속적인 우호 관계를 통한 더 많은 소득의 기회를 버리는 것이 된다. 눈앞의 소득을 좇다 더 큰 미래의 소득을 버리는 우를 범해서는 안 된다. 세일즈맨과 고객이 윈윈하는 영업이 이루어져야 한다.

고객이 좋아하는 세일즈맨이 돼라

고객에게 호감을 얻으려면 인상적인 만남, 기분 좋은 만남, 기억되는 만남이 이루어져야 한다. 고객은 세일즈맨의 표정, 몸짓, 말투, 매너, 예의 등을 통해 첫 번째 평가를 하는데 소위 말하는 첫인상이기도 하다. 다음으로 세일즈맨과 대화의 시간을 통해 편안하고, 기쁘고, 재미있고, 즐거울 때 기분이 좋으며, 기분이 좋은 것과 더불어 유익한 지식과 정보를 제공받으면 고객에게 도움을 줄 수 있을 것이라 기억하게 된다. 인상적이고, 기분 좋고, 기억에 남는 만남을 통해 고객은 마음을 열고 세일즈맨에게 호감을 갖게 된다.

인맥 형성을 위한 인간관계의 기술과 방법이라 말해지는 상대에 대한 관심, 배려, 인정, 경청, 칭찬, 감사의 처세와 더불어 고객의 호감을 획득하는 활동이 세일즈 성공의 비결이다.

　고객은 선택권을 갖고 스스로 결정을 할 때 진지하고, 적극적이고, 만족감을 느낀다. 고객에게 한가지만의 Push가 아닌 단 두 가지 중에라도 선택을 할 수 있게 하라. Push가 아닌 Pull의 세일즈를 통해 고객을 세일즈 활동에 참여시키는 것이 효과적이며 유능한 세일즈맨은 고객의 선택을 자신의 의도한 대로 결정케 하는 사람이다.

　고객은 선택권이 주어졌을 때 자신이 선택한 상품을 더욱 긍정적으로 생각하고 구매 행위의 보람을 느낀다.

고객이 좋아하는 세일즈맨이 되려면

　고객을 존중하라, 고객에게 상품을 맞추어라, 고객을 위한 세일즈를 하라, 고객이 판단하게 하라, 많이 듣고 경청하라, 친구·동료·선배·후배·부모 같아라, 작은 계약에도 감사하라, 사소한 배려도 고마워하라, 정보와 지식을 전달하라, 즐거움과 재미를 전달하라, 보람과 기쁨을 전달하라, 준비하여 상담하라, 변함없이 한결같아라, 판매 후 관리를 하라, 진심과 진실로 행하라, 약속을 지켜라, 책임을 다하라, 신뢰를 주어라.

5

고객 만족을 넘어 감동, 기쁨, 행복을 전달하라

고객과의 거래는 한 번에 그치는 것이 아니라 일생 동안 계속되는 것이다. 한 사람이 불만을 가지게 되면 주위의 모든 사람에게 영향을 미쳐 결국 한 사람을 잃는 것이 아니라 수십 명을 잃는 결과를 낳게 된다. 입소문에 의해 고객의 만족사항은 한 사람에게, 불만사항은 열 사람에게 전파된다. 고객 만족은 고객이 품질과 서비스에 대해 원하는 것을 기대 이상으로 얻음으로써 고객의 선호가 지속되는 것을 의미한다.

과거 보험의 불완전 판매로 고객의 불편과 불만이 문제가 되었을 때 어느 회사가 과감히 보험품질보증제도를 실시하며 매스컴을 통한 제도의 홍보로 모든 계약자들이 이 제도를 활용할 수 있게 하였다. 유형의 제품에 대한 품질보증은 있어도 무형의 상품인 보험에 대한 품질 보증을 한다니 당시로서는 굉장한 결단이었다. 즉 약관을 받지 못했거나, 설명을 불완전하게 하였거나, 청약서에 자필 서명을 하지 않았으면 3개월 내에 고객이 원하면 언제든지 계약을 철회할 수 있다는 내용이다. 당시의 시장 상황이나 Push영업의 관례상 설계사들의 불평과 불만이 극심하였으며 일가에서는 계약 관리의 대혼란을 염려하였다. 그러나 결과는 고객의 불만을 사전에 능동적, 적극적으로 방지한다는 회사의 방침에 고객이 감동하여 그 회사의 영업성과는 더욱 빛을 발하게 되고 설계사들 역시 고객의 호응과 유지율의 개선으로 실적과 수당이 증가하는 효과가 나타나며 정도 영업의 위력을 보게 되었다.

세일즈맨들은 영업 활동을 통해 고객의 불편과 불만을 이미 알고 있다. 문제는 그러한 고객의 불만을 무시하느냐, 알고 인정만 하고 조치를 취하지 않느냐, 알면 반드시 불만을 해결하느냐의 차이이다.

달리기를 하다가 실수로 넘어져 무릎에서 피가 나올 때 어떤 사람은 대수롭지 않게 생각하며 상처를 그냥 놔두고, 어떤 사람은 걱정을 하면서 응급조치만 취하고, 어떤 사람은 걱정을 하면서 상처를 보고 패혈증 등의 합병증도 생각하며 바로 병원으로 가서 치료를 받는다.

고의이건 실수이건 고객이 갖고 있는 불만은 바로 치료가 되어야 한다.

그렇다면 불편과 불만은 어떤 이유일까?

아래의 여러 가지 사례에 견주어 자신이 활동하는 영업 부문에서 고객의 불편과 불만을 알고 대처하며 역발상으로 고객을 만족시킬 수 있다.

 ## 왜 백화점이나 마트의 화장품 코너는 브랜드별 매장만이 가능한가?

대개의 백화점 1층에는 화장품 매장이 운영되며 마치 호객 행위를 하듯 서로 자사의 제품을 선전한다. A, B, C 3개의 회사 브랜드가 있고 회사별로 같은 계열의 매니큐어 색상이 각각 3개씩 있다고 가정하면 A사 고객은 자신이 원하는 색을 3개 중에 선택하여야 한다.

또한 A사의 제품을 사용하던 고객은 관성의 법칙처럼 자신이 사용하던 회사의 제품에서 안주하여 B사의 제품을 고려할 기회를 갖기도 귀찮아하고 혹시 모를 더 좋은 타사의 제품을 접할 기회를 갖지 못할 수도 있다. 만약 A, B, C 3사의 제품을 한 매장에서 같이 판매한다면 고객은 같은 계열 색의 9가지 매니큐어 색상 중에서 선택할 수 있으며 고객은 3사의 제품을 비교하여 자신이 최적의 선택을 할 수 있을 것이다. 100가지의 향수, 200가지의 립스틱 색상 중 고객이 고를 수 있게 한다면 고객은 재미있고 즐거울 것이고 회사 간의 제품을 직접 비교할 수 있다면 고객은 행복할 것이다. 각종 매체의 발달로 이미 고객은 제품 지식과 정보를 갖고 있으므로 이제는 선택의 주도권을 고객에게 넘겨도 된다.

보험의 경우 독립 대리점에서는 여러 개 보험사의 상품을 비교하여 판매를 권유하고 있으며 인터넷을 통한 상품 비교 사이트도 활성화되어 있다. 현대차를 판매하는 세일즈맨은 삼성차, 대우차, 기아차와의 비교 우위를 설명할 수 있어야 하며 현대차 내의 다른 종류의 차종과도 비교 설명하여 고객의 선택 폭을 넓혀 주어야 한다. 학습지를 권유해도, 건강기능식품을 권유해도, 정수기를 권유해도 동업 타사 대비 장점을 비교 설명하고 회사 내의 다른 상품과도 비교한 선택의 기회를 고객은 원한다.

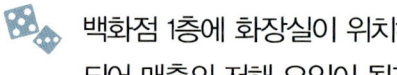 백화점 1층에 화장실이 위치하면 과연 공용 화장실로 사용되어 매출의 저해 요인이 될까?

한때 어느 백화점은 1층에 화장실을 설치하면 백화점 근처를 통행하는 사람들의 공용 화장실로 인식되어 구매와 관련 없는 고객이 주로 사용하고 백화점 고객의 쇼핑에 방해를 준다 하여 1층 화장실의 폐쇄를 시도했다고 한다. 그러나 효과는 반대였다. 1층 고객의 불편을 초래했고, 백화점 쇼핑을 마치고 돌아가는 고객의 사용 빈도가 높음을 간과하여 불편을 초래했고, 화장실을 사용하기 위해 방문한 고객이 구매에 참여하였던 매출이 감소하였던 것이다.

고객은 누구나 잠재적 구매 의식을 가지고 있다. 은행에 예금을 인출하러 온 고객이 카드나 보험의 고객이 될 수 있고, 보험을 해약하는 고객이 새로운 상품의 계약자가 될 수 있으며, 영어 학습지를 해약하는 고객이 수학 학습지의 고객이 될 수 있다. 지금 저축형 보험을 권유하는 고객이 다음 달 은행에서 만기 적금을 수령할 수 있으며, 지금 자동차를 권유하는 고객이 마침 신차 구매 계획을 갖고 있을 수 있다.

세일즈에서는 언제, 어디서, 누구든 가능 고객이다.

 은행 창구는 항상 기다리고 마트의 빠른 계산대도 줄을 서니 오히려 일반 계산대보다 더 늦다

은행에서 일반 업무를 보는 창구가 밀리는데도 대출 창구, 펀드·보험 판매 창구는 일이 없을 때도 있다. 마트에서는 고객의 편의를 위해 일반적으로 5개 이하의 소량 구매 고객은 빠른 계산을 위해 별도의 계산대를 운영한다. 그런데 고객이 많은 시간에 오히려 소량 계산대에 사람이 몰려 불편했던 경험들을 갖고 있을 것이다. 아직도 고객은 기다림이 최소화된 탄력적인 창구 업무 운영을 원한다.

 금융위기 때 위험 금융 상품을 유가 위기 때 연비가 떨어지는 차를 권하지 마라

공격적 투자형 펀드, 변액보험 등의 금융 상품이 각광을 받다가 지금은 금융자산의 안전성이 우선시 된다. 변동성이 큰 시장에서 위험의 감수를 고객에게 전가하지 마라. 고객은 투기가 아닌 투자를 원한다. 설혹 고객이 위험을 원한다면 판매를 위해서 위험성을 축소하여 설명하지 말고 위험성을 강조하여 고객의 입장에서 현명한 선택을 위해 재고해보도록 해야 한다. 물론 선택의 책임은 고객의 몫이지만 예견된 위험을 고객이 알도록 하는 것은 영업맨의 몫이다.

유가 급등으로 연료비가 부담되고 실용성을 원하는 고객의 상황에서 신차의 외관과 편의성을 강조하며 연비에 대한 부담을 축소하여 설명하며 한 단계 가격이 높고 연비가 낮은 차를 판매하지 마라. 차를 타는 동안 고객은 두고두고 영업맨을 원망한다.

 ## 러브호텔에 들어간 고객은 가능한 한 사람을 마주 치고 싶지 않다

정상적인 관계이건 아니건 아직 일반 정서에 모텔이나 호텔에 출입하는 것이 괜히 멋쩍고 쑥스럽다. 그러한 고객의 마음을 헤아려 어느 모텔은 입실에서 퇴실까지 종업원은 물론 다른 사람과 마주치지 않는 무인 시스템을 도입했다 한다.

자동으로 방을 선택하고, 시간을 선택하고, Key를 받고, 음식 값을 계산하고, Key를 반납하는 시스템으로 항상 만원을 이룬다고 한다.

고객은 특별한 사정을 갖고 있을 수 있고, 남모를 사정을 갖고 있고, 숨기고 싶은 사정을 갖고 있을 수 있다. 고객의 상황과 여건이 존중되어 반영되고 해결될 때 고객은 기꺼이 선택한다.

금융 상품 가입이나 부동산, 회원권 등을 구입 시 계약의 명의 문제, 세금 문제, 상속 문제에 관련하여 계약자가 여러 생각을 하고 고민할 수 있다.

고객이 고민과 어려운 점을 상담 의뢰하면 계약 체결의 큰 진전이 이루어진 것이다. 그만큼 세일즈맨을 믿기에 상담하고 답을 구하는 것이다. 고객은 가려운 곳을 긁어주고, 고민을 해결해주는 세일즈맨이 고맙다.

 ## 왜 예금을 하고 나서 고금리의 특판 상품이 판매되는가?

정기 예금을 하고 난 1개월 후 고금리 상품이 판매되거나, 자동차를 구매 후 특별 이벤트가 실시되거나, 전자 제품을 구입하니 신기능이 부가된 신제품이 출시되면 고객은 왜 나쁜 조건으로 가입하고 구매하며 같은 비용에 대비하여 상품의 가치가 떨어져야 하느냐는 불만을 갖고 속았다는 생각에 기분도 나쁘다. 권유한 세일즈맨을 원망하며 다시는 거래하지 않겠다는 생각까지 가지게 된다.

간혹 어떤 세일즈맨은 그러한 변화의 정보를 알고 있으면서도 회사의 밀어내기 전략에 편승하여 오히려 판매를 밀어붙이고 서두르기도 한다. 모르고 판매하여도 고객에게 죄악인데 알고도 자신을 위해 판매하는 것은 범죄이다.

회사 차원에서도 여건과 상황 때문에 어쩔 수 없이 계획을 변경하여 예정에 없던 신상품이나 신제품, 또는 새로운 조건의 판매가 시행될 시 고객을 위하여 일정 기간 내 구매 고객에게는 소급 적용이나 소급 할인 등의 정책적 배려는 고객으로부터 무한의 신뢰를 얻을 수 있을 것이다.

🎲 종합형 보험 상품을 판매하면 보험 판매가 줄어들까?

한 고객에게 암보험도, 상해보험도, 사망 보험도 권유하고 배우자의 보험도, 자녀의 보험도 권유해야 많은 보험을 판매할 수 있어 종합적으로 보장 내용이 구성되어 있는 통합 보험 상품의 권유를 피하여 소개도 하지 않았는데 다른 회사의 설계사나 같은 회사의 다른 설계사가 권유를 하였다면 권유하지 않은 설계사의 입장은 어떻게 되고, 고객은 그 설계사를 어떻게 생각하겠는가? 보장도 다양하고 보험금도 크고 보험료도 높아서 소득이 높아질 수 있으며 무엇보다도 세일즈맨 자신의 계약자로 확보되면 차후의 추가 계약에도 유리함을 간과하고 작은 차이의 욕심으로 고객의 니즈와 바람에도 불구하고 각각의 상품 권유로 일관한다면 작은 욕심으로 큰 기회와 고객을 잃을 수도 있는 것이다.

거꾸로 생각하여야 한다. 고객의 입장에서 최적의 상품 권유를 통해 고객의 만족과 신뢰를 얻으면 그 고객을 재계약, 추가 계약, 소개 계약 등을 얻어 판매를 늘릴 수 있는 것이다. 눈앞의 작은 이익 때문에 미래의 큰 이익을 놓치는 우를 범하는 세일즈어서는 안 된다.

♦ 채혈할 때 왼팔과 오른팔의 선택권이 누구에게 있는가?

채혈 당사자는 심리적으로 왼팔보다는 오른팔이, 오른팔보다는 왼팔이 편할 수가 있다. 그런데 채혈을 하는 채혈원의 지시대로 바늘을 꽂아야 한다. 채혈하는 환자의 의사는 묻지도 않고 왼팔이나 오른팔을 요구하다. 혈관이 잘 안 보이면 그때 필요에 의해 팔을 바꾸라고 한다.

보험 가입을 결정하면 그다음은 설계사 마음대로 가입 기간, 납입 방법, 보험금 증액 등 설계사의 주장이 강해진다. 자동차 구매를 결정하면 세일즈맨의 옵션 권유가 더 적극적이 된다. 물론 영업 측면에서는 유능한 세일즈맨의 조금 더, 한 번 더의 노력에 의한 판매 후 판매는 좋은 방법이다. 단 그러한 경우도 고객의 입장이라는 전제가 필요하다. 고객에 대한 작은 불만의 초래로 계약이 무산될 수도 있다. 마지막까지 구매의 결정과 선택은 고객에게 있음을 간과하여서는 안 된다.

 ## 학원 수강료 환불해 달라

예기치 못한 사정이나 마음이 변해서 학원 수강을 중단하거나, 자격시험 응시를 포기하여 수강을 포기하는 경우 학원에서는 합리적 사유로 수강 중단이 인정될 때에 한하여 수강료를 환불하여 준다. 헬스장, 골프 연습장, 요가학원, 댄스학원, 꽃꽂이학원, 컴퓨터학원, 미용학원, 피아노학원, 미술학원 등 수많은 학원에서 중도 하차로 없애는 수강료가 얼마나 될까?

물론 학원의 운영상 어쩔 수 없을 수도 있으나 어느 학원은 아예 이러한 상황을 예견하여 3개월 단위의 등록을 할인해 주며 유도하고, 어느 학원은 수강 신청 당시 중도 포기 시 환불하여 준다는 내용을 명시하며 고객의 불만을 사전에 해소하여 준다. 등록과 환불이 빈번하여 학원생이 줄어드는 경우보다는 환불을 보장해 주어 학원생이 늘어나는 경우가 더 많을 것이다. 고객의 편의를 사전에 보장해 주고 예상되는 불만을 사전에 방지하는 것이 앞서가는 영업이다.

마트에서 시식할 때 두세 번 먹어보면 안 되나

많은 고객을 상대하다 보면 자신도 모르게 계산적인 행동을 보일 때가 있다.

고객의 요구에 응하다 보면 시간과 노력을 빼앗기니 우선 고객의 구매 확률을 판단하고 그에 맞추어 대응을 하는 것이다. 마트에서 시식을 하며 식품을 판매하는 판매원도 말로는 마음껏 맛을 보라면서도 시식하는 고객의 구매 가능성을 판단하며 표정이 달라진다. 그러한 표정이 고객에게 읽히면 어떤 고객은 구매하려다 판매원이 자신을 구매하지 않을 고객으로 단정 짓고 판매원 자신도 모르게 만들어지는 표정에 기분이 상하여 구매 의사를 포기한다.

한 번 먹어 보고 맛이 있어 두 번 먹고 구매 결정을 위해 세 번 먹고 싶은데 판매원의 눈치 때문에 한 번 먹고 빨리 판단하려니 구매를 주저하거나 포기하는 고객도 있다. 이왕 줄 거 마음껏 시식하게 하라. 절대 끼니를 채울 만큼 많이 먹지 않으니 오히려 세 번 먹어 미안해서 구매하려는 고객이 더 많을 수도 있다.

🎲 종합병원 의사는 환자 진료 시간에 제한을 두는가

대형병원에서는 오래 기다리다 차례가 되어 진료를 받으려면 의사가 시간에 쫓기는 듯하고 기다리는 다른 환자를 생각하며 더 묻고 싶어도 묻지 못하고 물으려 했던 것도 잊어버려 쫓기듯 나오게 된다. 진료 시간을 예약해도 오래 기다리는 건 애당초 진료 시간의 간격을 짧게 잡은 병원의 잘못인가, 너무 시간을 끄는 환자의 잘못인가. 병원 시설 개선과 의료 장비 구입에 집중되는 투자의 일부로 의사 수를 늘리는 것은 불가능한가?

병원도 고객만족, 고객 서비스 등을 강조하나 예약·취소 시스템, 시설·안내 등보다는 의사와 다른 환자의 눈치를 보지 않고 질병에 대해 상담다운 상담을 할 수 있는 게 최고의 서비스일 것이다. 또한 병원도 사후 서비스를 실행하여 의사들의 서비스 평가, 전화에 의한 수술 후 정기적인 건강 체크, 찾아가는 진료, 동일 질병의 환자에 대한 정기적 세미나, 보유 질병에 대한 건강 정보지 발송 등 서비스의 개념을 Hard만큼 Soft에도 관심을 기울여야 한다.

판매의 가능성을 판단하는 것은 필요하나 경험을 바탕으로 고객을 평가하고 차별하여 응대하면 안 된다. 불평하고 불만 있는 고객이 귀한 고객이다. 고객의 불평, 불만이 아프고 두렵지만 자신의 부족한 점을 조기에 발견하여 초기에 치료하게 해준 고객이다. 암도 조기에 발견하여 치료하면 완치가 가능하다. 고객 만족을 높이기 위해서는 고객의 기대를 충족시킬 수 있는 품질을 제공해야 하는 것은 기본이고 고객의 불편, 불만을 긍정적으로 받아들이며 효과적으로 처리해야 한다. 오히려 불평, 불만에 감사해야 한다. 불평불만은 관심의 표현이요, 지속 영업의 구실이 되기 때문이다. 구매 의사가 없는 고객은 불평, 불만을 하지 않는다. 안 사면 그만이니 무관심한 것이다.

만족을 넘어 감동, 기쁨, 행복을 이야기하라

• 만족

고객 만족은 일상용어가 되었다. 기업의 홍보물에도 가장 많이 사용되는 용어요, 영업사원이 회사로부터 가장 많이 듣고 가장 많이 말하는 용어 역시 고객 만족이다. 이제 고객 만족이란 고객이 바라는 최소한의 요구가 되어버렸으니 영업에 있어 고객 만족은 기본이요, 출발인 것이다.

TV를 구매한 고객에게 판매 후 고객 반응을 알기 위해 회사에서 전화를 통해 만족도를 조사할 경우 '만족, 보통, 불만족'의 통계를 내 보면 결과는 만족이 높게 조사될 것이며 이는 당연한 결과이다. 이유는 구매 당시 고객은 이미 어느 정도 만족의 수준을 전제로 구매를 결정했기 때문이며 또한 이제 만족이라는 응답은 거의 무의식적인 대답이 되어버린 것이다. 즉, 만족은 고객과 제품과 회사 간의 대화에서 보통 명사가 되어버린 것이다. 당연히 타사 제품 역시 구매한 고객의 답은 만족인 것이다.

만족이란 대답은 역설적으로 생각한 이상도 이하도 아닌 생각한 만큼의 '보통'이란 고객의 신호인 것이다. 이제 만족한 고객은 영업에 힘이 되지 못한다. 적어도 매우 만족한 고객이어야 한다. 만족한 고객은 제품에 대해 좋은 평가를 해 준 고객이 아니라 당연한 수준으로 평가를 한 것이다.

보통의 대답은 회사나 제품의 생존을 불확실하게 하는 것이며 불만족의 대답은 회사와 제품의 퇴출이 불가피한 것이다. 더 이상 고객 만족에 현혹되지 말아야 한다. 더 이상 고객 만족에 가치를 추구해서는 안 된다. 더 이상 고객 만족을 조사할 게 아니라 매우 만족을 조사해야 한다. 고객의 기대치는 계속하여 높아지는 것이므로 현재의 매우 만족이 과거의 만족 수준인 것이다. 세일즈맨 중에는 자신이 제공하는 서비스를 스스로 평가하여 이 정도의 수준이라면 고객은 만족할 것이라 단정 짓고 고객에 대한 주의와 관심을 떨어뜨리는 경우가 있다. 만족에 대한 인식은 고객이 결정하는 것이지 결코 제공하는 사람이 판단해서는 안 된다. 구매를 결정하고 상품을 사용하고 사후 서비스를 받는 고객의 인식이 만족에 대한 진실이지 다른 누구도 구매 당사자가 아닌 이상 직접 경험에 의한 만족을 말할 수 없다. 만족은 고객의 기대치에 부합할 때, 즉 고객이 기대한 만큼을 경험할 때 이루어진다.

• 감동

고객은 한 가지에 만족하면 또 다른 만족과 더 많은 만족을 추구하고 찾는다. 따라서 영업사원은 또 다른 만족을 제공하여야 한다. 잘하면 잘할수록 다음에는 더 잘해야 하는 것이다. 결국 끝이 없는 것이 만족의 길이다. 고객이 기대한 만큼 이루어질 때 만족한다면 기대 이상이 이루어 질 때 감동을 받게 된다. 그러한 감동은 누구나 제공할 수 있는 서비스로는 얻을 수 없다. 기계적인 서비스 전달이 아닌 비즈니스의 기본인 인간관계의 측면인 세일즈맨의 열정을 통하여 새로운 서비스가 만들어지고 열정의 온도가 전달될 때 감동은 이루어진다. 감동한 고객은 해당 회사와 상품, 서비스를 스스로 믿게 되고 신뢰를 준다. 영혼을 울리는 교향악 연주처럼 매우 만족한 고객은 감동을 받게 되고 감동은 전달의 힘을 갖고 있다. 감동한 고객은 자발적으로 영업의 협력자가 된다.

• 기쁨

고객의 기대가 이루어지고 감동이 지속되면 기쁘다. 감동에 감동이 더해지면 그것은 기쁨이다. 만족을 넘어선 감동과 감동의 지속이 기쁨을 주는 것이다.

• 행복

기쁜 고객에 기쁨이 계속되면 행복하다.

세일즈 활동을 하면서 만나는 신규 고객들이 하루 한 명만 되어도 1년이면 365명이요, 하루 2명이면 730명, 표준 활동이라 일컫는 3명을 만나면 1,000명이 된다. 이들을 직업, 직급, 연령, 성별 등으로 구분하여 고객의 관심, 고객의 질문, 대화 내용 등을 기록해 보아라. 기존 고객이라면 불만사항이나 희망사항도 기록하라. 고객을 관리하기 위해 고객 카드는 필수이며 고객을 판매 가능성별로 그룹화하여 기록을 유지해야 한다. 세일즈맨의 가장 소중한 자산은 고객 정보이고 고객이 가장 호감을 갖는 세일즈맨은 고객의 특성 및 Needs와 Wants를 알고 상담하는 세일즈맨이다. 관리하는 고객들 간의 정보 교류 및 제휴, 친목도모도 가능할 것이다. 아무리 기억력이 좋아도 고객이 100명을 넘으면 고객에 대한 기록 없이는 관리가 불가하다.

우리는 국민가수 ○○○, 국민배우 ○○○, 국민남동생 ○○○, 국민여동생 ○○○라고 칭하곤 한다. 그리고 그들의 열창, 열연에 감동한다. 조용필, 안성기, 박태환, 김연아에게 감동을 하는 것도 그들의 결과만큼이나 그들이 최선을 다했다는 것을 느낄 수 있기 때문이다. 최상의 자리에 오른 사람들은 순수, 진실, 사랑, 노력, 최선 같은 정서가 보인다. 세일즈맨에게도 이는 마찬가지다. 고객에게 순수, 진실, 사랑으로 노력하고 최선을 다할 때 고객은 감동한다. 정작 우수한 세일즈맨과 보통의 세일즈맨과의 차이는 감동을 줄 수 있고 · 없고의 차이이다. 감동을 주어야 기쁨과 행복도 따른다.

• 성과를 위해서가 아니라 고객을 위해 고객 목표를 세워 보아라
'감동을 넘어 고객을 기쁘게 하겠다'
'기쁨을 넘어 고객을 행복하게 하겠다'

• 고객을 위해 실행 지침을 세워 보아라
'생각지 못한 서비스를 제공하겠다'

'뜻밖의 이익을 제공하겠다'

• 고객을 위해 실행 목표를 세워 보아라

고객의 필요와 취미에 맞춘 정보를 제공하겠다.

고객 관심 사항의 정보를 제공하겠다.

새롭고 재미있는 정보를 제공하겠다.

설날, 추석 때 감사 인사의 선물보다 복날 수박 한 통을 직접 배달하겠다.

연락하지도 않은 멀리 떨어져 있는 고객 경조사에 참석하겠다.

때를 놓치지 않는 메시지를 전달하겠다.

고객 업종·직종 관련 신문 기사를 요약 전송하겠다.

기념일 축하 카드나 이벤트를 제공하겠다.

방문할 때마다 다른 먹을 것을 갖고 방문하겠다.

고객의 애로사항이나 고민을 지원하고 해결하겠다.

고객의 잠재된 정서까지 찾아내어 만족을 줄 때 고객은 기쁘고 행복하다. 벼룩 콧잔등의 여드름만큼이라도 정성과 열의는 기쁘고 행복하다. 남의 편에 전하는 돈 부조보다 참석하는 몸 부조가 기쁘고 행복하다.

3장

자신을 육성하라

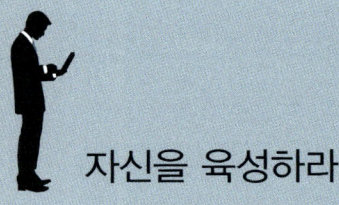

자신을 육성하라

1
기본에 충실하라

우리가 흔히 얘기하는 3D 업종은 Dirty, Difficult, Dangerous의 일을 의미한다. 땀나고, 어렵고, 위험한 일이다.

땀나는 단계를 벗어나려면 일정 수준에 도달해야 하고, 어려움을 이기려면 인내하여 풀어내야 하고 위험함을 이기려면 용기 있게 도전하여 극복해야 한다. 관리 고객이나 거래처가 300명 이상일 때까지는 궂은일도 힘든 일도 마다 할 수 없다. 거기까지는 노력과 땀이 해답이다. 300명은 1년에 한 번은 만나야 할 기 계약자가 300명이라면 매일 1명은 기 계약자를 만나야 한다는 것이다. 갈 곳이 없을 수 없고 바쁘지 않을 수 없는 이유이다. 기 계약자, 가능 고객, 개척 고객을 매일 1명씩만 방문하여도 1일 3방은 기본이다.

일반적으로 보험 계약은 5회 이상 방문 시 체결 확률이 높다고 한다. 타깃 고객을 설정하고 300명을 계약자로 만들려면 비가 오나, 눈이 오나, 바람 불거나 1,500번을 만나야 한다. 1년간 300명의 관리 고객을 만들려면 매일 5방을 하여야 하고 매일 1건의 계약을 하여야 한다.

보험회사의 연도 대상에 오르는 판매왕들은 공통적으로 관리 고객이 수백 명에 이르고 1,000명을 관리하는 세일즈맨도 있다. 그리고 그들은 판매왕으로 장기 집권한다.

세일즈에도 공감하는 공식과 정석이 있다. 어려운 문제일수록 공식대로 풀어야 한다. 성과는 고객과의 만남의 횟수에 비례하고 만남의 횟수는 활동량에 비례하며 성과의 산물은 고객 수의 증대라는 것이다. 일단 안정된 고객 수를 확보하면 소개 계약, 추가 계약, 재계약을 할 수 있다.

자동차 세일즈맨의 신화 조 지라드의 1:250의 법칙도 적용되는 것이다. 성공한 개인이나 기업에게 위기가 없었던 적은 거의 없다. 용기를 갖고 위기를 기회로 만든 후에야 비로소 성공은 이루어지는 것이다.

영업은 겉으로야 말쑥하지만 실상은 3D업종에 가깝기 때문에 노력과 인내와 용기가 기본이다. 지금의 우수한 세일즈맨들도 처음 시작부터 그런 고객을 확보하고 그만큼의 고객을 확보한 것이 아니었다. 실상은 땀나고, 어렵고, 위험한 과정에 대한 인내와 도전과 응전이었다.

정도를 가라

판매만을 위하여 수단과 방법을 안 가리고 활동한다면 해당 고객과의 관계 단절은 물론 스스로 세일즈맨이길 포기하는 결과를 초래하게 된다. 판매 목표 달성을 위해서 어떻게, 무엇을 행하는 것이 올바른 일인지를 결정하고 우선순위를 정하여 자신의 강점을 최대한 발휘하여야 한다.

기업의 사회적 책임 수행과 윤리 경영이 회사를 평가하는 지표이듯 고객들은 세일즈맨에 대해 자신의 구매 만족도를 궁극의 평가 기준으로 삼게 되는 것이다. 무리하고 과도한 1건의 계약 체결 욕심은 상품 설명 부실, 고객의 욕구 불일치, 고객 의견 무시, 판매 후 불만 발생과 같은 불완전 판매를 유발한다. 이 같은 불완전 판매로 인하여 계약이 철회될 경우 세일즈맨이 입는 손실은 해당 고객의 신뢰 상실, 해당 고객 주변의 부정적 인식, 판매 과정에서 기울인 노력의 기회비용, 계약 철회 과정의 비생산적 활동, 회사로부터의 부정적 평가, 본인의 사기 저하 등이다.

무분별한 가격 할인 경쟁은 고객 차별, 고객의 할인 요구 증가, 고객 신뢰 상실, 세일즈맨의 실질 소득 감소, 영업 의욕 저하 등의 부정적 결과를 초래한다. 판매 후 고객에 대한 서비스 부실은 추가 구매 및 재구매를 불가하게 한다. 정도 영업이란 상품의 완전 판매 및 판매 후 서비스를 통해 고객 만족을 실현하는 것이다.

그렇다면 그 요인은 무엇일까?

불완전 판매의 요인	판매 후 서비스 부실 요인
허위 설명 과장 설명 부적합 상품 판매 특별 이익 제공 고객의 불완전 동의	불완전 판매 무관심 무책임 신규 고객 위주의 영업 활동 고객 마인드 부재

정도 영업을 위해서는 상품의 가격보다 가치를 판매하고 판매 후 고객 관리 활동이 곧 영업 활동이라는 마인드의 정립과 실천이 필요하다. 고객 맞춤 영업, 고객 가치 실현, 고객 만족 영업, 고객 관계 관리가 정도 영업이다.

착한 세일즈는 통한다

착한 세일즈는 지속 가능하다.

고객이 슬플 때 같이 울고 기쁠 때 같이 웃으며 진심으로 희로애락을 같이할 때 고객은 반드시 변한다. 고객의 아이가 아프면 같이 걱정해 주고, 어린이날 고객의 아이에게 직접 만든 가벼운 선물을 전달하고, 어버이날에, 화이트데이에, 크리스마스 날에 어린이와 같은 착하고 순수한 마음으로 영업할 때 진심어린 교감이 이루어져 고객을 가족으로 고객도 세일즈맨을 가족으로 생각하게 한다. 착하고 순수한 것은 진심을 통하게 한다. 어린이는 창피도 모르고, 미안함도 모르고, 쑥스러움도 모르고, 거짓도 모르고, 예의도 모르고, 이해타산도 모르는 순수 그 자체이다.

착하고 순수한 것에 의한 실수는 반전될 수 있고 착하고 순수한 것에 의한 실패는 극복될 수 있다. 시력이 아주 나쁜 사람이 얕은 개울가를 건너면서 발에 물이 묻을까 염려되어 징검다리를 팔짝팔짝 뛰며 건너간다. 그러던 그가 이번에는 맑은 유리창을 보고 창문이 열려 있는 줄 알고 비행기를 날려 보내려 애쓴다. 웃을 일이 아니다. 그의 행동을 순진하고 순수하게 보고 이해하려 애써야 비로소 그가 눈이 나쁘다는 사실을 알게 된다. 그를 순수하게 보지 않은 사람들은 그저 웃고 바보처럼 볼 것이다. 고객과 세일즈맨이 서로의 순진하고 순수한 모습으로 의사소통이 될 때 평생 고객, 충성고객과 컨설턴트, 어드바이저의 관계가 되는 것이다. 차이는 순수와 술수이고, Open과 Close이다.

🎲 지속성을 가져라

판매량은 방문 횟수에 비례한다. 제곱의 법칙이 그러하고, 80:20의 법칙이 그러하다. 2의 제곱은 4이나 3의 제곱은 9이고 최후까지 공략하는 20%의 세일즈맨이 전체 계약의 80%를 차지한다.

연애 시절 초기 상대방과 데이트를 하는데 한 번은 아프다고, 두 번째는 바쁘다고, 세 번째는 급한 연락이 와서 일찍 가버렸다. 서로가 사실은 마음에 있는데 공교롭게도 꼭 데이트할 때 일이 발생한다. 먼저 갔던 사람은 다음에는 3번의 실례를 보상하기 위해 4배의 기쁨을 계획하였다. 그러나 남았던 사람은 자신을 싫어하는 것으로 오해하여 마음을 정리하였다. 한 번 더 만났으면 모든 것이 너무나 잘 풀렸을 텐데 말이다.

50%의 세일즈맨이 단 한 번의 방문으로 끝내고, 20%는 재방문에서, 5%는 세 번째 방문에서, 5%는 네 번째 방문에서 포기한다는 영업의 정설이 있다. 그래서 남아 있는 20%의 세일즈맨이 계약을 성사시킨다.

구매를 하는 사람도 바쁘고 시간을 아끼려고 세일즈맨을 일부러 통명스럽고 까다롭게 대한다. 구매를 하는 사람도 구매가 그들의 업무이니 당연히 업무 성과를 위해 고민한다. 구매를 하는 사람도 세일즈맨과 똑같이 생각과 전략을 갖고 있다. 구매를 하는 사람도 수많은 세일즈맨과 상담을 한다. 구매를 하는 사람도 컨디션이 안 좋을 때도 있다. 세일즈맨에게 판매의 단계가 있듯이 고객의 구매에도 고객이 마음을 열고, 경청하고, 관심을 갖고, 관심을 표명하고, 의문을 갖고, 질문을 하고, 거절을 하고, 마음을 바꾸고, 의사를 결정하는 등의 단계가 있다. 당연히 계약까지는 시간이 필요하고 지속적인 단계별 대응이 필요하다. 지속성이 없으면 처음부터 다시 시작하여 항상 초기 단계에서 맴돌거나 노력은 당신이 하고 포기한 대가로 성과는 다른 세일즈맨에게 돌아간다.

2

스스로를 지배하라

이 세상에서 자신을 가장 잘 알고 자신을 가장 사랑하는 사람은 다름 아닌 자기 자신이다. 세일즈는 자기 자신과의 싸움이다. 세일즈를 하면서 많은 딜레마에 빠지는 것을 볼 수 있다. 그 대표적인 것이 자기 자신을 버리고 고객을 위한 상황으로 전개되는 세일즈의 과정에서 자신을 비하하여 세일즈에 회의를 갖게 되는 경우이다. 그 원인은 자신의 일에 가치를 느끼지 못하고 자신을 판매만을 위한 존재의 이유로 설정하기 때문이다.

고객이 필요로 하고 원하는 것에 대한 정보를 제공하여 고객의 욕구를 실현시켜주는 것이 세일즈 활동이다. 지금까지 매출액을 목표로 설정했던 것을 고객 수의 증대로 목표를 관리해 보아라. 매출액은 고객 수에 따른 숫자일 뿐이다. 고객의 수를 늘려나가라는 것은 고객의 필요와 욕구를 충족시켜준 사람을 증가시키는 것을 의미한다. 당신의 소득은 판매 수당이 아니라 고객을 만족 시킨 대가이다. 영업이란 그런 고객을 늘리기 위해 활동 계획을 세우고 실행해가는 것이다.

우리는 종교를 전파할 때 자신의 믿음을 갖고 하지 대가를 바라고 하지는 않는다. 절대적 믿음을 갖고 선한 길로, 천국의 길로, 극락세계로 인도하는 것이다. 그러한 절대적 믿음은 마음의 평화를 갖게 한다. 마음이 평화로울 때 자신을 컨트롤할 수 있는 것이다. 수단으로, 술수로, 거짓으로, 악의로, 자신만을 위하는 세일즈를 하지 마라. 확신으로, 진심으로, 진정으로, 선량함으로 고객을 위하는 세일즈를 하라. 마음이 편해지고 자신을 컨트롤할 수 있을 것이다. 자신을 지배할 수 있는 기본은 의미 있고 가치 있는 목표를 세우고 구체적 실행을 해나갈 때다. 더 많은 고객의 필요한 가치를 충족시키기 위해 당신은 세일즈를 하는 것이다.

• 스스로를 상품이라 생각하라

세일즈맨은 컨설턴트, 어드바이저, 플래너라는 상품이고 고객은 어느 컨설턴트, 어드바이저 누구, 무슨 플래너를 선택하는 것이다

• 컨설턴트(consultant)가 되어라

컨설턴트란 상의하는 사람, 의견을 듣는 사람, 상담역의 뜻이고 기술상의 상담에 응하는 전문가를 말한다. 그가 제공하는 전문적 지식의 조언·협력을 컨설턴트 서비스라고 한다.

- 어드바이저(advisor)가 되어라

Advise는 충고하다, 권하다, 권고하다, 상담하다의 뜻이다. 전문성을 갖춰야 충고가 가능하다. Adviser는 조언자, 충고자 보좌관, 상담역, 고문의 뜻이다. 세일즈에 있어 어드바이저는 단순한 판매사원이 아니라 전문성을 지닌 판매전문가이다.

- 플래너(planner)가 되어라

Planner는 계획자, 입안자, 설계자의 뜻이다.

웨딩플래너(wedding planner)라면 예비신랑신부들의 결혼과 관련된 모든 일거리를 도와주는 사람으로 웨딩매니저, 웨딩설계사, 웨딩컨설턴트라고도 한다.

저렴한 결혼예산안 수립부터 예식장소, 신혼여행예약, 혼수용품 마련, 특별한 웨딩기획, 신혼집 마련까지 결혼과 관련된 토털서비스를 제공하는데 일반적으로 행해지는 서비스 내용은 결혼의 전반적인 스케줄관리 및 진행, 결혼예산 설계, 예식장 선정 및 예약, 주례, 사회자 체크, 결혼리허설 진행, 예식형태기획 및 연출, 웨딩드레스, 메이크업, 헤어, 웨딩사진 상담 및 예약, 야외촬영장소 추천 및 야외촬영 시 동행하여 신부 메이크업과 드레스체크, 부케, 청첩장, 폐백음식, 피부관리 상담 및 예약, 혼수관련정보 제공 및 구매, 신혼여행에 대한 정보제공 및 예약, 신혼집 마련 및 인테리어상담, 피로연준비, 신랑신부의 개인적 도우미 역할, 사후관리 등이다.

업종, 회사별로 세일즈맨을 컨설턴트, 어드바이저, 플래너 등으로 부르는데 얼마나 유능하고 책임 있는 컨설턴트, 어드바이저, 플래너인지가 내 스스로의 상품 가치인 것이다. 웨딩플래너의 역할을 예로 말한 이유는 만약 당신이 보험, 자동차, 정수기, 건강기능식품, 건강음료, 전자 제품 등의 플래너라면 견주어 할 일과 역할을 정립해 보라는 것이다.

이제 세일즈맨은 단순 판매자가 아닌 consultant, adviser, planner로서의 상품 가치를 높여야 판매할 수 있다.

프로가 될 것인가 아마추어가 될 것인가?

Pro는 Professional의 준말로 '직업적인, 전문의' 의미이고 Amateur는 '비직업적, 취미의, 초심자' 의미로 프로의 반대인 nonprofessional이다. 프로와 아마추어 간의 경쟁에서 아마추어가 프로를 이기기란 거의 불가능하다. 프로 야구, 프로 축구, 프로 농구 등은 프로라는 단어가 붙여지면서 관중의 호응이 높아지고 개인과 팀의 실력은 나날이 발전하게 된 종목들이다.

그렇다면 무엇이 선수들의 정신과 마음과 행동을 바뀌게 하였는가? 프로 정신, 프로 의식, 즉 직업·전문가 의식인 것이다. 이와 함께 소득과 연결되니 선수 스스로 목표를 갖게 된 것이다.

프로 선수들처럼 필요한 지식, 필요한 기술, 필요한 역량을 완벽하게 갖추려는 노력으로 전문가가 되어라.

• 프로 세일즈맨의 조건

세일에 강한 집착을 갖고 자신이 가지고 있는 모든 것을 바쳐라.

모방이 아닌 스스로의 노력으로 자신의 색깔을 갖추어라.

목표를 설정하여 도전하고 성취하라.

어려울수록 회피하지 말고 정면으로 승부하라.

새로운 시도와 선택을 두려워 말고 개척의 정신을 발휘하라.

• 프로 세일즈맨의 지식과 정보

완벽한 상품 지식

사회 Issue에 대한 지식

고객의 욕구를 채워줄 수 있는 지식

고객에게 이익이 되는 지식

고객에게 유용한 정보

고객에게 흥미를 전달할 수 있는 정보

세일즈 관련 정보

베스트셀러 도서 내용

새롭고 싱싱한 화제

세상 돌아가는 이야기

프로와 아마추어 세일즈맨의 차이

세일즈 내용	프로 세일즈맨	아마추어 세일즈맨
목표	고객	판매
시간	미래	현재
현재	성장	정체
고객	협력자	계약자
경험	개선	반복
지식	New	Old
정보	Live	Die
활동	개척	모방
성과	창조	한계
결과	혁신	예측

 다르게 생각하라

　모든 길이 하나인 것은 아니다. 샛길도 있고, 도는 길도 있고, 지름길도 있고, 위험하고 빠른 길도 있고, 안전하고 느린 길도 있고, 개척한 길도 있다. 모두가 하는 방법이라고 다 좋은 방법은 아니다. 판매왕들의 우수 사례가 나에게도 다 적용되는 것은 아니다. 물론 벤치마킹 사례로 자신의 활동에 접목시킬 수 있겠으나 사례는 그저 사례로서 내가 아닌 그들에게만 적합하게 맞아떨어진 것일 수도 있다.

　내 능력이 발휘될 수만 있다면 그들과 반대편의 길에도 성공의 길이 있을 수 있다. 주식 투자, 부동산 투자에서 상투를 잡는 경우는 남을 따라가다가 일어난다. 모두들 우수 사례대로만 생각하면 영업에 대한 생각이 틀에 갇히고 창의성이 없어진다. 고객에게도 특별하게 생각되어지지 않는다. 보통 세일즈맨과 다르게 생각해 보라. 남들이 보지 못하는 것을 볼 수 있다.

경기가 좋을 때의 노사 임금 협상 시기에 임금 인상과 더불어 복리 후생 증대가 큰 이슈였다. 중견 기업인 A회사는 회사와 종업원이 1/2씩 납입하는 연금 보험을 체결하였으며 해당 설계사는 1년 활동성과 이상의 소득을 한 번에 올릴 수 있었다. 그와 더불어 근로자의 날에 회사에서는 전 종업원에게 자전거를 선물하기로 하였다. 그 자전거를 기 계약자 B회사 제품을 할인된 가격으로 중계해서 공급하니 A회사는 할인된 가격을 고마워하고 B회사는 제품의 대량 공급을 고마워하며 A회사는 계약을 증액시키는 추가 계약을 B회사는 신규로 추가 계약에 가입해 주었다. 말 그대로 1석 2조의 효과였던 것이다.

의사인 고객에게 환자를 소개하니 의사는 단골 환자가 늘고 환자는 신뢰할 수 있는 단골 병원이 생겼으며, 교통사고 처리 문제로 고민하는 고객에게 손해 사정인과 경찰 고객을 소개해주니 잊지 못 할 도움을 얻게 되고, 아파트 인테리어업의 고객에게 집수리를 원하는 고객을 소개하니 서로를 신뢰하며 공사를 할 수 있게 된다. 고객 간의 결혼을 위한 중매, 고객 간의 노하우 전수 등 세일즈맨은 고객 모두의 민원 처리 창구가 되는 것이다. 더불어 세일즈맨은 고객과의 주고받음 관계에 의해 추가 계약, 소개 계약, 재계약 등을 기대할 수 있다.

각 점의 고객을 선으로 연결하고 선으로 연결된 면은 특별 관리 황금 시장이 된다. 면 속에서 고객 취미별로 동호인 모임도 결성할 수 있고, 동호인들 간의 이벤트도 기획할 수 있다. 이러한 활동은 면의 고객 수가 100명이면 가능하고 200명이면 활성화되고 300명이면 바쁘다. 고객 수 300명이면 영원한 억대 연봉의 평생직장 기반을 마련한 것이다. 영업맨의 목표는 얼마큼 팔았는가보다는 소득을, 소득보다는 고객 수이어야 한다.

남이 생각지 않은 다른 길의 선점은 일정 기간 독점적 지위를 보장한다. 다르게 생각할 수 있는 방법은 일에 몰입을 했을 때 가능하다. 관심을 갖고 찾다 보니 다르게 생각을 할 수 있는 것이지 어느 날 갑자기가 아니다. 남들과 똑같이 잘해야 하고 모두 잘할 필요도 없다. 이처럼 다르게 생각하여 뭣 하나라도 똑 부러지게 차이 나게 하면 그것이 최고이다. 그들과 다르게 생각한 것이 맞아떨어지면 바로 그것이 대박이다.

3

단순하게 하라

🎲 척하지 마라

고객 앞에서는 아는 척도 모르는 척도 하지 마라. 고객 앞에서는 그런 척도 안 그런 척도 하지 마라. 고객 앞에서는 있는 그대로 솔직하라.

고객에게 상품에 대한 쉽지만 잘 모르는 질문을 받았을 때 순간적인 기지로 설명을 하였으나 나중에 알아보니 틀린 답변이었다면 쉬운 내용이라 다시 답변하기 멋쩍더라도 그냥 흘려보내지 말고 수정하여 답변하여야 한다. 고객은 이미 그 답이 틀린 줄 알고 있으며 자연스럽게 수정된 답변을 기다리고 있기 때문이다. 세일즈는 있는 그대로 흘러가는 대로 해야 한다.

모르는 것을 모른다 하는 것도 틀린 답을 수정하는 것도 죄가 되는 것이 아니다. 죄가 되는 것은 고객이 잘못 알게 하는 것으로 이것은 본의 아닌 거짓말을 하는 것이다. '죄송합니다. 다음 방문 시 더 정확히 알아보고 답변 드리겠습니다', '정확하지는 않지만 이런 것 같은 데 보다 확실하게 알아보겠습니다' 하면 된다. 고객은 '같다'는 추측 보다 '이다'는 확신을 얻기 위해 질문을 하는 것이다. 상대방이 다 알 고 있는 내용을 아는 척했다가 낭패를 본 경우가 얼마나 많은가?

세일즈맨의 목적과 희망은 당연히 계약을 체결하는 것이다. 계약 을 간절히 원하는 모습을 보여야지 '고객님의 생각대로 알아서 해 주 세요'는 안 된다. '우는 아이에게 젖 준다.' 고객은 간절하게 원하는 세 일즈맨이 먼저 떠올려진다. 고객이 '다음에, 다음에, 다음에'를 말할 때 '네, 네, 네'가 아니라 이럴 때일수록 다음에는, 이번에는 '해야 한다'는 하고 싶어 하는 열정을 보여야 하는 것이다. 안 그런 척했다가 돌아 오면 달보고 우는 일밖에 없다.

'갑돌이와 갑순이는 한 마을에 살았더래요. 둘이는 서로서로 사 랑을 했더래요. 그러나 둘이는 마음 뿐이래요. 겉으로는 으으음 으으 음 안 그런 척했더래요.' 그러다 갑돌이와 갑순이는 다른 여자, 남자 에게 장가가고 시집가서 첫날밤에 달 보고 운다. 솔직하게 사랑을 고 백해야지 안 그런 척하다 그리 된 것이다. 연애를 하다 결혼으로 골 인 못하는 경우에도 안 그런 척이 원인이 된다. 사랑하고, 믿고, 원하 는데 왜 솔직하지 못하고 안 그런 척하는가? 세일즈맨이 그런 척하면 고객도 그런 척하고, 안 그런 척하면 안 그런 척한다. 안 그런 척하다 놓치는 계약이 하나 둘이 아니다. 고객에게 안 그런 척, 괜찮은 척하 지 마라.

세일즈맨의 목적은 파는 것이다

사랑한다 말하면 될 것을 사랑하면서도 사랑하는 것 같다고 표현해서 사랑하는 연인이 확신을 갖지 못해 떠난다. 사랑하면 그냥 단순하게 사랑한다고 말해라. 무슨 생각이 필요한가. 온갖 수식어를 생각하다, 온갖 비유법을 생각하다, 엉뚱하게 예기치 않은 표현을 하게 된다. 사랑한다고 단순하고 명확하게 말한 뒤 멋있는 말들을 많이 해라. 우선은 사랑을 전달해야 한다. 'I love you'지 'very love you'란 말 없고, 'I like you'지 'very like you'라 말하지 마라. 과장되게 수식어를 먼저 붙이려 하지 말고 단순 명료하게 의사 전달이 이루어진 다음 아름답고 사랑스러운 표현을 하라. 한꺼번에 다 표현하려 하지 말고 짧고 굵은 멘트가 우선이다.

너무 생각하면 때를 놓친다. 너무 생각하면 생각이 엉킨다. 너무 생각하면 걱정이 앞선다. 너무 생각하면 생각에 지친다. 너무 생각하면 행동이 주춤해진다. 고객에게 돌려서 얘기하지 마라. 고객은 다른 일도 많고 다른 고민도 많다. 고객은 세일즈맨이 자신의 생각을 직접적으로 얘기해 주기를 바란다. 맞으면 맞고 아니면 아닌 것이지 그렇지도, 안 그렇지도 않으면 아무것도 아니다. 쏘나타가 아니고 그랜저를 구매해 달라고 하고 1,000만 원이 아니고 2,000만 원의 보험을 가입해 달라고 하고 1억 원이 아니고 5억 원의 투자를 바란다고 해라.

세일즈맨이 고객 정보에 의해 고객에게 맞추어 제안한 것을 너무 돌려 말하지 말고 너무 눈치 보지 마라. 주저주저하고 복잡하게 생각하면 고객이 먼저 쏘나타로, 1,000만 원으로, 1억 원으로 결정을 한다. 어차피 결정은 고객이 하기 때문이다.

내일 일을 오늘 아무리 걱정해도 해결되지 않는다. 정도껏 생각하고 정도껏 걱정하라. 단순하게 생각하고 단순하게 걱정하라. 그리고 내일 조금 더 생각하라. 시험 답안지를 쓸 때도 요구하는 이상의 답을 고민고민 쓰다가 틀리게 된다. 면접에서도 어떻게 답할까를 순간적으로 고민고민 하다가 단순한 핵심을 놓쳐 탈락한다. 너무 생각하고 머리를 쓰면 용량이 초과되어 머리가 희어지고 탈모가 생긴다. 머리가 지치면 행동도 처지고 뜻하지 않은 결과에 낙담하는 법이다.

🎲 어렵게 생각하지 마라

쉽게 생각하라. 어렵게 생각하면 복잡해진다. 요즈음은 편의를 위한 다양하고 복잡한 것에 식상해 있어 다시 복고가 유행이다. 상품을 설명해도 단순하고 간단해야 고객이 경청한다. 메일을 보내도 간결해야 고객이 읽는다. 유식함을 드러내는 긴 글은 오히려 읽지도 않는다. 우수한 세일즈맨은 의외로 쉽게 생각하고, 쉽게 행동하고, 쉽게 결정한다. 그들의 고객은 중요한 계약도 의외로 쉽게 결정 내린다. 단순하고 간단해서 고객에게 그 핵심이 전달되었기 때문이다. 세일즈맨이 어렵게 생각하고 복잡하게 생각하면 말도 어렵게 하고 어려운 걸

프로세일즈의 조건

얘기하다 보니 행동도 부자연스러워지며 고객도 동화되어 같이 어렵고 복잡하게 느껴져 같이 하는 시간이 머리 아프고 지루하다. 분명한 것은 고객보다 세일즈맨이 더 전문가이다. 쉽게 생각해야 자신감이 생기고 고객이 시원해하며 신뢰를 한다.

세일즈는 기본적으로 고객을 만나는 일이다. 고객을 만나는 것을 어려워하지 마라. 고객은 만나기 어려운 사람이 아니라 만나야 될 사람이다. 고객에게 필요한 지식과 정보를 전달해 주어야 하기 때문이다. 거절은 당연하다. 고객도 자신의 생각과 계획을 갖고 있기 때문이다. 계약과 관련하여 고객과의 차이를 없애가는 것이 세일즈이다. 차이를 없애려면 만나서 상담해야 한다. 고객과의 만남이 세일즈이다. 그게 어려우면 세일즈는 못한다. 만남을 어려워하지 마라.

계약은 오늘도 지금 이 순간에도 누군가에 의해 이루어지고 있다. 왜냐하면 고객에게 필요하고 고객의 욕구에 충족되는 상품이기 때문이다. 그런 상품이 아니면 회사에서 만들어내지도 않았다 팔리지 않을 상품을 회사가 왜 만들고 팔리지 않을 상품을 회사가 왜 팔라고 하겠는가? 영업이 잘되니 회사도 동료들도 지금의 모습으로 성장한 것이다. 세일즈가 되니 수많은 세일즈맨이 세일즈에 입문하는 것이다. 안 되는 것이 어려운 것이지 되는 것은 어렵지 않다. 어렵게 생각하지마라.

 나만 어려운 것이 아니다

　최고로 성공한 대통령들도 불행한 과거를 갖고 있다. 김영삼 대통령은 국회의원 제명, 김대중 대통령은 대선에서 세 번 낙선, 노무현 대통령은 사법고시 세 번 실패, 이명박 대통령은 가난으로 야간 고교 진학에 풀빵 장사….

　그들은 어려움을 겪으며 어려움을 알고 그것을 이겨내는 방법과 강인함을 체득하여 성공할 수 있었다. 불행하고 어려운 가운데서도 상황을 피하거나 자신을 부러뜨리지 않고 돌파하고 도전하고 이겨내어 성공할 수 있었다.

　문제는 지금의 어려움을 어떻게 참아내는가 하는 것이다. 세일즈의 고비는 처음 3개월차, 다음은 6개월차, 그 다음은 1년차이다. 삼세번은 시도해야 하며 참아내며 이겨내야 한다. 3전4기이다. 처음부터 쉽게 영업이 풀린 사람은 어려움을 모르고 두려워하거나 회피하게 된다. 처음 해외여행 나가면 영어를 못하다 시간이 지날수록 손짓, 몸짓을 섞어 영어로 말하게 된다.

　어려움은 우수한 세일즈맨 누구나 다 겪었던 것이다. 우수 보험설계사들도 평균 4회 방문하여 계약을 체결한다. 평범하기도 쉽지 않지만 결코 특별히 당신만 불행하게 계약을 못하는 것이 아니다. 아직 만남과 노력이 더 필요하다고 생각하라. 그리고 고객도 아직 결정을 못했을 뿐이라고 생각하라. 불행이 아니라 시간이 답인 것이다. 모든 것을 불행의 탓으로 돌리고 자신의 탓을 생각하지 않으며 오히려 자신에 대하여는 책임 회피와 현실 도피만 생각한다면 다음에도 같은 어려움은 반복될 것이다.

- 만날 고객이 없어 갈 곳이 없던 경우가 있는가?
- 문전박대당해 본 경험이 있는가?
- 마무리 단계에서 계약이 틀어진 경험이 있는가?
- 경쟁자에게 계약을 뺏긴 경험이 있는가?
- 잘못 이해시켜 계약이 취소된 적이 있는가?

아마 모든 세일즈맨들의 경험일 것이다. 일반적인 경우이다. 특별히 생각할 필요는 없다. 특별하게 생각하면 자기만 불행하고 어렵다는 생각에 기죽기 마련이다.

4
올바른 생각을 배양하라

🎲 남 탓하지 마라

계약이 이루어지지 않은 이유를 자기 합리화를 위해 '운', '고객', '경쟁자', '남', '경기', '상품', '인맥', '배경', '상사', '회사', '지원'의 탓 등으로 돌리고, 그리고 똑같이 경쟁자의 계약 성사도 '운', '고객', '경쟁자', '남', '경기', '상품', '인맥', '배경', '상사', '회사', '지원'의 탓으로 돌린다. 왜 똑같은 이유가 남에게는 좋은 탓이고 자신에게는 나쁜 탓이어야 하는가. 그것이 바로 내 탓인 것이다. 아마도 계약이 성립되지 않은 이유를 더 이야기하라면 할 수 있는 데까지 할 것이며 하다하다 마지막에 '모든 게 내 탓이다'라고 말할 것이다.

한때 승용차 뒷유리에 '내 탓입니다'라는 표어를 붙이고 다닌 적이 있었다. 접촉 사고가 발생하면 먼저 큰 소리를 내고 상대방의 탓으로 돌려야 피해를 줄일 수 있다는 잠재의식이 있다. 그러나 사고 처리 과정에서는 일방과실을 별로 인정하지 않는다. 웬만하면 쌍방의 과실로 2:8과 같은 비율로 사고 처리가 행해지는 것이다.

강도, 절도 범죄자에게 왜 범죄를 저질렀는가를 물으면 '가난 탓', '빚 탓', '친구 탓', '이웃 탓', '부모 탓'을 하다가 결국 '모든 게 내 탓'이라고 말한다. '남의 탓', '다른 탓'이라고 믿으면 구조상 자신을 탓하지 않기 때문이다. 그러니 계속 불운하고, 고객을 잘못 만나고, 경쟁자가 나쁘고, 다른 사람이 나쁜 것이다. 범죄의 80%가 재범 이상자에게 발생하는 이유도 범죄를 남의 탓으로 생각했기 때문이다.

남 탓 한다고 상황이 바뀌지 않는다. 남을 탓한다고 여건이 바뀌지도 않는다. 내가 바꿀 수 있는 것은 오직 나 자신뿐이다. 대부분의 결과는 자신이 원인이다. 문제를 해결할 수 있는 사람은 남을 원망하지도 않는다. 문제가 생겼을 때 남부터 원망하는 사람은 문제를 해결할 수 없다. 자기를 돌아보고 자신을 바꾸는 사람이 새로운 시도와 새로운 결과를 만들어 낼 수 있다

잘못되거나 생각대로 안 되는 원인의 마지막이 '내 탓'이 아니라 시작이 '내 탓'이요, 마지막도 '내 탓'인 것이다.

🎲 걱정부터 하지 마라

평소에 공부를 잘하는데 시험만 보면 성적이 안 나온다. 실력은 올림픽 금메달감인데 시합에선 꼭 예선 탈락한다. 능력은 최고 수준

인데 발표 때면 표현을 하지 못한다. 시험만 보면 몸이 굳고 시합만 나가면 몸이 굳고 발표만 하려면 몸이 굳는다.

큰 세일즈 상담을 앞두고 걱정이 태산이다. 고객이 자신과의 약속을 취소하지 않을까, 고객이 자기의 모습에 실망하지 않을까, 고객이 자신의 제안에 부정적이지 않을까, 고객이 계약을 거절하지 않을까 하고 말이다. 그러면 밥맛도 없고, 잠도 오지 않는다. 발걸음도 무겁고 표정도 어둡다.

꿈은 꾸는 대로 이루어진다. 꿈이 꾸어지지 않으면 성공의 꿈을, 계약의 꿈을, 대량 판매의 꿈을 만들어라. 그러기 위해서는 성공의 경험을 가져야 한다. 성공의 경험을 가진 자는 여유와 자신감을 가질 수 있다. 세일즈맨들은 일정 기간 활동하면 자기 페이스를 유지하는데 우수한 세일즈맨들은 항상 우수한 실적을 유지하고, 큰 계약을 체결했던 세일즈맨은 또 큰 계약을 체결한다. 자기 스스로 성공의 경험을 갖고 있기에 활동에 두려움과 걱정을 갖기보다 '이렇게 하면 되겠구나' 하는 방법을 먼저 생각하고 성공의 그림을 상상하게 되는 것이다. 하겠다는 의지와 결과에 대한 상상이 일치하는 것이다.

의지력과 상상력이 일치할 때는 노력할수록 성과를 내는 상승의 법칙이 적용되나 의지력과 상상력이 불일치할 때는 노력에 비례해 성과가 나지 않는 하강의 법칙이 적용된다. 성공의 경험을 갖기 위한 노력의 과정이 세일즈맨 성공의 갈림길이다. 성공의 경험을 갖기 위한 어려움은 모두가 같으며 우수한 세일즈맨은 누구나 이를 극복했다.

마음에 담는 것이 다르면 성공의 크기도 달라진다. 세일즈 성공의 원천이 마음에 있다면 공포, 미움, 비관, 낭비, 고통, 불안, 초조, 절망, 우울, 게으름, 빈정거림, 실패, 몰염치, 몰상식, 무관심, 무기력, 무책임, 비겁, 태만 등의 나쁜 마음을 버려야 한다. 그리고 사랑, 협조, 기쁨, 희망, 겸손, 존중, 존경, 신의, 신뢰, 신바람, 절제, 근면, 낙관, 평안, 용기, 성공, 열정 등의 좋은 마음을 적극 배양하도록 실천적 노력을 아끼지 말아야 한다.

　　마음이 표현되는 것이 표정이고 태도이다. 웃는다고 다 똑같은 웃음이 아니다. 미소답지 않은 미소를 썩은 미소, 즉 썩소라고 하지 않던가. 표정은 만드는 것이 아니고 만들어지는 것이다. 고객은 표정과 태도를 보고 안다. 억지로 만든 표정인지 자연히 만들어진 표정인지 말이다.

　　사랑은 사랑을 낳고, 희망은 희망을 낳는다. 미움은 미움을 낳고, 절망은 절망을 낳는다. 그런데 혹시 고객이 주는 사랑을 미움으로, 희망을 절망으로 받은 적은 없는가. 고객과 세일즈맨은 절대적 관계가 아닌 상대적 관계이다. 고객의 미움도 사랑으로, 고객이 주는 절망도 희망으로 받아야 한다 그러면 고객도 미움을 사랑으로, 절망을 희망으로 바꾸어 다시 전달할 것이다 받아들이는 마음과 담고 있는 마음이 중요하다 좋은 마음을 갖으면 걱정이 사라진다 상대적으로 사랑과 희망을 받은 고객이 세일즈맨의 걱정을 없애준다.

📘 긍정하고, 흡수하라

거절을 당하지 않는 세일즈맨은 없다. 결코 나만 힘들고 실패하는 것이 아니다. 아무리 힘든 일도 넓게 보면 남들도 다 겪고, 겪을 일이다. 견디지 못할 정도의 힘든 일이라면 남들은 어떻게 이겨낼 수 있었겠는가. 어쩌면 남들은 더 힘든 일을 겪었을지 모른다. 견디지 못할 힘든 일은 없고 그러한 과정 없이 누구도 일어날 수는 없다. 나중에 돌아보면 그 힘든 일을 웃으면서 떠올리고 고마워하게 된다.

고객의 거절도 받아들일 줄 알아야 한다. 고객도 생각과 계획을 갖고 있으며 현재의 여건을 감안하여 거절하는 것이다. 물론 의례적인 거절이나 거절을 위한 거절에 대하여는 극복해서 계약에 성공해야 한다. 그러나 받아들여야 할 거절이라면 떼를 쓰지 말아야 한다. 거절한 고객도 안타까워하며 다음 기회에 꼭 계약할 것을 마음으로 다짐한다. 부딪히면 부러지고 꺾인다.

강한 바람에 부러지는 것은 소나무, 잣나무 가지이지 버드나무 가지는 부러지지 않는다. 바람을 받아들여 하늘하늘 바람을 타며 바람의 방향으로 휘날리기 때문이다. 옛날 수레바퀴는 나무나 철로 만들었다. 도로의 충격을 이기려면 그보다 강하게 만들어야 했기 때문이다. 그러나 나무나 철보다 충격에 강한 것은 가벼운 무게의 고무라는 것을 알게 되었다. 세게 날아오는 야구공을 맨손으로 받을 수 있는 방법도 날아오는 공의 방향으로 받아들이며 원을 그리면서 방향을 바꾸어 주는 것이 아니던가. 공을 받으려고 뻣뻣하게 손에 힘을 주면 손바닥이 아파 불가능하기 때문이다. 물러설 때 물러서고, 나설 때 나서야 한다. 받아들일 때를 알고 받아들일 줄 아는 긍정과 흡수가 힘이 되어 반작용을 일으킨다.

5

믿음, 확신, 사랑으로 간절히 바라라

 믿어라

축구 시합 때는 스스로에게 '나는 박지성이다'라고 주문을 걸라. 야구 시합 때는 스스로에게 '나는 추신수이다'라고 주문을 걸라. 농구 시합 때는 스스로에게 '나는 서장훈이다'라고 주문을 걸라.

골도 넣고, 홈런도 치고, 리바운드도 잡고 무엇이든 가능하다고 믿어야 이루어진다.

스스로도 믿지 못하는데 남이 나를 믿어주지 않는다. 질 것이라고 생각하면 지고, 할 수 없다고 생각하면 할 수가 없고, 어렵다 생각하면 어렵다. 이길 것이라 생각하면 이기고, 할 수 있다 생각하면 할 수 있고, 쉽다 생각하면 쉽다.

스스로를 믿어라. 당신은 이길 것이고, 할 수 있고, 쉽다. 세일즈맨은 어려움에 처하면 믿음이 약해진다. 그리고 이런 생각에 빠진다.

내가 세일즈를 잘할 수 있을까?

내가 판매하는 상품이 정말 필요하고 유용한 것일까?

내가 이렇게 고객을 생각하는데 고객이 알아줄까?

내가 이렇게 노력하는데 회사는 알아줄까?

내가 이렇게 노력하는데 성과가 있을까?

자신을 믿는 것이 세일즈의 시작이다. 믿음을 가질 때에야 비로소 세일즈도 잘할 수 있고, 고객과 상품에 대하여도 확신할 수 있으며, 그런 믿음에 찬 세일즈맨을 고객도 회사도 믿고 인정하며 성과도 확실하다.

믿음이 있을 때 긍정적 사고와 행동이 일어나나 없을 때 부정적 사고와 행동이 일어난다.

믿음이 있을 때 배려적 사고와 행동이 일어나나 없을 때 이기적 사고와 행동이 일어난다.

믿음이 있을 때 능동적 사고와 행동이 일어나나 없을 때 수동적 사고와 행동이 일어난다.

믿음이 있을 때 도전적 사고와 행동이 일어나나 없을 때 포기적 사고와 행동이 일어난다.

믿음이 있을 때 승자적 사고와 행동이 일어나나 없을 때 패자적 사고와 행동이 일어난다.

자신을 믿고 회사를 믿어라, 상품을 믿고 고객을 믿어라.

믿으면 신념이 생기고 확신을 갖게 되어 자신 있게 세일즈 활동에 전념하게 된다.

🎲 확신을 가져라

당신이 파는 상품은 고객에게 필요한 것이다. 그 상품은 ○○자 동차, ○○보험, ○○카드, ○○건강식품, ○○전자, ○○텔레콤, ○○화 장품, ○○여행사의 maker와 brand로서 인정받은 최고의 상품이다. 이미 주위의 경험 고객이 효용을 인정하였다. 기존 고객들이 증인이요 간접 홍보 활동을 하고 있다. 어느 세일즈맨에겐가 구매를 결정할 것 이다. 즉, 선택의 문제이지 구매 결정의 문제가 아니다.

내가 선택되기 위해 지금 세일즈를 하는 것이다. 고객은 당신 회 사의 상품을 구매하는 것이다. 당신의 회사가 지금까지 존재하고 성 장한 이유는 고객에게 인정받았기 때문이다. 어쩌면 세일즈맨을 못 믿 어도 회사는 믿을 수 있다. 그러므로 회사를 활용하고 선전하라. 그 리고 ○○차를, ○○보험을, ○○카드를, ○○식품을, ○○약품을 판매 하는 것이다.

확신을 가지면 고객을 리드하나 확신을 못 가지면 끌려간다.

확신을 가지면 고객이 만족하나 확신을 못 가지면 불만족한다.

확신을 가지면 고객이 신뢰하나 확신을 못 가지면 의심한다.

확신을 가지면 계약이 보이나 확신을 못 가지면 안 보인다.

사랑하라

Sales를 사랑하라.

자신을 사랑하라.

회사를 사랑하라.

제품을 사랑하라.

고객을 사랑하라.

자신이 지금 하고 있는 일에 긍지와 자부심을 가져야 세일즈를 사랑할 수 있다. 고객은 자신의 거울이다. 고객에게 비추어지는 자신의 모습을 생각해 보라. 고객이 환하게 웃으면 당신도 환하게 웃고 있는 것이고 고객이 피곤하고 짜증스러운 모습이면 당신 또한 그 모습으로 세일을 하고 있는 것이다. 사랑을 할 때는 서로가 예뻐 보이려고 애쓰며 밝고 환한 모습이다.

Sales를 사랑해야 진심으로 더 많이 활동할 수 있다. 자신을 사랑해야 자신을 내적·외적으로 꾸미고 가꿀 수 있다. 회사를 사랑해야 회사가 당신을 지원하고 안내하고 교육하고 성장시킨다. 제품을 사랑해야 제품을 정확히 알 수 있고 제품을 자랑할 수 있다. 고객을 사랑해야 고객도 당신을 사랑하여 서로 주고받는 열애가 될 수 있다.

유능한 세일즈맨들은 자신, 회사, 제품, 고객을 사랑한다. 사랑은 아무하고나 하는 것도, 아무나 하는 것도 아니다. 좋아하는 사람과의 사귐은 교제이고 사랑하는 사람과의 사귐은 연애이다. 연애에는 순수한 감동과 애절한 정과 간절한 마음과 짜릿한 전류의 흐름이 느껴진다.

고객과 사랑을 나누고 연애하라. 사랑하는 사람에게 갖는 마음과 모습을 보여주어라.

고객에게 사랑을 전하라.

고객에게 즐거움과 웃음을 전하라.

고객에게 몰입하라.

고객에게 진실해라.

고객을 정성과 열의로 대하라.

고객이 싫어해도 일방적으로 열렬히 짝사랑하라.

고객은 미워도 다시 한 번이다.

고객이 좋아하는 것을 행하라.

고객이 싫어하는 것을 피하라.

고객에겐 아낌없이 주어라.

고객에게 실질적인 이익을 주어라.

고객이 원하면 맞추어라.

고객이 원하면 바꾸어라.

고객과 사랑의 추억을 가져라.

고객의 소리는 교향악이다.

고객의 불만은 즉시 개선하라.

고객과의 차이를 극복하라.

고객에게 도움을 주어라.

고객에게 선물도 하여라.

왜냐하면 고객을 사랑하니까 사랑하는 사람에게 못해줄 것이 없다.

고객과 거래하는 것이 아니라 사랑하는 것이며 고객을 소득의 대상으로 보는 것이 아니라 사랑하는 것이다. 고객을 내 가족이라 생각하면 사랑하지 않을 수 없다.

간절히 바라라

계약이 이루어지길 바라라.

고객이 선택해주길 바라라.

목표가 달성되기를 바라라.

소득이 증대하기를 바라라.

성공한 영업맨이길 바라라.

당신은 교회 가서 기도하면서 뜻한 바를 모두 이루게 해 달라 기도한다. 당신은 절에 가서 절을 하면서 뜻한 바를 모두 이루게 해 달라 간절히 소망한다. 교회 가서, 절에 가서 기도의 힘만으로 소망한 것을 이룰 것이란 생각을 하는 사람은 없을 것이다. 그때의 기도는 자신은 어찌하든 하나님과 부처님이 알아서 해 줄 것이란 믿음이 아니라 자신이 최선을 다할 테니 잘못된 방향으로 가지 않도록 하나님과 부처님이 인도해 달라는 기도이다. 그러고 나면 자신의 행동이 어찌되는가? 한결 마음이 가볍고, 믿음이 더 생겨 더 열심히 활동하고, 열심히 일을 하게 된다.

열심히 활동하고, 일을 하면 더 강렬히 바라게 되며 또한 더 강렬히 바라다보니 더 열심히 하게 되는 순환이 이루어지는 것이다. 세일즈맨 역시 계약이 이루어지길 간절히 바라야 한다. 되도 그만, 안 되도 그만이라고 생각한 세일즈가 성공한 적이 있는가? 혹시 있었다면 이는 어쩌다 성사된 것이다.

목표란 달성되기를 바라는 만큼 이루어지게 마련이다. 바라는 만큼 중간 중간 체크를 할 것이며 모자란 만큼 더 노력을 하기 때문이다. 지성이면 감천이고, 하늘은 스스로 돕는 자를 돕는다고 했던가. 막연히 바라지 말고 교회나 절에서 기도하듯 간절히 바라라. 간절히 바라면 길이 보이고 길이 보이면 그 길로 갈 수 있다. 단 막연한 바람이 아닌 간절한 바람이어야 한다.

6

목표를 정하라

 **성장하라**

고인 물은 썩고 흐르는 물은 썩지 않는다. 세일즈는 계속 되는 현재진행형이므로 미래의 결과도 현재의 관리와 활동에 의해 만들어진다. 고객의 상황이 바뀌어 탈락 고객이 생길 수 있고 영업의 여건이 바뀌어 활동의 패턴이 바뀔 수 있고 세일즈맨 자신의 여건이 바뀌어 활동의 제한을 받을 수도 있다. 따라서 지속적인 성과 창출을 위해서는 지속적인 성장이 필요하다. 주식투자에 있어 기업의 미래를 예견할 때도 성장성을 분석 자료로 활용하지 않던가. 전년 대비, 전년 동기 대비, 전반기 대비, 전분기 대비 몇 % 성장과 같이 말이다.

당신도 지속 가능한 성장에 박차를 가하라.

기업을 평가할 때도 기업 경쟁력의 척도로 지속 가능한 성장성을 주목한다. 삼성전자가 현재 세계 1위의 제품들을 지속적으로 1위의 자리를 유지할 수 있고 1위의 제품들을 더 늘릴 수 있을 것인가? 현대중공업이 세계 1위의 조선 능력을 유지할 수 있게 지속 성장이 가능한가?

현재 인기 있는 배우, 가수, 방송인들이 앞으로 얼마나 인기와 명성을 유지할 수 있는가? 미완의 스포츠 유망주가 지속 성장이 가능한가? 신입사원이 회사의 핵심 구성원으로 성장이 가능한가?

현재보다 더 중요한 것이 앞으로의 지속적인 성장인 것이다

기업의 지속 가능한 성장을 판단하는 지표로 BSC(Balanced Score Card)를 적용한다. 4가지 부문의 균형 있는 성장으로 이익, 고객, 프로세스, 학습을 말한다.

해당 기업이, 현재 이익을 창출하며 이익이 증가하며 앞으로도 이익이 증가할 것인가? 현재 고객의 관점에서 고객이 만족하며 앞으로도 고객이 증가할 것인가? 현재 내부 비즈니스가 효율적으로 이루어지며 효율과 생산성 등이 증가할 것인가? 현재 종업원들에게 학습의 기회가 부여되고 종업원 스스로 학습을 하고 있는가?

세일즈 활동을 하는 세일즈맨은 사업가요 1인 기업이라 할 수 있다

세일즈맨으로서 나는 소득이 증가하고, 고객 수가 늘고, 세일즈 과정이 효율적이고, 학습을 하고 있는가?

세일즈맨으로서 성공하기 위한 필수의 조건들이다.

• 소득 증가

자신과 가장 직접적인 관계가 있으며 자신을 가장 독려할 수 있

는 수단이며 자신에게 지속적인 동기를 부여하는 것이 소득이다.

얼마의 매출을 올리겠다는 목표보다 얼마의 소득을 올리겠다는 목표를 세워라. 그러한 소득을 위하여 매출과 고객과 활동의 목표가 세워지는 것이다. 목표는 지속적으로 상향하라. 어느 기업도 아무리 여건이 어려워져도 목표를 하향하는 경우는 드물다. 목표는 수단과 방법을 창조하는 인큐베이터다.

• 고객 증가

매출액보다는 매출 건수를 늘려 고객의 수를 증가시키고 고객을 업그레이드시켜야 한다. 단순 고객을 고정 고객으로, 고정 고객을 가족 고객으로, 가족 고객을 평생 고객으로 발전시켜 고객과의 관계를 어드바이저, 컨설턴트 관계로 정착시킴으로써 고객의 파트너 동반자가 되어야 한다. 그러한 고객은 세일즈맨의 협력자로 육성되어 고객은 점에서 선으로, 선에서 면으로 확장되는 것이다.

• 영업 효율

지역과 직역, 개인과 법인, 직업, 직무, 소득, 연령, 성별, 환경 등 시장과 고객 특성에 따른 활동이 이루어져야 하며 활동의 방법으로는 낚시에서도 조건과 목적에 따라 투망, 견지, 릴, 스쿠버 등을 행하듯 맞춤형 활동이 이루어져야 한다.

- 지속 학습

세일즈는 자신과의 끝없는 싸움이다. 지속적인 자기 학습을 통해 실력을 배양해야 한다. 한 번에 한탕에 된다면 도박이요, 투기이다. 꾸준한 학습으로 점점 더 성과가 올라가는 것이 세일즈다. 오늘보다 내일이, 이번 달보다 다음 달이, 올해보다 내년에 성과가 좋아져야 한다. 그러기 위해 세일즈의 실행자로서 나를 갖추고, 상품의 공급자로서 상품을 알고, 세일즈의 대상자로서 고객을 알고, 세일즈의 환경으로서 시장을 알기 위한 학습이 필요하다. 고객의 니즈와 시장의 여건은 항상 변하고 그에 따른 신상품도 계속 만들어지니 지속 학습 없이는 세일즈가 불가하다.

완벽한 상품 지식, 세일즈 매너와 기법, 고객 지식, 고객에게 유용할 지식과 정보 전달, 시장의 예측과 전망 등에 대한 학습은 활동 거리를 더 제공하게 되어 활동량을 늘리게 한다. 새롭게 알았으니 새로운 시도를 하게 되며 과거의 부족했던 점을 보완하기 위해 과거 고객을 한 번 더 면담하게 된다.

자연스레 목표 또한 더 높고 구체적이게 되며 1일 1고객 더 만나기, 1주일에 1건 계약 더 하기, 1개월에 가망 고객 10명 확보하기, 1년에 보유 고객 수 100명 늘리기와 같은 목표의 실천으로 성장에 성장을 거듭하여 우수한 세일즈맨으로 탄생되는 것이다. 하루아침에 로또에 당첨되어 역전이 되는 것이 아니고 지속 성장의 결과로 그 열매를 맺는 것이며 지속 성장은 지속 학습으로 가능하다.

목표를 가져라

　기업의 목표가 이윤 극대화이듯 세일즈맨의 궁극적인 목표도 소득 증대이다. 소득을 높이려면 매출이 늘어야 한다. 매출이 늘려면 고객 수가 늘어야 한다. 고객 수가 늘려면 활동량이 늘어야 한다. 활동량이 늘려면 계획에 의한 활동이 이루어져야 한다. 결국 소득은 활동량에 비례한다. 소득의 목표가 정해지면 매출 목표, 고객 목표, 활동 목표가 만들어진다. 소득 1,000만 원이 목표인 세일즈맨과 500만 원이 목표인 사람은 계획과 활동이 다르다. 목표가 정해지면 방법이 찾아진다.

　소득 설계를 하라. 1년 안에 월 소득 1,000만 원을 이루려면 한 달에 몇 건, 일주일에 몇 건의 계약을 체결해야 하는가. 그러한 건수의 계약 체결을 위하여 하루에 몇 명의 고객을 만나야 하는가. 어떤 고객을 공략하는 것이 효율적인 결과를 가져오는가. 어떤 상품을 제안하는 것이 효율적인 결과를 가져오는가. 이번 달에 실적이 0이라면 다음 달에 2배의 실적을 목표로 하라. 다음 달도 실적이 0라면 다음 달에 3배의 실적을 목표로 하라. 오늘 고객을 목표대로 만나지 못했다면 내일 그만큼 더 만나라. 지나갔거나 모자란 것은 접어두고 다시 새로 시작하라. 오늘도 못했으면 그만이다.

　자신에게 스스로의 목표를 빚지지 마라. 빚은 갚아야 하는 것이다. 그만큼 간절히 그리고 절대적으로 목표 관리를 하여야 한다. 그것이 당신의 소득이기 때문이다.

모든 것은 마음먹기에 달려 있다

7

 만약이 아니라 어떻게 하면이다

라이트 형제가 '이 몸이 새라면 날아가리'라고 노래만 했더라면 비행기를 만들 수 없었을 것이다. 어떻게 하면 날 수 있을까를 생각했기 때문에 비행기가 만들어졌던 것이다. 정주영 회장이 '만약에 조선소를 갖고 있으면'이라고만 생각했으면 지금의 현대중공업은 없었을 것이다. '어떻게 하면 배를 수주할 수 있을까'를 생각하니 지폐의 거북선을 이용하여 수주를 한 후 조선소를 세울 수 있었던 것이다.

If가 아니라 Even if이다.

부러워하지 말고 보고 배워라.

만약을 현실로 가져올 방법을 찾아라.

우수한 세일즈맨이나 성공한 사람들의 경험담을 듣는 이유는 그들에게서 배우고 당신도 그들과 같이 될 수 있는 방법을 찾기 위함인데 부러워만 하고 '만일 자신이 그렇다면'만 상상한다. 저절로, 공짜로 된 게 아니라고 이야기하는 데도 만약에, 만일만 생각한다.

순서가 바뀐 것이다. 어떻게 하면이라고 방법을 찾아 시도하고 노력한 후 만약을 생각하라.

어떻게 하면 예뻐질 수 있을까로 만들어진 것이 성형술이다.

어떻게 하면 질병을 예방할까로 만들어진 것이 백신이다.

어떻게 하면 전쟁에 이길까로 만들어진 것이 무기이다.

어떻게 하면 달나라에 갈 수 있을까로 만들어진 것이 우주선이다.

어떻게 하면 영업을 잘할 수 있을까로 만들어진 것이 우수 세일즈맨이다.

만약에와 어떻게 하면의 차이는 이처럼 크다.

 아직도가 아니라 아니 벌써이다

열심히 일하느라 시간 가는 줄 모르던 사람이 시계를 보며 하는 말이 '아니 벌써'이고 시간이 가기만을 바라던 사람이 시계를 보며 하는 말이 '아직도'이다. 밤새 일하다 보니 '아니 벌써 해가 솟았나 창문

밖이 환하게 빛나네'이다.

　노력에도 불구하고 체결이 불가능한 계약을 잊고 털어버리는 사람을 보고 '아니 벌써'라 하고 노력을 아쉬워하며 잊지 못하고 아쉬움에 잠겨 있는 사람을 '아직도'라 한다. 한국과 일본과의 경기 시간은 아니 벌써인데 필리핀과 스리랑카와의 경기 시간은 아직도이다. 재미있는 경기를 보고 있으면 시간은 아니 벌써이고 재미없는 경기를 보고 있으면 시간은 아직도이다. 좋아하는 체육 시간은 아니 벌써이고 싫어하는 과학 시간은 아직도이다. 실패를 딛고 일어선 사람은 아니 벌써이고 실패에 눌려 나락에 빠진 사람은 아직도이다. 떠나간 그 연인을 잊고 일어난 사람은 아니 벌써이고 못 잊는 사람은 사랑은 영원하다며 아직도 그대는 내 사랑이다. 별로 한 일이 없는 것 같으면 아니 벌써인데 별로 한 일도 없으면 아직도이다. 빠른 학습 진도는 아니 벌써인데 늦은 학습 진도는 아직도이다. 묵묵히 참고 산을 오르면 아니 벌써 정상인데 힘들어 하며 마지못해 오르는 산은 아직도 정상은 멀었다. 상담을 즐기는 사람의 시간은 아니 벌써인데 상담을 의무로 생각한 시간은 아직도이다. 관심을 기울인 시간은 아니 벌써인데 무관심의 시간은 아직도이다. 고객과의 시간을 즐기는 사람은 아니 벌써인데 싫어하는 사람은 아직도이다. 긍정적인 사람의 시간은 아니 벌써인데 부정적인 사람의 시간은 아직도이다. 좋은 일을 하던 시간은 아니 벌써인데 나쁜 일을 하던 시간은 아직도이다.

　같은 상황에서의 아니 벌써와 아직도의 차이는 엄청나다.

💠 5심을 경계하라

소심(小心), 의심(疑心), 방심(放心), 욕심(慾心), 변심(變心)하지
마라.

너무 걱정하고 조심스러워하지 마라.

회사와 고객을 믿어라.

잘나갈 때 위험 관리에 소홀하지 마라.

넘치게 얻으려거나 탐내지 마라.

상황에 따라 쉽게 번복하고 바꾸지 마라.

고객에게 큰 도움을 주었던 세일즈맨이 그 고객을 찾아가질 못하
는 경우가 있다. 과거 도움의 대가를 요구하는 것 같고 과거를 빌미
로 신세지기 싫어서이다. 혹시 거절이라도 당하면 지금까지 서로 기억
하는 좋은 관계에 해가 되기 때문이다. 오히려 고객은 당신을 기다리
고 도움을 주고 싶어 고민하는데 말이다. 오히려 고객이 필요로 하고
원하는 상품인데 말이다.

자신은 피해를 보고 회사는 자신을 이용하여 회사만 이득을 본
단다. 고객이 계약해 줄 리 없는 데 자신을 이용하여 정보만 습득하고
계약은 경쟁자에게 한단다. 잘나가다 항상 마무리에서 틀어진다. 마
무리에서의 과도한 확신, 무리한 Push, 한 번의 실수로 상황이 반전
되어 버린다.

자신을 믿는 고객을 쉽게 생각한다. 쉽게 생각하니 고객에게 맞춘 세일즈가 아니라 세일즈맨을 위한 제안을 하게 된다. 자신의 어떤 제안도 받아들일 것 같은 고객이 보란 듯이 거절한다. 고객은 무리한 줄 알면서도 세일즈맨의 요구를 받아 주면서도 너무 한다는 생각이 든다.

들어갈 때 다르고 나올 때 다르다. 밥 먹을 때 다르고 밥 먹고 나서 다르다. 선거할 때 다르고 당선되고 다르다. 언제, 어디서, 어떻게, 무슨 일을 갖고 고객과의 관계가 형성될지 모른다. 그렇게 열심히 상담하던 고객에 대한 마음을 계약 후에도 변함없이 행해야 한다. 고객이 섭섭한 마음을 갖게 할 정도의 변심은 관계의 절연을 예고하는 것이다.

우수한 세일즈맨은 대범하고, 믿음이 있고, 고객에게 항상의 마음으로 충성하고 관리한다.

8

끊임없이 자기 계발하라

🎲 항상 Star는 없다

스타의 생명은 얼마나 긴가? 프로스포츠에서 30대 초반이면 노장이란 소릴 듣는다. 그럼에도 불구하고 농구의 이장수, 야구의 송진우, 축구의 이을룡 등은 40 가까이 뛰며 팀에 기여를 했다. 비결은 철저한 자기 관리를 통한 자기 계발이다. 얼마나 많은 스타 선수나 스타 연예인들이 금방 인기가 시들던가? 또한 스타 선수가 스타 감독으로 이어지는 경우가 많지 않다. 선수 시절의 명성만큼 감독으로도 명성을 날리고 있는가? 현재 프로 축구 삼성을 이끄는 윤성효 감독은 국가 대표팀 선수 경력이 없다. 삼성에서 그를 감독으로 발탁한 이유는 무엇이고 그는 어떻게 감독 부임 후 좋은 성적을 낼 수 있었을까를 생각해 보라. 프로 농구 KT의 전창진 감독 또한 그러하지 않은가. 2010년 남아공 월드컵 4강에 오른 네덜란드, 우루과이, 독일,

스페인 감독들도 선수 시절 무명에 가까웠다. 반면 화려한 선수 시절을 보낸 브라질의 둥가 감독, 아르헨티나의 마라도나 감독은 8강에서 물러났다 무명의 선수들은 끊임없는 노력을 통한 자기 계발과 목표 달성을 통해 자신의 능력을 검증받는 지도자의 과정을 거쳐야만 비로소 감독의 자리에 오를 수 있으며 그러한 노력의 과정으로 스스로 실력을 갖추게 되는 것이다. 이름만 갖고 감독이 될 수 없으며 혹시 이름값으로 감독이 된들 좋은 성과를 기대하기 어렵다. 지금 판매왕의 타이틀을 갖고 있는 세일즈맨들 역시 지속적인 노력의 과정을 통해 등극한 것이지 경력이 화려하거나, 학력이 뛰어나거나, 배경이 좋아서가 아니다. 물론 그러한 것들이 판매왕의 확률을 높일 수는 있으나 끊임없는 노력과 자기 계발을 통해 체화된 세일즈 능력에 비하면 작은 하나의 요소에 불과하다. 외국계 생보사가 한국에서 영업을 개시할 때 타 보험사 경력자를 채용하지 않은 것과 국내 생보사들이 서로 우수 영업사원을 스카우트하던 것을 비교해 보라, 어느 회사가 성장을 했는지.

항상 제대로 하라

남들 하니까, 누가 하라니까 하는 영업은 자신의 영업이 아니므로 제대로 할 수도 하여지지도 않는다. 하겠다고 택한 영업이고 안 하면 안 될 상황의 영업인데 왜 스스로가 계획하에 움직이지 않는가? 옆의 동료들 역시 갈 곳이 항상 있는 것이 아니고, 오라는 곳이 항상 있는 것이 아니다. 만들고 만들어 내야 하는 것이 영업이거늘 옆의 동료가 영업 활동을 한다고 무작정 나서지 마라. 나서는 순간 또 어찌할 바를 모르고 그러다 보니 쉽게 지치고 싫증나고 짜증난다. 학창 시절 우등생을 따라가겠다고 똑같은 시간을 공부한다고 따라서 우등생이 되던가? 물론 두뇌의 차이도 있지만 공부하는 방법이 틀려서 우등생이 되지 못하는 것이다. 우등생은 그만의 제대로 공부하는 방법이 있다. 노트 정리, 예습·복습, 수업 시간의 경청, 주기적인 반복 학습, 참고서의 활용, 학원의 선택, 암기 방법…. 모양이 같다고 내용이 같은 물건이라면 소비자는 선택의 여지가 없고 생산자 또한 연구 개발의 필요도 없고 일류 상품은 존재하지 않는다. 제대로 한다는 것은 목표를 갖고 계획적으로 변함없이 꾸준히 활동하는 것을 의미한다. 무작정 나서지 마라. 헤매지 마라. 백지 시장도, 연고 시장도 계획을 갖고 방문 활동을 하라. 고객을 만나도 계획을 갖고 준비하여 만나라. 준비가 안 되었으면 넓게 이야기하고, 좁고 깊게 이야기하지 마라. 넓은 이야기로 호감을 사고 준비하여 구매 심리를 불러일으켜야 한다. 운동선수가 시합을 하기 전에도 누가 최상의 컨디션이 발휘될 수 있도록 잘 준비되었는가에서 승패가 갈린다. 함께 훈련 기간을 갖지 않고 스타 선수들만 모아서 월드컵에 출전한다고 우승을 할 수 있겠는가? 아무리 기술이 좋아도 체중 조절에 실패한 권투 선수가 최상의 컨디션으로 시합에 임할 수 있는가? 니즈가 있는 고객을 찾고, 니즈를 환기시키고, 니즈를 파악하고, 니즈를 채워 주고, 니즈를 관리해 주는 것이 영업활동이다. 노후를 준비하고픈 고객을 찾아, 노후 준비의 필요성을 역설하고, 노후 필요 자금을 파악하여 연금 보험을 설명하고, 연금 상품을 설계하여 가입을 권유하며, 추가로 필요로 하는 노후 준비를 위해 신상품이나 부가 특약을 통해 추가 계약, 재계약, 부가 계약을 권유하는 것이 연금 상품 판매이며 구매력이 없고 유지비용이 부담되나 자동차가 필요한 고객에게 자동차 사용의 필요성을 역설하고 경제력을 파악하여 경차와 소형차를 설명하고 가격 대비 차량의 연비와 편의성 옵션을 비교 설계하여 구매를 권유하며 지속적인 관리를 통해 고객의 제반 상황이나 여건의 변화에 따라 새로운 차량의 구매를 권유하는 것이 경차 판매 영업이다. 연금을 생각하는 고객에게 보장성 보험을 권유하거나, 경차를 구매하려는 고객에게 중형차를 강조해서는 판매가 이루어질 수 없다.

승리는 습관이다, 패배도 습관이다, 안 되면 조금만 바꾸어보라, 영업을 위한 영업이 아닌 성과를 위한 영업을 하라.

4장

세일즈는 행동이다

세일즈는 행동이다

1

아는 것을 실천하라

🎲 제대로 하라

변호사는 소송에 이기기 위해 얼마나 많은 자료를 준비하는 가? 판사가 양측 변호를 판단할 때 많은 준비를 한 변호사 쪽에 당연히 마음이 가지 않겠는가? 의사는 전문의가 되기 위해 11년을 공부한다. 전문의 개업 의사는 예과 2년, 본과 4년, 인턴 1년, 레지던트 4년, 군의관 3년 무려 14년이다. 주위에 보이는 전문 의원의 간판을 달려면 최소 30대 중반이 되어야 하는 것이다. 학교에서 공부 잘하는 학생은 앞좌석에 앉는다. 뒷좌석에 앉는 학생은 졸든지, 다른 책을 보든지, 음악을 듣든지, 왠지 딴짓을 하려고 마음을 이미 먹는 것이다. 제대로 변호를 하고, 제대로 진료를 하고, 제대로 공부하기 위한 준비가 필요한 것이다.

PDCA(Plan Do Check-Action) 비행 계획과 목적지도 없이 비행

기가 뜨지 않는다. 연료도 없이 비행기가 날 수는 없다. 하려고 마음 먹은 일에 대하여 결과를 부정적으로 생각하는 사람은 되는 일이 없다. 안 되는 사람은 하기도 전에 이래서, 저래서 안 될 것이라는 생각부터 한다. 되는 사람은 하기도 전에 이렇든 저렇든 될 것이라는 생각부터 한다.

시합 전 적절히 준비 운동을 한 사람은 몸이 가볍다. 그러나 준비 운동을 너무 많이 하면 준비 운동에 지쳐 본 게임에서 컨디션이 엉망이다. 생각에 생각만 거듭하면 앞생각이 뒷생각에, 뒷생각이 앞생각에 가려져 다시 원점이다. 바쁘지 않은 사람이 하루 세 끼는 꼭 챙겨 먹는다. 엉거주춤 한 발은 넣고 한 발은 빼어 한 발로 뛰는 자가 두 발로 뛰는 자를 절대 못 이긴다. 하는 것같이 하는 것이 아니라 하는 것답게 하여야 한다.

눈을 부릅뜨고 보고 또 보아야 한다. 원숭이도 나무에서 떨어진다. 돌다리도 두드리고 건너야 한다. 한 개의 윷이 도 아니면 모를 결정한다. 잘못된 것에 대해 알고 있는 것을 고치지 않음은 모르는 것만 못하다. 모르고 못하는 것은 개선의 여지가 있으나 알고도 안 하는 것은 개선을 포기한 것이다.

🎲 알고 있는 것을 실천하라

좋은 생각이 없어서, 마음이 없어서, 방법을 몰라서 선행을 안 하는 것이 아니다. 예습과 복습으로 학교 수업을 충실히 하면 공부 잘할 수 있다는 걸 모르는 학생은 없다. 피나는 훈련과 연습으로 정상을 차지할 수 있다는 걸 모르는 사람은 없다. 최근 '박지성은 평발이었다', '강수진은 피나는 연습을 했다'는 광고가 방송되고 있다. 모두가 아는 사실을 박지성과 강수진은 지독한 연습벌레였고 실천가였다. 세일즈맨에게 진짜 중요한 것은 하고자 하는 열정이다.

아무리 좋은 상품을 갖고 있어도 고객의 욕구를 불러일으키지 않으면 무용지물이다. 아무리 좋은 지식과 정보를 갖고 있어도 고객에게 전달하지 않으면 무용지물이다. 아무리 좋은 고객도 만나지 않으면 무용지물이다. 아무리 좋은 방법을 갖고 있어도 사용하지 않으면 무용지물이다. 아무리 좋은 기회가 와도 기회를 잡지 못하면 무용지물이다.

몰라서 못하는 것은 알면 할 수 있지만 알면서 안 하는 것은 다음에도 안 한다. 몰라서 못하는 것은 알려는 동기를 부여하지만 알면서 안 하다 보면 다음에는 못한다. 범죄자들은 재범률이 높고 점차 범죄가 대담해지며 전과 2범, 3범이 되어 간다고 한다. 세일즈에서 알면서도 안 하는 것 역시 중독성으로 오늘 안 하면 내일 해야지 하지만 잘 안 된다. 유능한 세일즈맨이 목표인 자에게 알고도 안 하는 것은 포기요, 죄악이다. 아는 것을 반드시 실천하도록, 몸에 배서 꿈에도 움직이도록 해야 하는 것이다. 생각과 행동이 합쳐져야 창조적 성과가 만들어진다.

타인의 성공에 대해 하는 말 중 '내가 하려던 아이디어였는데', '원래 나의 아이디어였는데'라고 말하는 사람이 많다. 사실일 수 있다. 그러나 중요한 것은 '누가 생각해냈느냐'가 아니라 '누가 하였는가'이다. 왜냐하면 생각한 사람은 수도 없이 많으나 해내는 사람은 많지 않다. 생각이 아니라 행동이고 아는 것이 아니라 실천이다.

🎲 마음으로 하라

마음이 가는 대로 해야 발이 가볍다. 과거에는 간, 쓸개 다 빼 주고 세일즈 한다고 하였다. 간, 쓸개 다 빼 주면 자신은 죽는데 무슨 소용이 있는가. 간, 쓸개도 한두 번이지 습관적으로 다 빼 주다 보면 으레 그렇게 세일즈 하는 것으로 알고 자신감과 당당함을 잃게 된다. 간, 쓸개 빼러 가는 발걸음이 무거울 것이고, 고객한테 점점 더 빼앗기게 될 것이고, 그러다 보면 지쳐서 쓰러진다.

아이들을 키울 때 '오냐, 오냐'도 한두 번이고, 실수를 인정할 때 '오냐, 오냐'도 한두 번이고, 잘 못을 봐 줄 때 '오냐, 오냐'도 한두 번이다. 더 이상 마음을 억제하면 스스로는 화병이 되고, 표정과 말과 걸음도 어둡고 무겁다. 더 이상 마음을 억제하면 고객에게 착각과 오해를 불러일으킨다. 더 이상 마음을 억제하면 고객을 보는 눈도 색안경을 끼게 된다. 그러면 고객과 마음의 문이 안 열리고 서로 형식에 의한 눈에 보이는 것뿐인 관계가 된다. "눈 가는 데 마음도 함께" 가도록 하는 것이 참된 세일즈의 시작이다. "눈 따로 마음 따로, 생각 따로 행동 따로"가 서로의 눈에 비추어질 때 믿음이 상실된다. 상품을 내밀기 전에 마음의 문을 열어야 한다.

길을 가다가 목적지에 도착할 때까지 수많은 사람들을 거리에서 마주치지만 얼굴을 기억할 수 있는 사람이 거의 없다. 기억을 못하는 건 건성으로 눈만 보고 마음은 함께 가지 않았기 때문이다. 눈 가는 곳에 마음도 가야 한다. 마음이 따라간 것은 잘 잊히지 않는다. 하루 종일 공부해도 성적이 오르지 않는 이유는 눈 따로 마음 따로 이기 때문이다. 부모들은 모른다. 자식들이 책상에서 공부하는 척 눈만 책에 가 있는 것을. 하지만 계속되는 성적 부진에 그제야 참된 이유를 알게 된다. 세일즈 역시 마음이 가는 데 길이 있으며, 마음이 가는 대로의 영업이 고객과의 의사소통이다.

🎲 발로 하라

좌우지간 가서, 만나고, 얘기하라.
남들보다 한발 앞서 뛰고, 더 많은 고객들과 더 자주 만나라.
고객이 있는 곳이라면 어디든 찾아가라.
고객은 먼저 연락하지 않는다. 세일즈맨이 먼저 찾아가야 한다.
끊임없이 달리는 러닝맨이 되고, 될 것 같으면 무한 도전하라.
지인을 대상으로 하는 영업은 편하지만 한계가 있다.

땀 흘린 만큼 고생한 만큼 보상받는 게 영업이다.

머리로 하는 영업은 땀이 덜 난다.

휴대폰의 메시지나 이메일이나 우편 발송도 땀이 덜 난다.

얼굴을 마주하고 감정을 주고받고 감동을 일으킨다.

만나야 얼굴을 마주하고, 찾아가야 만날 수 있다.

많은 액수의 축의금이나 조의금보다 찾아주는 게 고맙다.

돈 부조보다는 몸 부조가 낫다.

지인만 찾아다니면 영업의 한계가 온다.

만날 사람이 없어진다.

온실에서 자란 식물이나 동물원에서 사육된 동물이 야생에 적응하기 어렵다.

영업은 무한한 야생 지대에서 무한 도전을 하며 무한 성과를 거두는 정글의 법칙이 적용되는 업이다. '오냐오냐, 그래그래' 하며 키운 자식은 자생력이 떨어진다.

발로 산에 오르는 것이지 머리로 산에 오르지 못한다.

산에 오르면 내려 볼 수 있고, 모두 볼 수 있고, 넓게 볼 수 있고, 멀리 볼 수 있다.

한 번 가서 안 되면 두 번 가고, 두 번 가서도 안 되면 세 번 가라.

한 번 보면 두 번 보게 되고, 두 번 보면 세 번 보게 되고, 세 번 보면 자꾸만 보게 된다.

가야 된다. 자꾸만 가야 된다. 자꾸만 가서 보다 계약을 하는 것이다.

축구 감독도 많이 뛰라 하고, 농구 감독도 많이 뛰라 하고, 권투 감독도 많이 뛰라 한다.

많이 뛰어야 찬스가 나기 때문이다.

일그러진 발로 화제가 되었던 박지성의 현재 위치도 발로 뛴 만큼의 보상이다.

건너뛰지 마라

기업 고객의 경우 실무자와 담당 과장, 부서장과 의사 결정자가 있다. 개인 고객의 경우 계약 당사자 외에 배우자, 부모, 자녀의 의견도 있다. 아무리 방문을 하여도 반겨 주질 않는다. 아무리 설명을 하여도 긍정적인 생각을 안 해 준다. 아무리 생각을 하여도 담당자가 부족한 것 같다. 담당자가 상품이 아니라 세일즈맨인 자신을 싫어하는 것 같다. 담당자가 경쟁사나 다른 세일즈맨에게 관심이 있는 것 같다. 담당자가 무엇인가 딴 생각을 갖고 있는 것 같다.

이런 일은 세일즈맨이 접하게 되는 빈번히 일어나는 생각과 상황이다.

그러면 담당자 선에서 이왕 계약이 불가능하다면 달리 방법을 찾겠다며 상사에게 접근하거나 답답한 마음에 고객 회사와 관계가 있는 지인을 통해 높은 직위의 상사를 소개받는다. 그러나 상사나 소개받은 자의 대답은 뻔하다. 담당자와 다시 잘 얘기해 보라는 것이다. 과연 다시 담당자를 찾아갈 수 있겠는가? 찾아가도 얼마나 멋쩍은 가? 또한 혹시라도 착각하여 상사나 소개받은 자가 세일즈맨의 생각을 이해하여 담당자가 주의를 받았을 것이라는 생각에 기고만장하여 담당자를 만난다면 정말 꼴불견이다.

고객사는 설혹 담당자가 잘못이 있다 해도 세일즈맨의 편을 들어 주지 않는다. 상사가 담당자를 불러 의견을 묻고 조언을 해 주고 담당자에게 권한을 다시 주는 선에서 그친다. 혹여 우여곡절 끝에 계약이 이루어져도 계약 후 거래 업무는 담당자와 행하여야 하는데 계약 후 관리의 어려움으로 시간도 뺏기고, 추가 계약, 재계약도 어렵다.

구매 담당자는 구매가 자신의 주특기이며 회사로부터 구매 업무에 관하여는 능력을 인정받아 현 보직을 담당하게 된 것이다. 나중에 알고 보면 세일즈맨이 고객사의 초점을 잘못 맞춘 경우가 대부분이다. 예를 들면 다소의 품질이 떨어져도 회사의 적용 기준만 충족되면 원가 절감을 위한 가격이 최우선이라든지, 가격이 아무리 비싸도 납기가 문제라든지, 가격보다 사후 서비스가 우선이라든지 말이다. 또한 이미 담당자는 상사에게 권한을 위임받은 상태이거나 가이드라인을 설정하여 지시를 받았을 수도 있다. 상사가 세일즈맨 편에 서겠는가, 담당자 편에 서겠는가?

착각하지 마라. 담당자는 실무 책임자이자 회사를 위해 자신의 최선을 다하고 있는 것이다. 또한 경쟁사나 다른 세일즈맨을 통해 세일즈맨 이상으로 상품을 알고 있을 뿐만 아니라 구매와 관련한 회사의 기본 정책과 방향을 반영하고 있는 것이다. 담당자도 자신을 인정하고, 관심을 갖고, 의견을 반영해 주고, 좋아해 주는 세일즈맨을 좋아하게 된다. 잘못 건너뛰다간 돌아올 수 없는 강을 건널 수도 있다.

착각하지 마라. 상사가 담당자의 의견을 무시하고, 꺾는다면 업무가 원활하겠는가? 상사나 협력자의 도움은 계약이 원활하게 진행되는 가운데 도움을 얻는 것이지 위에서 내리눌러 되는 경우는 아주 특별한 정책적인 경우이다.

개인 고객의 경우도 계약 당사자를 설득 못 시키면서 주변의 관계 인물을 동원하는 것은 고객의 불쾌감을 자극하기 쉽다. 아들과의 계약을 부모에게 압력을 넣어 가능한가? 부인과의 계약을 남편에게 압력을 넣어 가능한가? 설혹 계약이 되어도 사후 관리가 어렵다. 당사자를 설득해가는 과정에서 협조와 지원이 안 되는 경우의 건너뛰기는 역효과이다.

2

자신 있게 행동하라

🎲 피하지 마라

연고와 개척은 서로 보완의 힘을 발휘한다. 개척 활동을 하다 보니 연고를 발견하고 연고 고객의 지원으로 개척 영업이 수월해진다. 연고 활동을 하다 보니 개척 가능 고객을 발견하고, 연고에 의한 개척 영업을 실행하게 된다. 결국 활동을 통하여 연고와 개척이 연계되어 든든한 고객 기반이 형성되는 것이다. 한 사람, 한 사람의 가능 고객은 새로운 고객 발굴의 자원인 것이다.

친지들은 세일즈맨으로서 활동하고 있는 것을 다 아는데 정작 본인은 세일즈 관련해서는 아무런 말도 제안도 하지 않는 경우가 있다. 친구들은 당연하게 계약을 생각하는데 세일즈맨은 아무런 내색을 하지 않는다. 가능 고객의 직장을 찾아 세일즈 활동 중 옛 친구 A를 만날 뻔했다. B는 시선을 피하고, 얼굴을 숙이고, 등을 돌리며 애써 외면하려 한다. 반면에 C는 너무도 반가워하며 웃고 얼싸안으며 세일즈맨의 명함을 건넨다. C의 근황을 A는 전해 들어 알고 있었다며 명함을 건네며 일이 끝나면 한번 찾아오란다. C는 A를 찾아가 그동안의 살던 얘기와 자연스럽게 세일즈맨이 된 배경, 활동의 어려움 등을 이야기하며 협조를 부탁한다. A는 C가 찾아온 가능 고객이 자신과 절친하다며 협조를 약속하고 자신의 직장 내 활동에도 협조와 지원을 하겠다며 점심 식사를 같이 하자고 한다. 반면에 B는 가능 고객과 상담을 서둘러 마치고 다음부터는 해당 직장에 가능한 한 방문을 하지 않겠다는 생각을 한다. A는 마주치지는 않았지만 B를 알아봤고 세일즈를 한다는 것을 이미 알고 있는데 자신을 피하는 것을 몹시 안타까워하며 다음엔 자신이 그를 피할 것을 생각한다.

크게 성공한 친지 A를 B는 자존심 운운하며 한 번도 찾지 않았고 C는 마지못해 한 번만 찾았으며 D는 한 번 더, E는 한 번 또 계약을 하기 위해 찾았다면 한 번도, 한 번만, 한 번 더, 한 번 또가 성과의 차이이다.

영업은 고객에게 신세지는 것이 아니다. 고객도 세일즈맨을 위해 계약하는 것이 아니다. 서로의 필요와 욕구에 의해 상품을 판매하고 상품을 구매하는 것이다.

자신 있게 하라

변호사는 의사의 영역을 모른다. 의사는 변호사의 영역을 모른다. 지금 세일하는 상품에 대하여는 고객보다 세일즈맨이 더 잘 안다. 설혹 조금 모르는 부분이 있어도 자신의 지식으로 유추하여 설명할 수 있다. 그러나 중요하고 핵심적인 것에 대해 확실히 모르는 것은 잘 모르며 알아보고 즉시 연락드린다고 말해야 한다. 그리고 바로 메일이나 통화로 확인시켜 주어야 한다. 고객은 오히려 신뢰를 갖게 된다. 세일즈맨 입장에서도 확실한 내용 전달로 새로운 지식을 습득하고 자신감을 더 갖게 됨은 물론 고객과 재면담의 기회도 얻게 된다.

복싱, 레슬링, 유도, 태권도 등 겨루기 시합에서는 이미 시합 시작하기 전 기싸움에서 승부가 난다고 한다. 심판이 시작 전 두 선수를 모아 놓고 주의 사항을 전달할 때 두 선수의 눈을 보라. 기선 제압을 위해 두 눈을 부릅뜨고 상대를 응시한다. 자신감은 목소리를 크게 하고 외모를 꾸며서 발휘되는 것이 아니다. 내면에서 발생하는 자신감으로 자연스레 목소리에 힘이 들어가고 외모에 반영되는 것이다. 내면의 자신감을 갖기 위해 지속적인 학습으로 상품에 대한 전문성을 갖추고 관련 지식을 습득해야 한다.

고객이 만나는 세일즈맨은 당신만이 아니다. 경쟁사의 세일즈맨뿐만 아니라 회사의 동료도 같은 상품을 판매하고 있다. 더욱이 그 고객의 지인도 세일을 하고 있다. 고객은 비교할 수 있다. 상품의 품질, 가격, 서비스 등등. 그런데 그 비교의 시작은 세일즈맨의 모습이다. 자신 있는 세일즈의 모습이 고객에게 믿음을 주는 것이다. 영업은 거절당하면서 시작되며 거절당하는 것은 영업의 시작을 의미한다. 스스로 돌파하지 않으면 아무도 도와주지 않는다.

자신 있게 스스로를 믿고 돌파하라. 자신감은 자기 관리에서 시작된다. 자신과 남에게 부끄럽지 않게 노력하고 최선을 다하면 당당할 수 있다. 하고자 하는 의욕과 의지가 강할수록 자신감은 배가 된다. 안 될 수 있는 것이 세일이며 못 할 수 있는 것이 세일이다.

화술, 상품 지식, 회사력, 인맥, 연고 등 영업력에 영향을 주는 여러 가지 요소 중 가장 결정적인 것은 자신감에 의한 적극적인 자세이다

당당하게 하라

세일즈는 고객을 위해 고객의 필요와 욕구를 충족시켜주는 일이다.

머뭇거리지 않고 행할 수 있는 자신감을 가져라.

교사는 학생에게 자신의 지식을 세일하는 것이다.

약사는 약품을 세일하는 것이다.

당신도 당신의 상품을 세일하는 것이다.

필요하지도 않은데 살 사람은 없다.

욕구를 환기시키고 구매 동기를 부여하는 것이 당신의 일이요, 영업이다.

고객은 지금 당신의 도움이 필요한 고민거리를 갖고 있다.

당신이 해결해 주는 것이다.

당신의 업종에 따라 다르지만 노후 걱정 안 하는 사람이 있는가?

건강을 걱정하지 않는 사람이 있는가?

고객이 당신을 거절할 특별한 이유가 없다. 거절을 한다면 당신이 판매하고자 하는 상품이지 당신이 아니다. 그리고 그 거절은 당연하다. 고객도 자신의 구매 계획과 원하는 상품이 있기 때문에 자신을 위한 최선의 선택을 하려는 것이다. 거절을 한다면 인간적인 관계가 얽매여 있거나 당신이 싫어서가 아니라 상품을 거절하는 것이다. 역으로 고객은 당신을 좋아한다. 정보도 제공하고 지식도 전달하는 데 고마움을 느낀다. 그러니 당신은 당당하게 고객을 만나라.

가망 고객을 찾아간 곳에 출세한 당신의 옛 친구와 마주쳤다면 그에게 도움을 청하라. 머뭇거리지도 움츠리지도 말아라. 당신이 세일즈맨임을 당당히 밝혀라. 다음에도 그 친구를 또 만날 텐데 언제까지 피할 것인가. 자신이 당당할 때 옛 친구도 분명한 협력자가 되는 것이다. 고객을 설득하기 전에 자신의 정체성을 확립하라. 학습지 세일즈맨은 교육자요, 제약 세일즈맨은 의사나 약사에게 최신 지식과 정보와 트렌드를 전달하는 의료인이요, 보험 세일즈맨은 저축과 보장을 동시에 준비할 수 있도록 컨설팅하는 금융인이다.

죽는 소리 하지 마라

　　오랜만에 만난 친구에게 요즈음 어떠냐고 안부를 묻는다. '죽겠다'고 한다. 정말 그렇게 힘드냐고 묻는다. '오죽하면 내가 그러겠는가'라고 대답한다. 그러더니 또 죽고 싶단다. 그러면서 친구는 힘든 이야기를 주렁주렁 이어간다. 힘들다는 이야기를 하면서 열변을 토하며 '이러니, 저러니' 해서 죽고 싶단다. 강물에 투신자살을 시도하였다가도 일순간 살려고 수영을 하거나 '살려 달라'고 소리쳐 살려고 바둥거리는데 죽겠다는 말이 입에 붙었다.

　　그 친구가 그 정도까지 힘들지 않다는 것을 알고 있다. 듣다가 하도 그래서 '그럼, 죽어버리게' 라고 말하고 요새 강물에 투신할 땐 발목에 돌멩이 매달고 입에 테이프를 붙여야 된다고 농담하자 친구는 갑자기 말을 멈추고 의아한 표정으로 '말도 못하냐?'고 반문한다. 그 친구는 세일즈맨이었고 그의 세일즈 방법 중 하나가 '죽겠다'의 동정심 유발이었다. 어느 정도 합리적인 선의 하소연도 때와 장소를 가려야 한다. 어쩌면 지금 그 이야기를 들어주는 상대방이 사실은 더 힘든 상황일 수 있다. 세일즈맨의 사정은 익히 친구들을 통해 다 알고 있다. 그에게 계약을 한 모든 친구들이 하는 말이 '죽겠다는데 어떡하니'였다.

　　죽겠다는 사람에게 고객이 어떻게 계약을 하겠는가? 죽겠다는 사람에게 고객이 설혹 계약을 하여도 어떻게 계약 후 서비스나 관리를 받겠는가? 죽겠다는 사람에게 고객이 얻을 수 있는 게 무엇이 있겠는가?

수많은 세일즈맨이 살겠다고 희망을 갖고 고객에게 희망을 전달하며 고객에게 희망을 디자인 해주는 세일즈를 한다. 좋은 말도 너무 많이 들으면 가식으로 느껴지는데 싫은 말은 정도껏 해야 한다.

죽겠다는 세일즈맨과 살겠다는 세일즈맨 중 누가 살아남을까? 절망을 말하는 세일즈맨과 희망을 말하는 세일즈맨 중 누구와 상담하길 바라겠는가? 판매 후 관리가 걱정되는 세일즈맨과 판매 후 관리가 기대되는 세일즈맨 중 누가 선택되겠는가? 너무 울지 말고, 너무 하소연하지 말고, 너무 죽겠다는 말 하지 마라. 정도껏 해야 한다.

🎲 살려 달라가 아니라 도와 달라이다

물에 빠지거나, 건물에 화재가 발생하거나, 도둑을 만났을 때 많은 사람들이 외치는 말이 있다. "사람 살려." 어찌 할 바를 모르겠으니, 어찌 할 도리가 없으니, 나는 힘이 없으니 나는 포기했으니 살려달라는 것이다.

물에 빠진 사람을 구할 때 가물가물 힘이 남아 있는 사람은 물을 완전히 먹여 힘을 더 뺀 후에 수영을 해서 구하라고 한다. 힘이 남아 있는 사람은 사람이 들어가서 구조할 때 구조자에게 온 힘을 쏟아 구조자마저 힘을 못 쓰게 하기 때문이다.

'살려 달라'는 자기는 살기 위해 힘을 안 쓰고 전적으로 의존하겠다는 것이다. '살려 달라'가 아니라 도와 달라고 해야 한다. 나도 최선을 다할 테니 힘을 합칠 수 있게 도와 달라고 해야 한다. 세일즈 활동 중 자신도 모르게 살려 달라고 말한다.

고객의 입장에서 '살려 달라'는 무엇인가 하자가 있지만 아무튼 계약만 좀 해 달라는 것 같은 느낌이 든다. 상품의 내용이나 계약의 내용이 다소 미흡하더라도 세일즈맨을 봐서 받아들이란다. 이런저런 생각 말고, 비교하지 말고, 마음에 흡족하지 않더라도 받아들이란다. 계약만 해 주면 자기를 살려 주는 것이니 죽이지 말고 살려 달란다.

그렇지만 고객도 사정이 있고, 의사결정권자도 아니고, 더욱이 내용도 모르고 실무자로서의 책임을 회피할 수 없는 것 아닌가? 도와주고 싶은데 도와 줄 수 있는 방법은 제시하지 않고 살려 달라면 도와 줄 수도 없다. 그리고 나면 다음에 또다시 살려 주지는 않는다.

고객과 세일즈맨은 주고받는 상생의 관계인데 세일즈맨이 고객을 살려 줄 일이 별로 없다. 고객이 도와 주면 세일즈맨도 도와 줄 방법이 있고 도와줌으로써 고객과의 관계를 더욱 발전시킬 수 있는 것이다. 살려 달라는 이야기는 자신은 최선을 다하지 않겠다는 이야기이다.

3

세일즈를 즐겨라

🎲 즐겨라

의사는 아픈 사람하고 만난다. 변호사는 억울한 사람하고 만난다. 경찰은 범죄자하고 만난다. 교사는 학생하고 만난다. 그들도 사실은 세일즈맨이다. 아프고, 억울하고, 무섭고, 철없는 고객들에 한정된 그들도 돈도 벌고 승진도 해야 한다는 목표로 세일즈를 하는 것이다. 자신의 일에 긍지를 갖고 자신의 일을 사랑해야만 최선의 노력이 발휘되고 목표를 이룬다.

세일즈맨에게는 건강한 사람, 허약한 사람, 행복한 사람, 불행한 사람, 부자, 가난한 자, 선한 자, 악한 자, 사업가, 자영업자, 가정주부, 직장인, 전문직, 운동선수, 정치인, 연예인 등 모든 사람이 고객이다.

필요와 욕구에 의해 원하는 상품을 매개로 무한한 간접 경험을 할 수 있다. 얼마나 재미있고 신나는 일인가. 일을 재미있게 하면 일에 몰두할 수 있어 효율도 오르고 시간 가는 줄 모른다. 공부 잘하는 학생은 공부가 재미있고 성공한 운동선수도 그 종목이 재미있단다. 머리 좋은 사람은 노력으로 이길 수 있으나 즐기는 사람은 이길 수 없다. 같은 시간을 공부해도 따분하고, 힘들어하고, 억지로 하면 졸리고 성적도 안 오른다. 이번에 안 되면 다음번에, 이 사람이 안 되면 다른 사람에게, 오늘 안 되면 내일 된다고 여유를 가질 수 있으면 즐길 수 있다.

고객에게 이동 시간은 내 시간이고, 힘들면 쉴 수도 있다. 어렵게 생각하면 고객도 어렵게 받아들인다. 즐겁고 재미있는 행복 바이러스는 전염이 강하다. 고객도 당신과의 상담을 재미있고 즐거워한다. 세일즈는 재미있게 해야 한다. 고객이 상대하는 세일즈맨이 너무 많기 때문에 고객은 자신을 즐겁게 해 줄 세일즈맨을 원하고 즐겁게 해준 세일즈맨을 기억한다. 고객의 마음에 즐거움이 가득 찬 나만의 이미지를 심어라.

마트에서는 조명도 밝게 하고 댄스곡과 같이 경쾌한 음악만 튼다. 고객도 판촉사원도 매장분위기를 즐기라는 것이다. "If it's not fun, why do it." 무한도전에 출연하는 노홍철 씨의 좌우명이다. 힘들더라도 지금을 즐겨라 직장에서 힘든 일이 있다면 직장 없는 사람도 있다는 것을 생각하고, 고객이 힘들게 하면 만날 고객이 없는 사람도 있다는 것을 생각하면 된다. 즐길 수 있으면 후회 없이 열심히 하게 되고 열심히 하면 즐겁다. 고참 운동선수들이 노장임에도 불구하고 좋은 성적을 내고 오래 뛸 수 있는 것도 훈련과 시합을 즐기기 때문이다. 먹고살려고 훈련을 하는 게 아니라 훈련을 열심히 하니 먹고살아지는 것이다. 즐기기 위해서 가장 필요한 것이 노력이다. 성과가 좋아야 즐길 수 있는데 성과를 내기 위해선 노력이 절대적이기 때문이다.

유능한 세일즈맨은 최선의 노력 후 결과를 긍정적으로 받아들여 한 번 더 최선을 강구하지만 무능한 세일즈맨은 받아들이지도 않고, 잊지도 못하며, 고객에 대한 배신감으로 발길을 끊는다. 긍정적인 세일즈맨은 즐길 수 있으나, 부정적인 세일즈맨은 고민만 쌓인다. 노력하는 세일즈맨은 즐길 수 있으나, 노력하지 않는 세일즈맨은 고통을 받는다. 즐기는 세일즈맨은 일이 천국이나, 억지로 하는 세일즈맨은 일이 지옥이다. 즐기는 세일즈맨은 성과가 실현되나, 억지로 하는 세일즈맨은 성과 난망이다. 즐기는 세일즈맨은 표정과 태도가 밝고 가벼우나, 고통의 세일즈맨은 어둡고 무겁다.

긍정과 노력과 즐김과 성과는 상호 작용을 하며 선순환의 관계를 이룬다. 모든 것을 긍정적으로 생각하고 즐겁게 일하다 보면 자신감이 넘치고 성과도 좋아진다.

스트레스는 담지 말고 풀어라

믿었던 계약이 이루어지지 않고 거의 된 줄 알았던 계약이 깨질 때는 속 터진다. 열나고, 불덩이가 치솟고, 가슴이 답답하고, 아프고, 쓰리다. 당연히 스트레스 쌓인다. 이것은 풀어야지 풀지 않으면 병 된다. 화병이 바로 그것이다. 1992년 미의학계에 보고됐고, 1996년에 미 정신과협회 진단 기준에 정신 질환의 일종으로 공식 등재된 병의 이름이 "화병(火病)"이다. 영어로도 우리 발음 그대로 "Hwabyung"이라고 쓰는데 유독 한국인에게만 증세가 나타나기 때문이고 '한국인에만 나타나는 특이한 현상으로 불안, 우울증, 신체이상 등이 복합적으로 나타나는 분노증후군'이라 규정돼 있다. 화병은 화가 나는데 꾹 참고 화풀이를 못해서 생기는 병이다.

왜 일본, 중국, 미국, 영국에는 없는데 우리나라 사람에게만 있는 것일까? 그들이라고 스트레스가 없겠는가? 그러나 그들은 푼다. 안에서 생긴 스트레스를 밖에서 푼다. 미국에서 고속도로 차선을 운전하다 보니 주행선에 차가 밀리는데도 추월선으로 달리지 않는 것을 발견할 수 있었다. 추월선을 신나게 달리던 나 자신이 한없이 부끄러웠다.

시내 운전을 하다 보면 추월해도 앞이 막히는데 앞차를 앞질러야 성에 찬다. 학교 체육 시간에 학급 대항, 학년 대항의 시합에서도 반드시 이겨야 한다. 동네에서 친구끼리 농구를 해도 내기를 걸어야 열심히 하게 된다. 다른 나라는 승부보다 규칙을 지키는 게 우선인데 우린 이겨야 한다. 정치도, 경제도 이기려고 꼼수를 쓰다 보니 문제가 터진다. 시험도 목표가 100점이고, 1등이고, 1류 대학, 1류 기업이 아니면 안 된다. 그러니 또 이겨야 한다. 최선을 다해도 좋은 결과가 나

오지 않으면 스스로 인정하지도 않고 인정받지도 못한다. 최선을 다한 과정이 나중에 힘이 될 텐데도 과정을 의미 있게 생각하기는커녕 스트레스로 간직한다.

억지로 웃는 얼굴은 속이 보인다. 또한 억지로 웃으려니 그것도 스트레스다. 가식적인 언행은 속이 보인다. 또한 가식적이려니 그것도 스트레스다. 스트레스를 못 풀면 스트레스의 연속이고 병이 된다. 잊을 건 잊어야 된다. 오늘만 세일즈하고 말 것도 아니고 성과를 못 냈으면 어떤가. 최선을 다했으면 된 것이다.

스포츠에서 연승과 연패의 기록이 나오는 것도 스트레스 때문이다. 산에 오르거나 테니스 치며 땀 흘리는 것도 그것에 몰두하는 동안 스트레스가 풀리기 때문이다. 유능한 세일즈맨이 가식 없어 보이고 밝아 보이는 이유는 바로 이렇게 스스로 스트레스를 풀기 때문이다.

적당한 휴식을 취하라

과부하가 걸리면 배터리도 폭발한다. 휴대폰 배터리가 Full인데도 계속 충전하면 방전된다. 휘발유를 가득 채우면 연료 효율이 떨어진다.

연료를 아껴라. 내리막길에서는 액셀러레이터를 밟지 마라. 계속 과속 주행하다 브레이크 밟으면 파열된다. 과속이라 느껴지면 중간중간 브레이크도 밟아라.

전반에 과도하게 달리면 체력이 딸려 후반전에 역전된다. 전반전에 2골 넣고 후반전에 3골 먹으면 지는 게임이다.

산후 조리를 잘해야 건강하게 생활하여 아이를 키운다.

고속도로를 달릴 땐 휴게소에도 들러라. 도서관에 가서 책도 읽어라. 요즈음 도서관에는 PC, Audio, Video, 모든 일간지, 주간지, 월간지, 휴게실 없는 데가 없다. 영화도 보여 준다. 관광지 근처의 고객을 방문할 땐 관광지도 들러라. 강변을 달릴 땐 잠시 차를 세워 생각에도 잠겨 봐라. 힘들 땐 스포츠 관람도 하고 영화관도 가라. 분위기좋은 찻집에서 그윽한 커피 한 잔에 나 홀로 낭만에도 젖어라. 세일즈맨의 특권이다.

단, 열심히 일한 자만이 누려야 한다. 유능한 세일즈맨은 그러한 멋과 맛을 알기에 오늘도 최선을 다한다. 무능한 세일즈맨은 일과 휴식이 구분이 안 되고 휴식의 달콤한 맛도 보지 못한다.

적당한 휴식은 세일즈 활동의 영양소이고, 재충전이다. 적당한 휴식은 세일즈 성과의 확대 재생산이다. 그런데 적당한 휴식을 취하지 않으니 배터리가 떨어져 가는 것이다. 남들이 쉬고 있는 토요일, 일요일에도 일하는데 성과는 쉬는 사람보다 못한 것은 적당한 휴식을 통한 재충전이 이루어지지 않기 때문이고, 5일을 자신의 능력 100%씩 발휘하고 일한 사람은 일주일에 500%를 발휘하는데, 7일을 50%씩 능력 발휘하며 일한 사람은 350%밖에 발휘 못하며 제대로 쉬지도 못한다. 기계도 365일 돌리면 고장 난다. 주기적으로 닦고 조이고 기름칠해야 원활히 돌아간다. 복잡한 세계의 대통령이라 불리는 미국 대통령도 확실하게 휴가를 갖는다. 휴식다운 휴식을 취해야 정말 필요한 승부에서 집중력을 발휘할 수 있다.

운동선수들도 항상 1등을 위한 긴장감으로는 최선을 발휘할 수 없으니 1등을 하고 휴식답게 휴식을 하여 다음 시합에서도 집중력을 발휘한다. 공부하는 시간만큼 학업 석차가 이루어진다면 모두들 책상에 더 오래 앉아 있을 것이다. 그러나 우등생을 보면 적당한 휴식을 취한다.

4
심리를 활용하라

베블런효과

허영심에 의해 수요가 발생하는 현상으로 예컨대 다이아몬드는 비싸면 비쌀수록 여성의 허영심을 사로잡게 되는데 이때는 가격이 상승하면 수요가 오히려 증대한다. 명품이나 고가의 제품, VIP 고객에게 발생하는 구매 심리이다.

고가의 인삼을 재료로 한 건강기능식품을 권하라. 산삼 성분의 초고가 제품을 권유하라. 희소성을 강조하여 쉽게 구입할 기회가 오지 않는 고가의 특별 제작 상품임을 강조하며 한정품으로 제작된 TV, 휴대폰, 오디오를 판매하라.

월 보험료 수십만 원의 상품이 아닌 월 보험료 수백만 원의 상품을 설계하여 권유하라. 수입차도 같은 수입차가 아니라면 벤츠를 권하라. 일반 여행 상품과 차별화된 고가의 특별한 여행 상품을 설계하여 권유하라.

 ## 전시효과

　각자의 소비 행동이 사회의 일반적 소비 수준의 영향을 받아 남의 소비 행동을 모방하려는 사회 심리학적 소비 성향을 말한다. 과시효과, 시위효과, 데모효과라고도 한다. 상류층과 중산층, 도시 지역과 농촌 지역, 선진국과 후진국 간에도 이러한 현상이 벌어지며 이것은 신문, 영화, TV 등 광고의 효과가 크다.

　차와 주택은 남에게 대표적으로 보여지는 자산으로 과거보다 줄이려 하지 않는다. 아반떼를 타던 고객이 소나타를, 다음은 그랜저를, 다음은 제너시스를 타려고 한다. 20평의 아파트에서 30평으로, 다음은 40평, 다음은 50평의 아파트에 살려고 한다.

　변호사나 의사들은 전문직에 어울리고 동료에게 뒤지고 싶지 않은 구매 특성을 갖는다. 기업의 CEO, 개인 사업가들은 비즈니스의 필요성이라며 대형차를 선호한다. 자신의 현재를 보여주려는 수단과 방법으로 다소 무리가 되어도 소비 형태의 기준을 갖는다. 옆 병원의 의사도, 저 건너의 의사도 그랜저를 타고, 다른 변호사도, 다른 세무사도, 다른 회계사도 월 100만 원의 보험료를 납입한다고 소개하라.

　같은 동네의 옆집도, 앞집도, 뒷집도 정수기가 없는 집이 없으며 누구 엄마도, 누구 아빠도 비타민 섭취를 위해 건강기능식품을 지속적으로 구입하고 있다고 소개하라.

TV, 신문, 잡지, 영화에서 보듯이 콘도와 펜션에서의 주말 여가와 골프는 생활화되어 있으며 요즈음 있는 사람들은 온 가족은 물론 1인당 2~3개의 보험을 저축·보장·투자를 위해 계약한다고 소개하라.

🎲 비교 우위

동종 상품의 구매 결정에 있어 필요성, 편의성, 실용성, 내구성, 효율성, 효과성 등을 고려하여 구매를 결정하는 심리이다.

보험은 저축, 보장, 투자의 기능 결합 비율에 따라 상품 내용이 달라지고 펀드도 주식형, 채권형, 국내외 주식 편입 등의 결합에 따라 상품이 결정된다.

TV는 기능·디자인·크기·전기 사용량, 자동차는 용도·연비·디자인 등에 의해 선택되어진다.

세일즈 활동은 기본적인 고객의 욕구에 바람과 기대가 부가된 기능을 고객에게 일치시켜야 한다.

🎲 경쟁 우위

어느 특정 기업 상품이 다른 기업과의 경쟁에서 우위에 설 수 있는지의 여부를 판단하여 구매하려는 심리로 비교 우위와는 다르다.

비교 우위가 주로 상품의 내용에 의한다면 경쟁 우위는 상품의 내용, 가격, 가격 대비 상품 가치 등 고객 만족 가치에 의한다. 상품이 경쟁 우위를 확보하기 위해서는 기업 특유의 기술, 상품 질의 차별화, 경영 상의 탁월한 노하우, 마케팅 능력 등이 필요하다.

중형차를 구매하려는 고객이 쏘나타, SM5, 로체, 토스카 등을 비교하는 것은 당연하다. 세일즈 활동은 경쟁사의 제품과 비교한 장·단점을 설명할 수 있어야 한다.

모든 손해보험사들이 자동차보험을 판매하고, 모든 생명보험 회사들이 연금보험을 판매하고, 모든 증권사들이 펀드를, 모든 은행들이 정기 예금을 판매한다.

문제는 각 사별로 얼마나 고객의 욕구를 만족시키고 기대에 부응할 수 있는가의 차이이다.

똑같은 홍삼, 알로에, 클로렐라 성분의 건강기능식품인데 왜, 무엇이, 어떻게 경쟁사 제품보다 우위에 있는지를 설명하는 과정에서 비로소 고객은 자신이 원하던 가치를 발견하고 만족한다.

기회비용

여러 가능성 중 하나를 선택했을 때 그 선택으로 인해 포기해야 하는 가치로서 한정된 비용으로 구매를 결정할 때 고객은 기회비용을 고려한다.

한정된 가처분 소득으로 자전거·오토바이·경차의 선택을 고민하고, TV·냉장고·오디오의 선택을 고민하고, 보험·예금·주식의 선택을 고민하고, 경차·오디오·보험의 선택을 고민할 때 구매의 결정으로 얻게 되는 이해득실의 비용이 의사 결정의 요인이 된다.

고객이 오토바이를 선택할 경우 자전거를 구입할 때에 비해 추가된 비용으로 얻을 수 있는 이익과 추가된 비용으로 얻을 수 있는 상대적 손실을 견주는 것이다.

세일즈 활동은 고객에게 기회비용의 효과가 극대화되는 점을 부각시켜야 한다.

나비효과

먼 곳의 나비가 날갯짓만 해도 그것이 태풍 혹은 허리케인이 되어 밀려올 수 있다는 주장으로 나비효과는 자연현상에만 있는 것이 아니라 사람들 마음에도 있다.

스팀 청소기의 경우 오랜 주부의 숙원을 풀어주며 감동이 전파된 경우이다. 내비게이션, 드럼 세탁기, 김치냉장고, 로봇청소기 등 감동을 줄 수 있는 제품은 폭발적인 수요를 가져올 수 있으며 감동이 전하여져 바람을 탄 제품에 대한 세일즈 활동을 집중해야 한다.

🎲 소득효과

어떤 상품 가격의 하락이 소비자의 실질 소득을 증가시켜 그 상품의 구매력이 늘게 되며 이는 소득이 증가해 수요가 증가하는 효과와 동일하다. 실제 소득이 늘어 수요가 증가하는 경우도 소득 효과이다.

신제품 출시를 앞두고 기존 제품의 재고를 위한 특별 가격의 판매나 신제품의 홍보를 위하여 판매 초기에 특판가에 의한 판매 촉진이 실행되는 경우 평소 구매를 생각해왔으나 자신의 소득에 비해 가격의 부담을 느껴 오던 고객이 상대적으로 저렴한 가격에 자신의 소득과 견주어 구매를 결정하는 것이다. 주로 고가의 제품에 해당되는 효과로 내구성의 자동차, 전자 제품, 가구 등이다.

세일즈 활동 중 구매 의사를 갖고 있었으나 경제적 요인으로 시기를 미루어 오던 고객에게 특판가의 판매는 세일즈 성과 제고의 절대적 기회이다. 평소 활동량이 많았던 유능한 세일즈맨이 특판가의 기간 동안 놀라운 실적을 올리는 경우이다.

🎲 대체효과

동일한 용도의 A, B 두 물건이 있을 때 A 값이 내리면 그때까지 B를 사던 사람이 A를 사게 된다. 이것은 실질 소득에는 영향을 미치지 않는 상대 가격 변화에 의한 효과이다.

물걸레 기능이 부가된 청소기, 건조 기능이 부가된 세탁기, 녹화 기능이 부가된 TV 등 동일한 용도에 신기능이 추가된 제품은 출시 초기 판매 가격 차를 많이 두어 신제품의 구매 욕구에 의한 판매와 이익이 증대하나 시간이 경과하면서 차별화된 기능만큼의 가격 효과가 떨어질 때 가격을 낮추면 구제품을 구입하던 고객이 다시 신제품의 수요층으로 흡수된다.

세일즈 활동은 고객의 새로운 수요가 발생하는 길목을 주시하여야 한다. 고객의 심리를 통한 효과적인 판매의 화법을 생각해 보아라.

보험 세일즈에서 심리 효과를 활용한 화법의 예

베블런효과	재산과 소득을 고려하여 고객의 수준이라면 일시납으로 이 정도의 보험은 들어두어야 합니다.
전시효과	직업 및 신분을 고려하여 사업가라면, 전문직이라면 월 100만 원의 보험료는 기본입니다.
비교우위	고객이 평소 원하던 종합형 백화점식인 새로 나온 바로 그 상품입니다 .
경쟁우위	타사의 상품과 비교하여 이러한 내용과 이러한 서비스가 경쟁력입니다.
기회비용	이 상품은 저축과 보장의 기능에 투자기능까지 cover하는 1석 3조입니다.
나비효과	출시된 지 한 달 만에 벌써 이렇게 많은 고객이 가입한 상품입니다.
소득효과	회사의 특별 판촉 이벤트 기간으로 무료 종합 건강검진의 혜택을 드립니다.
대체효과	지금까지의 보험보다 이런 내용이 보완되면서 보험료 차이는 별로 없습니다.

자동차 세일즈에서 심리 효과를 활용한 화법의 예

베블런효과	고객에게 어울리는 바로 그런 차입니다.
전시효과	이런 분들이 주로 이 차를 구입하십니다.
비교우위	이러한 가격에 이러한 기능이 추가될 수 있다는 건 특별 할인과 같습니다.
경쟁우위	타사 제품에 비하여 이런 장점으로 이런 효과를 보실 수 있습니다.
기회비용	이 차로 인해 갖게 되실 효용성과 만족감을 생각해 보십시오.
나비효과	젊은 층에는 부동의 선호도 1위의 차입니다.
소득효과	특판 기간에 구입하시면 이만큼의 경제적 효과가 있습니다.
대체효과	A차의 할인 판매로 B차와의 가격차가 이 정도로 줄었습니다.

건강기능식품 세일즈에서 심리 효과를 활용한 화법의 예

베블런효과	효능과 효과가 탁월하지만 가격의 부담을 느끼는 제품입니다.
전시효과	고객 같은 전문적 직무의 분들이 일반적으로 복용하시는 제품입니다.
비교우위	홍삼과 알로에 제품에는 이러한 효능이 있습니다.
경쟁우위	타사의 제품과는 이러한 차이와 이러한 사후 관리가 다릅니다.
기회비용	건강에 투자하시는 것이 어느 투자보다 우선이어야 합니다.
나비효과	어려울수록 건강이 재산이라는 인식이 확산되고 있습니다.
소득효과	질병보다 건강에 대하여 사전적 관리와 예방을 하는 것이 경제적입니다.
대체효과	여러 가지 필요한 비타민을 종합하여 만든 종합 비타민 제품입니다.

| 프로세일즈의 조건

위탁 급식 세일즈에서 심리 효과를 활용한 화법의 예

베블런효과	모든 것에 제일인 귀사 상황이라면 종업원에게 이런 급식 운영을 권합니다.
전시효과	동업 타사의 경우 이러한 급식을 운영하고 있습니다.
비교우위	급식이라고 다 같은 급식이 아닙니다. 식재료, 메뉴, 운영 방식도 다릅니다.
경쟁우위	저희 회사의 경쟁력은 타사와 차별화된 가격, 품질, 서비스입니다.
기회비용	종업원 복리 후생제도의 최우선은 매일 접하는 식사입니다.
나비효과	이제 모든 급식은 전문업체로의 위탁 급식으로 전환되고 있습니다.
소득효과	위탁을 통하여 새료비, 인건비, 운영비 모두를 질감힐 수 있습니다.
대체효과	직접 운영하시는 것과 비교하여 비용 효율은 물론 이런 효과가 큽니다.

$$5$$

지속적 실천과 행동이 답이다

 **계속하라**

넘어지면 일어나라. 아기들이 걸음마를 배우며 넘어지면 시키지 않아도 다시 일어나 걷는다. 어린이들이 운동회에서 넘어져도 달리기를 멈추지 않고 목표지점까지 달린다. 스케이트를 타기까지 안 넘어진 사람은 없다. 넘어지는 게 두려워 포기한 사람은 결국 스케이트를 못 탄다.

한물갔다는 평을 무색하게 박찬호와 임창용이 광속구를 다시 던지고 있다. 수백, 수천 번의 실험을 거쳐 약품이 탄생하고 이론이 만들어진다. 하나의 도자기가 구워지기 위해 뜨거운 온도에서 오랜 시간을 견뎌내야 한다. 갈 길이 먼데 한두 번의 실수와 한두 번의 부상으로 움츠리면 안 된다.

얼마나 많은 사람이 당신을 보고 돕고 응원하고 있는가. 마라톤에 우승한 마라토너는 인터뷰에서 누군가가 기대하고, 누군가가 바라보고, 누군가가 간절히 소망하는 것 같아 레이스를 멈출 수 없었다고 한다.

당신 역시 지켜보는 사람이 많다. 흔히 듣는 소리로 남들이 '얼마나 하나 보자'고 한다. 그들 말대로 넘어져서 주저앉기엔 자존심이 상한다. 흔히 고객들 중에는 '몇 번 찾아오다 말겠지'라고 생각할 수도 있다. 그들 생각대로 한다면 그동안의 노력이 아깝다.

오라는 데는 없어도 갈 곳은 많은 게 영업 활동이다. 찾아서도 가는데 가던 데를 포기한단 말인가? 계속하다 보면 길이 보인다.

마지막까지 하라

기회가 없었음이 억울한 사람도 있을 것이다.

기회가 왔어도 최선을 다 하지 못한 아쉬움이 있는 사람도 있을 것이다.

자기가 다한 최선의 결과가 궁금한 사람도 있을 것이다.

최선이란 자기가 할 수 있는 마지막까지 해 보는 것이다.

자기 능력이 어느 정도인지 모르는 사람도 있다.

감히 해 볼 엄두를 못 내는 사람도 있다.

마지막까지 해 봐야 자기 능력을 알고 능력껏 최선을 다해 볼 수

있다

시작도 못 해보는 사람도 있고 하다가 마는 사람도 있다.

고지가 눈앞인데 예서 마는 사람도 있고 예서 말 수는 없다고 하는 사람도 있다

일단 해 봐야 하고 했으면 마지막까지 해 봐야 한다.

자기 한계에 부딪혀라. 군대에 다녀온 사람은 수많은 훈련과 병영생활을 통해 자신의 체력적 능력을 확인할 수 있다. 못할 것처럼 어렵게만 여겨지던 일들도 의외로 해내는 자신을 보며 새삼 놀랐을 것이다. 군대에서는 안 하면 안 되고 안 되면 될 때까지 하니 마지막까지 안 해 볼 수 없다. 이처럼 무슨 일이든 마지막까지 해 보아야 자신의 능력을 알게 된다.

전반전부터 후반전까지 계속 잘나가면 더할 나위 없겠지만 그게 어디 흔한 일인가? 오히려 전반전에 잘 못하다가 후반전에 역전하면 그 기쁨은 배가 된다. 후반전에 역전할 수 있는 이유는 마지막까지 승부욕을 버리지 않았기 때문이다.

세일즈는 초반에 승부가 나는 것이 아니다. 초반에 패배하는 것 또한 아니다. 자기 스스로와의 싸움이 세일즈인 이유도 마지막까지 해야 승부가 나기 때문이다.

한 번 더 하라

골프와 등산은 최고의 비즈니스 수단 중 하나이다. 함께 라운딩하며 함께 산에 오르며 서로를 얘기할 수 있는 자연스러운 기회가 마련되기 때문이다. 비즈니스를 위해 골프를 하였다면 18홀에서 끝내지말고 19홀, 20홀을 돌아야 하며 등산을 하였다면 하산 후 등산의 이슈를 이어가야 한다.

19홀은 식사나 술자리를 함께하여 서로의 시간을 확실하게 기억하게 하며 20홀은 같이했던 시간의 즐거움에 대한 감사의 메일이나, 전화 등이다. 등산 역시 골프로 말하면 19홀, 20홀을 돌아야 한다.

회사에서 상사의 지시로 품의서를 작성할 때도 누구나의 폼이나내용보다 한 번 더 강조하는 것이 있어야 하고 내용도 한 번 더 확인하는 과정이 필요하다. 새로운 영업 전략 기획안을 작성한다면 전략시행 후 예상되는 효과는 추상적인 말에 그에 따른 구체적인 숫자가제시되어야 하며 반대의 경우 최악의 마이너스 효과도 터치되고 숫자화되어야 한다. 고객사에 제안서를 제출할 때도 다른 경쟁사에 비해한 번 더 세부적으로 내용을 터치하여 구체화시켜 강점을 강조하여야하며 이 또한 눈에 보이는 가시적 효과를 제안하여야 한다.

보통의 세일즈맨들이 생각하고, 행하는 것보다 한 번 더 그 목표로 차별화하라. 한 번 더의 노력을 하면 결과는 배 이상의 차이를 가져온다.

🎲 한 건 더 하라

　우수한 세일즈맨의 경우 하루에 한 건이 아닌 두 건, 세 건의 계약을 체결하는 경우가 있다. 어느 세일즈맨은 고객과 계약을 체결하면 고객의 변심으로 계약이 깨질까 봐 서둘러 자리를 피한다. 계약을 체결하였다는 것은 고객의 욕구와 필요에 부합하여 고객이 선택한 결정이지 세일즈맨의 강요로 이루어진 것이 아니다.

　요즘 젊은이들도 차에 대한 수요가 높다. 그랜저를 구매한 고객에게 자식의 소형차도 구매토록 권유해 보라. 노후를 위하여 연금 보험을 체결한 고객에게 상대적으로 보험료가 저렴한 순수 보장형 상품도 함께 가입하도록 권유해 보라. 본인의 저축형 보험을 계약하는 고객에게 손자를 사랑하는 마음의 표현으로 교육보험도 함께 가입할 것을 권유해 보라. 거실 TV를 구매하는 고객에게 방의 TV까지 함께 교체하라고 권유해 보라. TV를 구매하는 고객에게 오디오도 구매해 거실을 완전히 꾸며 보라 권유해라. 수험생인 딸의 비타민 제품을 구매하는 고객에게 아들의 칼슘 제품도 같이하라고 권유해 보라. 아니면 온 가족의 건강식품을 함께 복용해 보라고 권유해 보라.

　계약을 결정한 고객은 회사를 선택한 것이고, 세일즈맨을 선택한 것이고, 상품을 인정한 것이다. 새로운 계약의 체결은 다시 전 과정을 거쳐야 하지만 이미 결정한 고객에게는 추가 계약의 결정만 하도록 하면 되는 것이다. 같이 설명을 듣던 친구나 친척에게도 직장 옆 좌석의 동료에게도 함께 계약을 권하라. 덩달아 계약할 것이며 이미 계약한 옆 자리의 고객도 계약하도록 도와줄 것이다. 남이 하면 불안감이 반감되고, 남이 하면 나도 하고 싶은 법이다.

🎲 끈기를 가져라

기둥이 약하면 집이 흔들리듯 의지가 약하면 뜻도 역시 흔들리게 된다. 대개는 시간이 흐를수록 처음의 뜻이 흔들리기 마련이다. 그리고 모로 가도 서울만 가면 된다고 이런저런 문을 두드리다 결국은 방문 자체를 그만둔다. 항상 변죽만 울리고 정작 마무리는 다른 세일즈맨의 차지가 되는 것이다.

고지가 바로 저긴데 여기서 말 수는 없다. 에베레스트 정상 직전에서 등정에 실패한 산악인이 얼마나 많은지 아는가? 조금 더 힘을 내라. 사랑도 맴돌다 지치면 결혼에 골인 못한다. 계약을 눈앞에서 놓친 경험을 떠올려 보라. 마지막까지 특히 마무리 시점에 힘의 집중이 중요하다. 누구나 과정과 시련은 같다. 가다가 중지하면 아니 가는 것만 못하다.

축구 시합에서도 골이 많이 나는 시간이 시작과 마무리 5분이라고 하지 않던가. 마무리 5분은 정신력이다. 85분 잘 뛰고 5분 때문에 질 수는 없지 않은가. 끝까지 '가다가 중단하면 아니 가는 것만 못하다'가 아니라 '가다가 중단해도 간 만큼은 얻는다'. 단, 할 수 있는 데까지 진정한 최선의 노력을 했을 때 그러하다. 진정한 노력에는 혼이 담긴다. 혼이 담긴 노력은 끈기를 갖게 해 준다 끈기 있는 노력은 절대 배신하지 않는다.

프로세일즈의 조건

6

효율적으로 행동하라

🎲 빨리 하라

영업을 하는 사람은 나 하나가 아니다. 고객과 연고를 가진 세일즈맨은 나 하나가 아니다. 대표적인 영업 업종인 보험 세일즈맨은 무려 30만 명이다. 시간이 흐르면 고객의 마음도 바뀐다. 시간이 흐르면 고객의 상황도 바뀐다. 당신이 고객이었을 때를 생각해 보면 불현듯 구매 의욕이 강하게 일어났을 때가 있을 것이다. 고객 입장에선 그럴 때 개똥도 약에 쓰려면 없듯이 연결이 안 된다.

경기장에 들어섰으면 경기에 몰두해야 생각대로 게임이 풀린다. 축구 경기에서 후보 선수는 골을 넣을 기회가 거의 없다. 능력과 실력이 있어도 출전 기회가 없으면 발휘할 수 없다. 당신은 지금 출전의 기회를 잡고 경기 중이다.

농구 경기를 보러 가서 축구 중계방송을 들으면 농구 경기가 별로 재미없다. 가망 고객에게는 특히 관심을 놓지 마라. 고객은 당신을 기다려 주지 않는다. 그리고 호시탐탐 기회를 기다리는 세일즈맨이 대기하고 있다. 고객 중에 '조금만 일찍 이야기를 하지', '바로 어제, 바로 한 달 전에 다른 세일즈맨과 계약을 체결하였는데' 하는 경우가 있다. 계약을 거절하려는 핑계가 아니라 사실이 그러한 경우도 많다. 고객이 야속한 것이 아니라 주저하고 머뭇거리는 시간에 우수한 세일즈맨은 바로바로 실행을 하고 있는 것이다.

흐름이 깨지면 또다시 시작해야 한다. 생각났을 때 행하라. 나중에는 그 생각이 나지도 않고 생각이 나도 두 번째 생각이라 실천의 강도가 떨어진다. 불현듯 생각나는 가망 고객이 있으면 가능한 한 빨리 만나라. 하늘이 계시한 이심전심의 미소의 결과는 속도가 관건이다.

🎲 할 때 하고 말 때 말라

할 때는 똑같지가 않은 것이다.

우등생은 할 때는 확실히 하고 놀 때도 확실히 논다. 이것도 저것도 아닌 뜨뜻미지근한 것이 아닌 냉탕과 온탕을 확실히 구분하는 것이다. 공부할 때 잡생각이 겹치면 몸과 머리는 더 피곤하다. 집중해서 공부할 때보다 하는 둥 마는 둥 할 때 더 졸리는 이유이다. 그리고 정말 시간에 쫓겨 공부할 때도 하는 둥 마는 둥 하던 몸이 집중하려니 갑작스러운 신체 리듬의 변화로 더 졸린 것이다.

세일즈맨도 매일의 일과가 영업이다. 매일 하는 듯 마는 듯 하지 말고 한 사람의 고객을 만나더라도 확실하게 집중력을 갖고 만나라. 고객을 영업하는 듯 마는 듯 만나면 고객도 계약을 하려는 생각보다 만나만 주면 되는 세일즈맨으로 생각하고 관심을 집중시키거나 부담을 느끼지 않게 된다. 고객에게 필요할 때 적당한 부담감을 갖게 하는 것도 세일즈 기술이다. 하는 듯 마는 듯하던 세일즈맨은 마감 때라고 해도 별 수 없다. 마감 때 세일즈맨이 부담을 갖는 만큼 부담을 가지는 고객이 없기 때문이다. 할 때 하고 말 때 마는 것의 차이이다.

방문의 구실을 찾아라

세일즈맨에게 오라는 곳은 없어도 갈 데는 많다. 따라서 갈 수 있는 구실을 만들어 상담을 이루어내야 한다. 많이 볼수록, 많이 상담할수록 계약의 확률이 높기 때문이다. 첫 방문은 개척 판매로 예고 없이 방문할 수 있으나 두 번째, 세 번째 방문은 고객과 항상 사전 예약 없이 불쑥 찾아 갈 수는 없다.

상담 후 다음 방문의 여지와 구실을 만들고 헤어져라. '다음에 다시 찾아뵙겠습니다', '다음 주쯤 오늘 궁금하셨던 사항과 관련한 자료를 보완하여 찾아뵙겠습니다'와 같은 말로 방문을 마무리하는 것도 방법이다. 그리고 고객의 기쁜 소식을 접하면 축하의 구실로 찾아가라. '아드님이 좋은 회사 취업에 성공하셨다면서요'나 '따님이 결혼

하신다면서요' 하며 방문하라.

같은 공단 내 인근의 회사를 방문할 때 다른 고객을 방문하러 온 김에 바로 옆에 고객님 얼굴을 한 번 뵙겠다고 방문했다고 해보라. 공단 내의 회사들은 대개 관련 부서 간의 친목 모임이 있다. 한 명의 협력 고객의 소개를 받아 방문의 기회를 늘려가라.

회사에 근무하는 고객으로 방문 기회가 어려운 사람이라면 1층 로비에서 전화해라. 그곳까지 온 세일즈맨을 그냥 돌려보내기 어려울 것이다. 설혹 만나지 못하더라도 고객에겐 마음의 빚이 되어 다음에 만날 수 있다.

고객에게 유용한 정보를 획득하여 만남을 청하라. 꼭 전달해 드리고 싶은 정보를 알려드리고 싶어서 방문했다고 하면 고객은 고마워할 것이다. 아울러 회사가 주관한 이벤트를 구실로 하거나 특별한 날이나 고객의 기념일에 방문하는 것도 좋은 방법이다.

대화의 구실을 찾아라

고객과의 면담 전 고객과 공유할 수 있는 주제나 고객이 관심을 갖고 있는 주제를 준비하여야 대화의 구실을 찾을 수 있다.

방문 전에 고객과의 영업 외의 주된 대화거리를 준비해야 한다. 고객과의 상담은 상품 설명이 주가 되나 상품만으로는 고객의 지루함을 일으킨다. 영업 상담으로 80%, 나머지 20%는 기타의 화제를 얘기하여야 한다. 고객이 흥미를 가질 수 있는 소재는 고객과 관계가 있는 이야기이고, 도움이 되는 이야기이다.

재미있는 세일즈맨, 유익한 세일즈맨, 편안한 세일즈맨이란 대화가 통하는 세일즈맨이다. 그리고 상품의 판매를 권유할 때는 고객이 해당 상품에 대한 어느 수준 정도의 욕구를 갖고 있느냐를 파악하면 그러한 욕구에 맞춤형 대화를 통해 고객의 관심을 지속적으로 유발하며 대화의 구실을 찾아갈 수 있다.

세일즈 활동에 도움되는 매슬로의 인간욕구 5단계에 의한 고객별 대화 주제

욕구 단계	판매 화법Point 및 대화 주제
생리욕구 충족 고객	좋은 상품, 좋은 품질, 좋은 가격, 좋은 조건, 좋은 시기
안전욕구 충족 고객	어렵게 성취한 기본적인 욕구 및 미래에 대한 안전 대책 강구
애정욕구 충족 고객	친구, 친지, 동료, 선·후배, 동호인, 모임, 공동체 같은 친교 관계
존경욕구 충족 고객	존경의 표현 및 사회적 지위, 명성의 인정
자아실현 충족 고객	현재의 일과 성취를 통한 고객의 만족한 인생

통계청이 사회·인구·소비 통계를 분석해 발표한 '2008 블루슈머 7' 같은 내용도 향후 소비 흐름에 관련한 이야기로 특히 개인 사업가나 창업을 준비하는 고객에게 유익한 정보이며 흥미로운 주제가 된다.

외동이 황금시대	어린이 전용 헬스, 미용실, 감성 놀이 학교, 외국어 방문 교육
명품 선호 2030세대	실속형 수입차, 명품
장년층	여행 · 레저, 미용성형, 실버 여행, 파티 서비스
자녀 없는 부부	부부 전용 금융 상품, 반찬 사업
요리하는 남편, 아이 보는 아빠	홈 메이드 이유 식기, 남성 전용 기저귀 가방
외로운 실버 시대	말벗, 산책 도우미, 로봇 도우미
공포에 떠는 아이들	휴대전화 안심 서비스, 어린이 안전 보험, 경호 서비스

고객의 관심을 유도하기 위하여 입학, 취업, 결혼, 건강, 노후준비, 저축, 부동산, 주식… 등 누구나 공감할 수 있는 일반적인 주제도 적절히 이야기할 수 있어야 한다. 또한 지금의 이슈에 대한 주제도 떠올려야 공감을 얻는 데 도움이 된다.

예를 들어 지금의 경제적 Hot Issue는 일본의 대지진과 중동사태이고, 그것들이 우리나라 경제에 미치는 영향일 것이며 그러한 부문을 다루기 위해서는 준비하고 학습하여야 한다. 고객과의 대화 중 현재의 이슈와 관련한 이야기는 자연스레 주제가 될 것이다. 법인 고객이라면 금리와 자금과 환율 등이, 개인 고객이라면 부동산, 주식과 관련된 내용이다. 세일즈맨을 통해 모르던 지식과 정보를 갖게 된다면 고객은 세일즈맨을 다시보고, 신뢰하며 더 나아가 세일즈맨의 구매 권유에도 신뢰를 보낼 것이다.

반면에 지식과 정보의 제공은커녕 고객의 이야기도 이해를 못하여 대응도 하지 못한다면 고객은 세일즈맨을 오로지 판매만을 위한 지식밖에 갖지 못하고 판매만을 위해 자신을 만난다고 생각하게 되는 것이다. 따라서 세일즈맨은 예상되는 주제에 대하여도 어느 정도의 지식을 갖고 사회 전반적인 이슈에 대하여도 항상 관심을 두고 지식과 정보를 구비해야 한다.

그러한 지식을 위하여 항상 신문과 주간지를 구독하고 해당 고객과 관련된 지식을 학습한 뒤 고객과 면담을 하여야 한다.

유능한 세일즈맨의 경우 보험 세일즈를 하던 사람이 자동차 세일즈를 해도, 건강식품 세일즈를 하여도 좋은 성과를 거두는 것은 세일즈란 고객에 대한 매너, 화법, 기술, 지식과 정보가 우선이며 그러한 것을 바탕으로 해당 상품이 판매된다는 것이다.

세일즈의 경력이 부족한 신인 세일즈맨이 우수한 성과를 보일 수 있는 이유도 마찬가지이다. 필자의 경험에도 전혀 해당 업종의 경력이 없었던 사원이 최고의 성과를 이룬 것을 경험하였는데, 원인을 보면, 그 세일즈맨이 기본적으로 고객과의 대화 상대가 될 수 있었고 고객에게 도움을 줄 수 있는 지식과 정보를 제공할 수 있었기 때문이다.

외국계 생보사가 처음 우리나라에 진출하였을 때 기존 보험사 경력자들은 채용하지 않았던 사례는 의미하는 바가 크다.

세일즈는 고객과 커뮤니케이션이 이루어질 수 있고 통할 수 있을 때 성공의 확률이 높다.

고객 입장에서는 판매하고자 하는 상품만을 이야기하는 세일즈맨과의 면담이 즐거울 수 없다.

7

차별화된 세일즈를 하라

 '답게' 하고 '같이' 하지 마라

대통령은 대통령답게 생각하고 행동해야 한다. 대통령이 되고 싶으면 대통령답게 생각하고 행동해야 한다. 거지는 거지같이 생각하니 거지같이 행동한다. 우수한 세일즈맨이라면 우수한 세일즈맨답게 하고 우수한 세일즈맨이 되고 싶으면 우수한 세일즈맨답게 하라. 부족한 세일즈맨같이 생각하니 부족한 세일즈맨같이 행동한다.

우수한 세일즈맨은 도, 도, 도이나 부족한 세일즈맨은 나, 나, 나이다. 공부 외에는 똑같이 잘하는 두 학생에게 공부 잘하는 학생은 키도 크고, 농구도 잘하고, 컴퓨터도 잘하고, 싸움도 잘한다고 하나, 공부 못하는 학생은 키나 크고, 농구나 하고, 컴퓨터나 하고, 싸움이나 한다고 한다. 공부, 잘하고 볼 일이다.

우수한 세일즈맨은 웃기도 잘하고, 이야기도 잘하고, 상품 설명도 잘하고, 제안도 잘하고, 듣기도 잘한다고 하나 부족한 세일즈맨은 웃기나 하고, 이야기나 하고, 상품이나 설명하고, 제안이나 하고, 듣기나 한다고 한다. 세일즈, 잘하고 볼 일이다.

현역 군복을 입으면 절도 있고 규율을 준수하며 당당한 모습과 행동이 예비 군복을 입으면 늘어지고 규율을 위반하며 맥 빠진 모습과 행동으로 된다. 현역답게, 예비군 같이 생각하고 행동하기 때문이다. 학교에서 때로 교실을 어지럽히는 학생에게 미화부장을, 떠드는 학생에게 학습부장을 맡기기도 한다. 그러면 그 학생들은 미화부장답게, 학습부장답게 행동을 하게 된다. 혹시 현재 성과가 부진하여도 우수한 세일즈맨답게 활동하고 부진한 세일즈맨같이 하지 마라.

영화나 연극에서도 배역에 푹 빠져들어 있을 때 배우의 감정이 발휘되고 고객이 감동한다. 배우들은 공연을 마친 후 자신을 마치 극중의 인물로 착각할 정도로 제2의 배역상 인물이 된다. 우수한 세일즈맨의 역할에 푹 빠져 그답게 활동하다 보면 우수 사원이 된다.

🎲 지식과 정보를 전달하라

세일즈는 판매하는 것이 아니라 고객들과 정보를 나누는 직업이다. 고객에 맞추어 세일즈맨이 스스로 학습하고 얻고 분석하여 가공한 자료를 전달하고 고객 또한 전달 받은 지식과 정보를 분석하여 자신에게 가장 적합한 상품을 선택하는 것이 세일즈의 과정이다.

• 세일즈 활동의 유용한 정보와 지식에는 어떤 것이 있을까?

고객과 동종 업계 관련 기사, 관련 업무, 관심 사항의 기사를 스크랩하여 정기적으로 전달

판촉 서비스 상품으로 관련 도서를 제공

세일즈맨이 취득한 유용한 정보의 전달

고객이 궁금해 하는 사안에 대해 정보 발굴 후 전달

고객이 고민하는 사안에 대한 정보 전달

동종 업계의 성공 사례 전달

활동을 통해 느끼는 체감 시장 상황에 대한 정보 전달

고객이 구매를 생각하는 타 상품의 정보 전달

생활 정보(금융, 부동산, 세제, 행사, 교육)

취미 정보(여행, 공연, 등산, 낚시, 스포츠)

우리가 일상생활에서 다시 만나고 싶고, 모임을 형성하고 싶은 사람은 얻을 것이 있는 사람이다. 또한 현대 사회는 정보력의 차이에 의해 목적한 바의 달성 여부가 판가름 나기도 한다. 그만큼 정보에 목말라 하는 것이다. 요즈음 어느 고객이 판촉용품에 감동하는가. 가장 확실한 판촉물이 정보인 것이다. 고객이 만나고 싶은 세일즈맨은 만날 때마다 얻을 것이 있는 세일즈맨이다. 만날 때마다 녹음해 놓은 것처럼 새로움과 얻을 것이 없다면 지루하고, 싫증나고, 시간 내기 싫을 것이다.

세일즈 활동의 50%가 정보의 수집, 가공, 전달이다. 그래서 유능한 세일즈맨은 항상 바쁘다. 세일즈북을 소지하지 않고 고객을 방문하는 것은 고객에 대한 실례요, 무례이다. 방문 때마다 새로운 정보거리를 갖고 만나려 노력하라. 고객은 알고 있고 고객에게는 보인다. 세일즈맨이 고객을 위해 진정한 노력을 한다는 것이 말이다.

아파트 청약을 생각하는 고객에게는 분양 정보를, 조기 유학을 고려하는 고객에게는 유학 정보를, 대학 입시를 앞둔 고객에게는 학습 정보를, 주식 때문에 고민하는 고객에게는 주식 정보를, 부모 질병을 고민하는 고객에게는 의학 정보를 제공하라. 고객마다 맞춤 정보의 성의를 보여라. 언제까지 회사에서 제공되는 판매 관련 일괄 정보에만 의존할 것인가. 그리고 그것은 이미 정보가 아니다. 다른 세일즈맨에게 이미 전달받았을 수 있다.

기성복이 아니라 맞춤복이다

영업은 고객에게 잘 어울리고 잘 맞는 옷을 디자인하고 재봉하듯 하여야 한다.

잘 맞는 옷은 입을 때마다 기분이 좋고 잘 어울리는 옷은 남에게 나를 돋보이게 함으로 해서 자신감을 갖게 해준다. 그러한 옷을 입은 고객은 옷을 입을 때마다 고마워할 것이며 다음의 옷도 구매함은 물론 지인들을 소개할 것이다.

못을 박을 때는 못에 맞는 크기의 망치를 써야 한다. 하늘은 파란색, 나무 잎은 초록색으로 그려야 어울린다. 할아버지에게 빈티지 청바지를 할머니에게 미니스커트를 판매하진 말아야 한다. 크기가 맞지 않는 옷을 디자인과 색상과 가격이 너무 맘에 들어 고객이 망설인다고 가정해 보자. 물론 세일즈맨 권유에 의해 구매를 할 수 있다. 그러나 한두 번 입은 후에 옷장 속으로 들어갈 것이고 1, 2년 보관하다 버려질 것이다. 파격적인 가격에 세일하는 제철 아닌 의상을 2~3벌 미리 사 놓았는데 정착 제철에는 의상이 마음에 들지 않고 유행도 바뀌어 버린다. 수입이 늘어날 것으로 기대하고 다른 소비를 줄일 생각으로 무리하게 고급 대형차를 구매하니 치솟는 유가에 기름 값과 유지비가 감당이 안 된다.

이처럼 영업은 만들어진 상품에 고객을 맞추는 것이 아니라 고객에게 맞추어 디자인해야 한다. 맞춤복을 맞출 때 체구에 맞게 가봉하듯이 상품도 고객의 여건과 상황에 맞게 가봉을 해야 한다. 가봉을 하는 이유가 완성품이 불완전하게 제작되는 것을 막고 최적의 맵시를 위한 것이듯 불완전 판매에 의한 고객의 불만족을 사전에 방지하고 최적의 상품을 제안하기 위함이다. 디자이너를 평가할 때 콘셉트, 창의성, 적합성, 실용성 등을 평가하듯 세일즈맨도 고객에 대한 주제 설정과 적합성과 실용성이 중요하다. 세일즈맨들의 차이는 상품에 고객을 맞추는 것과 고객에 상품을 맞추는 것으로 완전 판매와 불완전 판매를 가르는 요인이다.

다르게 활동하라

• style을 가져라

월초가 되면 보험, 자동차 등의 세일즈맨에게서 통상적 내용의 휴대폰 안부 메시지가 온다. 만기가 도래하면 만기 1개월 전 집중적인 재계약 안내가 이루어진다. 알지도 못하는 세일즈맨에게 무작위 스팸 메일이 온다.

남과 똑같으면 부각되지 못하고 그러려니 한다. 맛있는 냉면 집의 노하우는 육수의 독특한 맛에 있다. 고객의 특성에 맞는 세심한 안부와 만기 3~6개월 전 관리, 필요 정보 제공 메일 등 똑같은 세일즈 활동 방법에서도 정성과 배려의 차이를 느낄 수 있다.

• 장점을 살려라

상품의 장점을 내세워라. 비교하여 부각시켜라. 매스컴의 관련 내용을 활용하라. 세일 상품이 중·소 전문 기업의 것이라면 세일즈맨은 자기의 장점을 부각시키고 호응을 얻어야 한다.

우리나라에서 급식 규모가 가장 크고 상징성이 높은 국가 기관 공개입찰 경쟁에서 사안의 중요성과 수주 시 상징성의 효과를 위해 대기업 본부장들이 직접 프레젠테이션을 하였었다.

상대적으로 규모가 작은 기업이었던 필자는 프레젠테이션 당시 누가 고객을 중요시하겠는가? 누가 회사 역량의 Best를 발휘하겠는가? 대기업과 전문기업의 장단점이 무엇일까? 이와 같은 역설적 질문으로 평가자들의 좋은 평점을 얻어 수주할 수 있었다.

대그룹의 계열사는 급식 사업이 안 되면 전자 사업을 통해 전체 이익을 관리할 수 있고, 큰 회사보다는 역량 있는 전문 회사가 경쟁력이 있고, 전문 회사에는 생존의 문제이나 큰 회사는 'one of them'이며, 전문화로 인해 무엇보다도 고객을 알려 하고, 알고, 맞춤 운영을 할 수 있다는 점 등을 강조하였었다.

• 여건을 활용하라

과거 활동 분야와의 연계를 우선시하며 가장 자신 있는 분야의 서비스를 알차게 제공하라. 세일즈 분야도 이제는 전문 세일즈화되어 가고 있다. 외교관 출신, 의사 출신, 연예인 출신의 세일즈 맨 등이 자신이 갖고 있는 전문 지식과 정보를 활용하여 도움을 줄 수 있는 고객군에 활동을 강화해야 한다. 외교관의 라이프사이클은 외교관이 잘 알고, 의사의 고민은 의사가, 연예인이 필요한 것은 연예인이 잘 안다. 고객과 대화가 이루어지고 기쁨과 고민을 나눌 수 있다. 고객이 세일즈맨을 인정하며 신뢰를 갖게 된다. 같은 종교, 같은 취미, 같은 전공 고객과 동질감을 가질 수 있으면 서로 통한다. 멀리서 고객을 찾지 마라. 가능 고객은 가까이에 있다.

- 방법을 찾아라

〈In-house 영업〉

한 기업의 전담자로 선정되어 기업 내에서의 교육과 상담 창구를 열어라. 특히 제조업 공장의 경우 지역적으로 외곽 공단에 위치한 경우가 많고 세일즈맨들의 출입이 제한적인 경우가 많아 해당 기업을 설득하여 직원 휴게실이나 직원 식당에 장소를 제공받아 일정 시간 고정 근무를 하면서 직원들의 업무 대행 및 상담을 통하여 영업 활동을 보장받을 수 있으며 더 나아가 직원 교육 시간에 강사의 자격으로 상품 설명을 할 수 있다.

중견 기업 소재 빌딩에 은행 지점이나 출장소가 위치하듯 건강기능식품 영업이라면 전속 영양 상담사로, 보험 영업이라면 전속 보험 설계사로 활동을 하는 것이다.

〈연계 영업〉

계열사, 관계사, 협력사, 제휴사 연계 채널을 활용하라. 한 회사의 업무 담당자는 관계되는 업무로 계열사, 관계사 등에 업무 파트너를 갖고 있다. 그룹 내의 계열사끼리는 공동체 의식을 가지고 있으며 지역별로 관계사끼리 공통의 홍보 및 업무 협조를 위해 정기적인 업무 및 단합 회의를 운영하기도 한다. 납품이 이루어지는 협력사와는 상시 업무가 체인처럼 맞물려가고 서로의 이익을 위한 제휴 관계의 회사 수는 계속 늘어간다. 이러한 관계의 채널 등을 고객 확장의 통로로 효율적으로 활용할 수 있다. 자신의 협력자인 기업 고객에게 개인적인 고객 소개와 더불어 기업 라인에 의한 고객을 소개받고 고객의 라인을 이어가라.

〈제휴영업〉

보험, 건강식품, 화장품, 자동차의 고객 정보를 공유하고 고객을 소개받아라. 자동차 영업소와의 협력을 통해 신규 자동차와 함께 자동차 보험을 가입하면 고객에게 부가된 서비스를 행하고 보험 영업사원과 제휴하여 건강기능식품의 구매를 생각하는 고객 정보를 획득하고 건강기능식품 고객의 명단을 교환하여 보험 가입을 권유하는 등의 영업 업종 간 관련성이 있는 영업 정보를 공유하고 영업 활동을 지원하는 것이다.

화장품 고객이 보험도, 건강기능식품도, 자동차도 구매하는 고객이다.

〈채널 영업〉

인터넷, DM, TM 등의 다양한 채널을 복합화하여 활동 효율을 제고할 방법을 강구하라. 고객을 관리하다 보면 시간과 기회를 놓치는 경우가 많다. 새로운 고객을 발굴하고 기존의 고객을 관리하면서 세일즈맨 자신의 계획대로 활동이 이루어지기도 힘들며 방문하고자 하는 고객의 사정 또한 변화가 생기기 때문에 한 번, 두 번 고객과의 면담 계획이 무산되고 한 달, 두 달 시간이 흐르다 보면 서로에게 잊힌 세일즈맨과 잊힌 고객이 될 수 있다. 고객과의 관계는 항상 흐르는 물과 같아야 한다. 관리해야 할 고객이 300명이라면 주 5일 근무와 공휴일을 제외하고 1개월에 20일을 활동할 수 있으며 1일에 15명을 만나야 1개월에 1번 고객을 만날 수 있는 것이다. 영업 활동을 하다 보면 1, 2명과의 면담과 사무 관리로 하루를 보내는 경우도 발생하니 실제로 어느 정도 기존 고객을 확보한 중견 세일즈맨은 자신도 모르게 고객을 방치하게 된다. 고객이 세일즈맨을 의식하고 기억하게 해야 한다. 그러기 위해 세일즈맨은 고객과의 채널을 유지하고 가동시켜야 하는 것이다. 인터넷, 우편물, 전화, 방문을 통해 1개월에 1번은 반드시 고객과 소통하라.

주특기를 개발하라

군대에도 병참, 수송, 통신, 병기, 공병과 같이 특기가 있다. 애널리스트들도 업종별로 전자, 건설, 화학, 조선, 철강 등 주특기가 있다. 대학에도 경영, 법학, 전자공학, 기계공학, 화학공학, 의류, 식품영양 등 전공이 있다. 세일즈맨도 고객 전공을 택하여야 한다. 넓게는 전문직, 직장인, 자영업자, 주부, 미혼 독신, 좁게는 의사, 변호사, 약사, 교사, 대기업, 중소기업, 음식업, 의류업, 수선업과 같이 말이다.

자신이 경험하였거나 가장 자신 있는 고객군 혹은 갖고 있는 지식과 관련한 고객층을 주 공략 시장으로 선정하라. 은행 출신의 보험 설계사가 재직 시절 고객이었던 남대문 시장 상인들을 통해 우수 설계사로 변신을 했다. 교사 출신도, 연예인 출신도, 외교관 출신 등도 주특기의 시장에서 세일즈를 하고 있다. 거기 출신이 아니어도 세일즈를 하다 보면 어느 특정 그룹에 자기도 모르게 세일즈 전문가가 되어 유난히 영업이 잘 풀려 상대적으로 쉽게 계약을 체결하기도 한다. 그리고 그 세일즈맨은 관련 지식을 쌓아가며 해당 업종, 직종의 준전문가가 된다.

세일즈 활동이 특정 분야에서만 이루어지는 것은 아니지만 우수한 세일즈맨들은 그들만의 시장을 갖고 있다. 유난히 법인 시장에 강점을 갖고 있는 세일즈맨은 법인 영업의 맥을 알고 있다. 예를 들면 계약의 의사결정은 인사총무, 경리부서이고, 기업주가 직원 복리 후생에 관심이 많은 회사이다.

본질적 핵심역량이나 고유 경쟁력의 원천 없이 남이 하니까 나도 식의 무분별한 수용이나 따라 하기는 경우에 따라 무의미하거나 의도하지 않는 부정적인 효과를 초래할 수도 있다.

주특기가 없으면 만들어라. 군대에서는 사회 경력이 없어도 기본 훈련을 마치고 후반기 교육을 받아 병과를 받는다. 후반기 군의 교육을 마치고 의무병으로 근무하고, 후반기 병참 교육을 마치고 군수병으로 근무한다. 직장에서는 인사, 총무, 자금, 영업 직무로 발령받으면 자신의 주특기가 된다. 관심 있고, 자신 있는 시장을 타깃화하고 주특기로 개발하라.

8

말로 50점은 먹고 들어가라

 '쇼' 하며 말하라

가방 없이 고객을 찾아서는 계약을 이루지 못한다.

세일즈북 없이 고객을 찾는 것은 매너 부족이다.

세일즈북에 내용 없이 고객을 찾는 것은 실례이다.

선거 운동하려 고객을 찾는 게 아니다.

당선 사례하려 고객을 찾는 게 아니다.

친목 모임하려 고객을 찾는 게 아니다.

회사 임원들의 차량을 교체하려는 고객에게 다른 회사들의 임원
에 대한 차량 지원 제도가 소개된 기사를 스크랩한 걸 보여 주어라.
직원 퇴직 연금을 어느 금융기관에 예치할까 고민하는 고객에게 금

융기관별 장단점, 금융기관별 현재 수탁고, 당사가 갖고 있는 경쟁력, 고객사가 갖게 될 메리트, 퇴직 연금 및 당사 관련 매스컴 보도 자료 등을 보여주어라. 건강식품을 구매하려는 고객은 회사 자료보다 신문 자료를 더 신뢰한다. 신문 자료보다 정부 자료를 더 신뢰한다. 정부 자료보다 학술 자료를 더 신뢰한다. 따라서 보여줄 것을 Up-grade하라. 방문할 때마다 새롭고 보강된 자료를 제시해야 고객은 관심을 더 가지게 되고 흥미를 느끼게 된다.

보여 주어서 얻을 수 있는 효과로는 그 자료를 준비하면서 얻는 지식과 정보를 꼽을 수 있다. 그러면 자연히 설명이 쉽게 이루어지고 이야깃거리가 생기게 된다. 고객은 그렇게 준비된 지식과 정보 전달에 만족해한다. 그리고 신뢰는 더욱 깊어만 간다. 또 다른 세일즈의 시작인 것이다. 이것이 말로만 하는 세일즈와 보여 주는 세일즈의 차이이다. 즉, Radio와 TV에 비유되는 차이이다.

실컷 얘기하게 하라

영업 활동 중 대화 시 고객이 80% 이야기하게 하고 영업사원은 20%만 말하라. 고객은 신나게 이야기하며 이야기 중 자신의 속내를 전부 말하게 된다. 그리고 자신이 원하는 상품을 스스로 말하게 된다. 세일즈맨은 맞장구치고 경청하여 고객을 더욱 이야기하게 하여야 한다. 원활한 대인관계를 위한 화법에도 1분 말하고 2분 듣고 3분마다 맞장구치는 123화법이 있는데 영업에서 고객은 왕이므로 왕의 말이 절대적으로 많아야 한다.

들는 만큼 말하고 보는 만큼 말하고 싶은 것이 인간의 기본 욕망인데 현대인들은 생각보다 말할 기회가 그리 많지 않다. 직장에서도 묵묵히 자기 맡은 업무만 처리하고 말을 하여도 업무 관련 회의가 주를 이루고 더구나 직급이 낮은 경우는 말할 기회가 더 없다. 말을 많이 해야 신나고, 신나니 떠들고, 떠드니 시끄럽고, 시끄러우니 목소리가 커지고, 목소리가 커지니 흥분하고, 흥분하니 실수하고, 실수하니 변명하고, 변명하니 별말 다 한다. 어쩌면 직장인의 회식도 말하고 떠들어 스트레스를 풀기 위한 자리인지 모른다. 그리고 술을 먹으면 말이 더 잘 나오니 회식에 술이 끼는가 보다.

직장인들은 같은 업무 공간의 다수의 동료와 회식을 통하여 실컷 이야기할 수 있는데 자영업자는, 전업 주부는, 전문직 종사자는 어떠한가? 자 이제 고객들에게 실컷 이야기할 수 있는 기회를 제공하고 실컷 들어 주어라. 실컷 이야기하다 보면 이런저런 얘기 다 하고 정보도 막 준다. 그리고 그들은 스트레스가 풀린다. 그러고 나면 고객들은 후련함과 함께 왠지 들어 준 사람에게 미안함을 느낀다. 그 후에 들어준 사람에게 되물을 것이다. 들어 줄 사람에게 말을 하게끔 하려고 말이다.

설득력 있게 말하라

잘할 것 같지 않은 세일즈맨이 우수한 성과를 내고, 자신보다 나은 것이 별로 없는 것 같은 세일즈맨이 우수한 성과를 내고, 말을 많이 하지 않아 세일즈 화술이나 화법도 뛰어나지 않은 세일즈맨이 성과를 낸다. 설득력의 차이이다. 길게, 조목조목, 하나하나, 세세히 설명하는 것이 설득의 경쟁력이 아니다. 설득력을 가지려면 고객이 그의 말에 관심을 갖고 경청해야 한다. 어떻게 이야기하면 고객이 귀를 기울일까가 결국 설득력의 열쇠이다.

짧게 이야기하고 길게 말하지 마라. 길게 말하는 것은 간접적으로 자신 없다는 것을 이야기하고, 확신이 부족하다는 것을 이야기하는 것이다. 길게 말하는 것은 고객의 무지를 의심하는 것으로 상대방은 이미 알고 있거나 지루하여 잘 안 듣는다. '가늘고 길게'가 아니라 '짧고 굵게' 핵심을 이야기하라.

그리고 전문용어를 많이 사용하지 마라. 고객은 당신만큼 전문용어를 알 필요도 없으며, 알려고 하지도 않는다. 고객은 당신에게 업에 대하여 전문용어를 사용하지 않고, 이해를 구하지도 않는다. 아울러 긍정적인 방향으로 말하라. 이야기의 시작도, 과정도, 마무리도 긍정의 한 방향성을 갖고 이야기해야 한다. 계약이 성사된 것 같은 흐름으로 설명하고, 고객이 당연히 승낙할 것으로 여기며 설명하는 것이다.

구체적으로 제시하라. 필요한 내용은 확인을 하고 궁금해할 내용은 의문을 해소할 수 있을 때 까지 명확히 한다. 이때 통계를 이용하거나 객관성을 확보하여 고객의 공감을 일으키는 것도 좋다. 사실들을 제시하라. 예를 들은 실제 사례는 고객의 신뢰를 얻는다. 강조하는 말로 마무리하라. 과정을 요약하고, 결론을 얘기하여 핵심을 전달하는 것이다.

무능한 세일즈맨은 많이 얘기함에도 불구하고 핵심도 결론도 없다. 그리고 나서 상담 후 자신도 기억이 정리 안 되고 할 말을 못한 것 같은 아쉬움을 갖는다. 고객이 열심히 들어주지 않아 세일즈맨도 핵심을 놓친 것이다.

🎲 칭찬하라

돈들이지 않고 할 수 있는 최고의 접대가 칭찬이며 아무리 많이 받아도 싫지 않고 아무리 많이 하여도 지나치지 않은 것이 칭찬이라 한다. 칭찬은 잠자는 고래도 춤추게 하며 칭찬은 고객을 웃게 하고 이야기를 하게 한다. 고객의 칭찬 거리를 찾아내고 만들어야 한다.

- 간접 칭찬
  - 고객 주변 환경의 좋은 점을 칭찬하라: 항상 사무실이 깨끗하고 밝아요, 전망이 좋은데요, 인테리어가 참 좋은데요.
  - 고객이 관리하거나 관여하는 대상에 대해 칭찬하라: 그런 일을

하시는 것이 부럽네요, 중요한 일을 하시네요.

- 고객의 관심 사항에 대해 칭찬하라: 미술 관련 책이 많은데 성
공하는 분들은 예술에도 일가견이 있으세요.

• 직접 칭찬

- 외모, 표정, 이미지, 복장, 액세서리 등 신체의 외면적 특징을 칭
찬하라: 목소리도 좋으시더니 인상이 정말 좋으세요, 옷 색깔
이 계절에 잘 맞으세요.

- 경험이나 실적, 성과 등 결과의 우수성에 대해 칭찬하라: 신문
에서 수상하신 것을 보았습니다. 이번에 우수 사원으로 선발되
셨더군요.

- 특별한 재주, 솜씨, 재능, 능력 등을 칭찬하라: 말씀도 참 재미
있게 하시네요, 피아노를 잘 치신다니 노래도 잘하시겠어요.

- 성격이나 성품, 인격, 가치관 등을 칭찬하라: 국가 기관에서 감사
패도 받으셨군요, 평소에 봉사 활동을 정기적으로 하신다고요.

9

감성으로 접근하라

🎲 호감을 얻어라

세일즈맨은 똑같은 상품을 판매하는 입장에서 우선 고객에게 호 감을 얻어야 한다. 자고로 세일즈맨의 역할에 충실한 사람이 호감을 얻 는다. 지식을 전달해 주는 세일즈맨, 매너와 태도가 좋은 세일즈맨, 세 일즈 기술이 좋은 세일즈맨, 습관과 행동이 좋은 세일즈맨이 그들이다.

고객은 자신의 시간을 투자해 상담에 응한 것이다. 고객은 즐겁 고 편안한 상담을 원한다. 고객은 상담을 통해 얻고 배우길 바란다. 고객은 자신을 위한 선택과 결정을 하여야 하기 때문에 알고 선택하 고자 한다.

그러니 항상 웃는 얼굴로 고객을 대하라. 고객을 인정하고 관심 을 갖고 배려하며 칭찬하라. 재미있는 이야기를 하라. 유행하는 용어 를 사용하라. 극단적인 용어를 피하라. 지나치게 말하지 마라. 지식을 전달하라. 정보를 제공하라. 인용문을 이야기하라. 일화를 이야기하라. 사례를 이야기하라.

'결코', '절대' 등의 단어를 사용하면 그다음에 쓸 단어가 없다. 'No'라는 말 대신 '최선을 다해 보겠다'로 부정하면 다음에 이어질 여지를 남기게 된다. 하는 말마다 '솔직히', '진정으로'라는 단어로 이야기한다면 고객은 얼마나 타인이 믿어주지 않으면 그럴까라고 생각할 수도 있다.

고객을 내편으로 만드는 법은 고객에게 즐거움과 만족감과 편안함을 주어야 한다. 세일즈맨을 만나는 고객은 우선적으로 경계심을 갖게 된다. 세일즈맨이 어떤 이야기와 어떤 상황을 만들어 고객에게 판매를 강요할까를 경계한다. 그런 고객에게 안도감과 편안함을 주기 위해 먼저 소소한 이야기로 공감대를 갖고 상대방에게 부담을 줄 주제는 피하고 적절한 질문과 경청, 맞장구를 통해 고객이 말을 많이 할 수 있도록 하여야 한다.

고객이 유쾌한 만남, 즐거운 만남, 기분 좋은 만남으로 느끼면 호감을 형성하고 불쾌한 만남, 우울한 만남, 기분 나쁜 만남으로 느끼면 반감을 형성한다. 호감 가는 세일즈맨의 조건 중 제일은 세일즈 능력이다.

프로세일즈의 조건

🎲 많이 얻으면 더 베풀어라

세일즈맨으로 자리를 잡고 성공하였다면 고객에게 보답하라. 우수한 성과로 수상의 기회가 생겼다면 고객에게 알리고 감사하라. 예기치 못한 큰 계약을 성사시켰다면 고객에게 알리고 기쁨을 나누어라. 큰 계약을 체결하여 준 고객에게는 계약에 걸맞은 감사를 표현하라. 고통은 함께하면 반이 되고 기쁨은 함께 나누면 배가 된다. 모든 고객과 함께하고 함께 나누면 그들은 곧 동반자요, 협력자가 된다.

모든 금융기관에서도 수탁금액별로 우수 고객을 차별화하여 관리한다. 해당되는 고객은 선택되고, 인정받는 만족감에 더욱 거래액을 증가시킨다.

우수 고객 초청 골프 대회, 우수 고객 초청 테니스 대회

우수 고객 대상 월간 잡지, 도서, 공연 초대권, 제휴사 할인권 등의 발송

명절 때 예탁 금액별로 선물의 종류가 다르며, 담당자, 부서장, 임원, 사장 명의로 발송자 명의가 다르다. 고객에 대한 예우가 차별화되는 것이다. 고객의 입장에서도 1,000만 원을 예금했을 때나, 1억 원이나, 10억 원이나 똑같은 관리를 받는다면 섭섭할 것이다. 앞다투어 PB Center, VVIP Room을 확대하는 이유는 차별화를 통한 고객만

족을 위함이다.

입사 1년을 기념하여 기존 고객에게 감사의 떡을 돌려라. 매년 입사 기념일에 고객에게 감사의 카드와 작은 선물을 보내 보라. 판매상을 수상하면 수상 소식을 알리고 기념선물을 전달해 보라. 큰 계약을 체결한 고객에게 원하던 물건을 알아내어 선물해 보라. 매월 정기 월간지를 발송해 보라.

방문할 구실을 찾지 못해 어려움을 겪을 것이 아니라 방문 구실을 개발해 가는 것이다. 세일즈맨은 일정한 안정 소득을 구축하면 소득의 반은 활동비와 고객에 대한 투자비로 지출하는 소득 2분법과 소득의 1/3을 활동비와 고객 투자비로 지출하는 소득 3분법 등도 생각해야 한다.

🎲 고객의 스트레스를 풀어 주어라

개인 전문직 사업들인 의사, 변호사, 회계사 등은 일반적인 회사 생활을 하는 고객에 비해 상대적으로 사교의 시간이 적어서 외롭다. 이들을 그룹화하여 동호회 활동이나 서로 즐길 수 있는 이벤트를 마련해 준다면 얼마나 즐거움을 주고 도움을 주고 호감을 주는 영업 활동인가. 세일즈맨이 영업에 스트레스를 느끼듯 고객 또한 직업과 일, 그리고 생활에서 스트레스를 받는다. 세일즈맨의 사명은 고객의 가려운 곳을 긁어 주고, 모자라는 것을 채워주며 바라는 것을 얻게 해 주고, 모르는 것을 알게 해주며, 얘기하는 것을 실컷 들어주는 것이다.

반면에 놀랍게도 스트레스를 쌓이게 하는 세일즈맨도 있다. 고객의 일정을 감안하지 않고, 듣기보다 말하기로 오히려 자신의 스트레스를 풀고, 오로지 영업을 위한 말만 하고, 가벼운 입으로 소문을 생산하고, 남의 허물을 이야기하며, 이해하기 어렵게 설명하고, 알리고 싶지 않은 것을 질문하며, 만나도 도움이 안 되는 것이다. 차이는 스트레스를 주고와 스트레스를 풀어 주고에 있다.

🎲 도움을 주어라

업무와 관련된 도움으로는 가망 고객이 모르고 있던 금융 휴면계좌를 발견하여 안내해 준다든가, 다른 세일즈맨에게 무관심하게 관리되던 계약의 서비스를 찾아 행하는 것을 들 수 있다. 그 외에도 고객의 불만족 사항을 해결하여 준다든지, 고객의 의문사항을 설명해 준다든지, 고장 난 제품의 수선을 안내한다든지, 유익한 정보를 제공하는 것 등 할 수 있는 한 많은 것을 도와 주라. 처음부터 판매를 위한 이야기만 하기보다는 구매를 안 해도 미안할 정도로 선물을 주어라.

생활과 관련한 도움으로는 겨울에 김장 김치를 담글 때 싸고 질 좋은 절인 배추 구매 정보를 안내한다든지, 김장용 젓갈을 산지에서 구매할 때 부탁을 받고 공동 구매해 준다든지, 일손이 모자라는 농번기에 모내기를 도와 준다든지, 종업원을 구하지 못한 자영업자의 바쁜 시간에 일을 지원한다든지, 갑자기 일이 생겨 아기를 잠시 맡길 사람을 못 구한 주부의 고민을 해결해 준다든지 하는 것도 포함될 수 있겠다.

물론 고객을 가족처럼 생각하며 진심으로 돕는 것과 고객의 필요한 상황을 먼저 파악해야 한다. 고객이 요구하기 전에 먼저 제의해야 하며 도움에 조건을 달지 않고 판매 구실로 삼지 않아야 한다. 고객이 진심으로 돕는다는 느낌을 받아야 하는 것이다. Take & Give가 아니라 Give & Take다. 가는 정 오는 정이며, 가는 말이 고와야 오는 말이 곱다.

10

인간적 신뢰감을 심어라

🎲 약속을 지켜라

가장 강하게 약속을 지킨다는 표현을 할 때 목에 칼이 들어와도, 하늘이 두 쪽이 나도 약속을 지킨다고 하는데 영업이야말로 상품을 파는 게 중요한 것이 아니라 고객과의 약속을 지키는 것이 더 중요하다. 고객에 대한 설명과 제안은 모든 게 약속이다. 고객의 비밀을 지켜주는 것 또한 약속이다.

세일즈맨이 새로운 계약을 체결하고자 하는 약속을 어길 리는 없다. 약속을 어기는 경우의 대부분은 계약 체결 후 서비스와 관련된 것들이다. 이럴 때 고객들이 느끼는 감정은 '계약할 때 다르고 계약 후에 다르다, 시작과 끝이 다르다, 배고플 때와 배부른 후 다르다'는 것이다.

회사에 접수되는 민원은 '세일즈맨이 약속을 안 지킨다, 처리를 지연한다, 처리를 안 해 준다, 계약 시 약속과 다르다' 등의 내용이 주를 이룬다. 그러나 우수한 세일즈맨이 관련되는 건은 거의 없다.

보험은 세대 가입률이 100%에 가깝고, 금융 상품의 다양성으로 선택 구매의 폭이 넓고 전자제품, 자동차 등도 구제품에 대한 신제품으로의 대체구매로 지속 판매가 가능하고 제약, 건강식품 등도 사용에 의한 추가 판매가 가능하다. 그리고 보험회사, 금융기관, 전자회사, 자동차회사, 제약회사, 건강식품회사가 독점 기업이 아니라 고객에 의해 선택되어지는 경쟁 상품을 판매하는 기업이다. 더 나아가 회사뿐 아니라 수많은 세일즈맨의 경쟁 속에 판매가 이루어지는 것이다.

사람은 힘든 것보다는 편안한 것을 찾으려 하는 경향이 있다. 영업 직무보다는 관리 직무를, 관리 직무보다는 기획 직무를 선호하듯 세일즈맨도 편안한 고객을 찾으려는 경향이 있다. 그러나 남들이 다 가는 편안한 곳보다는 남들이 선택하지 않는 힘든 곳에 길이 있다. 불가피하게 비슷한 시간에 약속이 두 군데 있으면 힘든 곳을 먼저 택하라. 그리고 나머지 한 곳도 가능하면 반드시 당일 날 방문을 하고 불가피하면 다음 날이라도 최대한 빨리 약속을 지켜라. 왜냐하면 힘든 곳은 한 번 미루면 다음에 더욱 약속을 지키기 싫고 한 번 더 약속을 어기면 고객과의 신뢰에 금이 가고 피하고 싶은 고객이 되는 경우가 많다.

한 사람의 고객을 만들기 위해 얼마나 공을 기울였는데 약속을 어겨 신뢰를 상실하는가. 그 고객을 관리함으로써 얻게 되는 확장될 고객을 생각하면 얼마나 큰 기회 손실인가. 한 사람의 부정적 고객은 긍정적 고객의 홍보보다 배 이상의 전파력을 갖고 있다. 고객과의 약속은 반드시 지켜야 한다. 오죽하면 목에 칼이 들어와도, 하늘이 두 쪽이 나도 지키는 게 고객과의 약속이라고 판매왕들은 이야기하겠는가. 최고의 세일즈는 고객과의 철저한 약속 이행을 통한 고객 신뢰를 획득하는 것이다.

🁫 신뢰를 얻어라

상품 구매 1주일 후 50% 바겐세일 판매에 들어가면 먼저 구매한 사람은 봉인가? 불규칙적으로 이유도 없이 수시로 세일을 한다면 혹은 어떤 세일즈맨에게 구매하느냐에 따라 가격 차이가 난다면 비싸게 구매한 고객은 과연 세일즈맨을 믿겠는가? 세일즈맨으로서 고객에 따라 차별 가격을 적용하여 판매한 사실을 고객이 안다면 어떨까? 신규 판매 전에는 1주일에 한 번 방문하다 판매 후 소식이 끊긴다면 혹은 민원 사항의 해결을 회피한다면 불완전 판매로 계약 후 고객이 후회를 한다면 고객은 어떻게 생각할까?

물건을 구입하기 전에 1개월간 사용해 보고 구매를 결정하고 3개월 내에 신제품이 출시되면 교환을 해 주고 동일 상품에 대하여 6개월간은 세일하지 않으며 9개월간 관련 제품을 구매하면 할인하여 주고 12개월간 제품 수리에 대하여 무상 서비스하는 1, 3, 6, 9, 12개월 정책을 실행한다면 고객의 반응은 어떠할까?

고객이 구매를 결정하는 품질, 가격, 서비스 요소에 대하여 책임 품질, 책임 가격, 책임 서비스로 고객의 신뢰를 획득할 수 있다.

동화 알라딘의 요술 램프에서 날아다니는 담요가 추락 시 왕자가 공주에게 물은 말은 "Do you love me?"가 아닌 "Do you trust me?"였다.

세일즈는 판매 후 판매를 강화해야 한다. 상품을 파는 것보다 고객과의 신뢰를 쌓는 것이 우선이다. 신뢰를 쌓은 고객은 가족이 되어 평생 고객을 넘어 대를 잇는 고객이 될 수 있다.

11

승부사가 돼라

뜸 들여라

밥을 다하고 뜸 들이지 않으면 설익은 밥을 먹게 된다. 조금만 더 기다렸다 뚜껑을 열면 맛있는 밥을 먹을 수 있다. 밥을 하는 사람은 뜸 들이는 시간이 당연히 맛을 위해 조리하는 시간으로 생각한다. 밥을 먹는 사람도 뜸 들이는 시간이 당연히 맛을 위해 기다리는 시간으로 생각한다. 밥을 기다리는 사람은 배가 고파 뜸 들이는 시간이 무척 길게 느껴진다. 밥하는 시간은 30분이고 뜸 들이는 시간은 3분이다. 밥하는 시간의 10%만 참으면 맛있는 밥을 먹을 수 있다. 조금만 더 참으면 되는 것이다. 고객의 입장에서는 세일즈맨에게 뜸 들이면 더 좋은 제안이 들어올 것으로 생각한다. 고객은 이미 구매의 결정을 한 상태에서 은근히 버티고 뜸 들이는 것이다. 고객은 쉽게 승낙하는 것보다 어렵게 승낙해야 세일즈맨이 더 고마워하고 서비스나 사후 관리도 잘 받을 수 있다고 생각한다. 연고 고객은 더더욱 어렵게 승낙해서 추가구매의 부담을 덜려고 한다. 그래서 연고 고객이 영업하기 더 어려운 것이다.

무능한 세일즈맨은 여태까지 영업 잘하다 고객의 뜸들임에 넘어진다. 80~90% 잘하다 10~20%의 마무리 부족으로 계약이 깨지는 것이다. 유능한 세일즈맨은 역으로 고객에게 뜸을 들인다. 80~90% 잘한 걸 10~20% 더 잘해 마무리의 효과를 극대화하는 것이다. 조금만 더 참고 조금만 더 기다리는 것의 차이이고 할 수 있을 때 더 하고 잘할 때 더 잘하는 것의 차이이다.

게임을 하듯 하라

타자는 타격에 들어서면 어금니를 악물고 친다. 투수는 일구이무(一求二無)의 마음으로 공 한 개에 최선을 다한다. 관중이 보기에는 맥없이 휘두르는 방망이인 것 같지만 있는 힘을 다해 휘두르는 것이다. 관중이 보기에는 맥없이 던지는 공인 것 같지만 있는 힘을 다해 던지는 것이다. 타자들이 휘두르는 순간 약 80kg의 하중이 어금니에 실려 어금니가 상한 타자가 많단다. 안타를 치느냐 못 치느냐, 안타를 맞느냐 안 맞느냐의 이기느냐 지느냐 맞대결인데 어찌 최선을 다하지 않을 수 있는가? 일본에서 기성을 차지한 바둑의 조치훈 씨는 한 수 한 수를 죽을힘을 다해 둔다고 한다. 남들이 보기에 아주 쉽게 두는 것 같은 데 순간순간 최선을 다하니 얼마나 많은 수가 순간순간 오가겠는가? 테니스의 요정이라는 샤라포바는 한 구 한 구를 칠 때 소리를 내며 힘을 다 끌어내 스트로크 한다. 맞대결하는 스포츠인 유도, 레슬링, 권투, 탁구, 배드민턴, 테니스 선수들은 상대의 눈을 보고, 기합 소리를 들어보면 승부욕을 느낀다고 한다.

운동선수들처럼 고객과 선의의 게임을 한다고 생각해 보라. 세일즈맨은 공격하고 고객은 수비하는 경우 공격이 날카로워야 하며 세일즈맨이 수비하고 고객이 공격하는 경우 수비가 단단해야 한다. 승부욕을 가져야 이기고, 그래야 계약이 이루어진다.

흔히들 근성이 있는 선수가 승리하고 대성한다고 한다. 그 근성은 승부욕으로 표출된다. 그리고 승자의 경우 페어플레이를 통해 당당히 승리를 쟁취한다. 우수한 선수치고 매너가 나쁘다는 선수가 별로 없는 이유이다. 세일즈의 근성을 갖고 게임을 통해 승부를 결정지어라.

🎲 승부를 내라

세일즈맨 중에는 몇 차례 방문하고, 몇 차례 상담을 하다가 중도 포기하는 경우가 많다. 그리고 후회하면서 하는 말이 '못 먹는 감 찔러나 볼 걸'이다. 지금까지 해 온 과정이 아쉬워서라도 할 수 있는 대로, 하고 싶은 대로 다 해 보아야 하는 것이다. 그것이 승부 근성인 것이다.

더 이상 도망갈 곳이 없는 쥐는 고양이에게도 덤빈다. '그냥 날 잡아 잡수시오'가 아니다. 피고인은 법정에서 자기 변론을 하지 순순히 인정하지 않는다. 그래야 감형이라도 받고 집행유예라도 받을 수 있다. 권투선수가 3번 다운당했으면 이길 수 있는 방법은 KO밖에 없다. 홍수환 선수가 쓰러지며 이를 악물고 생각한 것은 KO였고 결국 KO로 챔피언이 되었다.

축구 경기 90분 내내 승부를 가르지 못하고 있다가 추가 시간 몇 분에 승부가 갈리는 경우가 있다. 한 팀은 추가 시간 몇 분 내에 승부를 가르자는 공격을 행하고 한 팀은 수비를 통해 승부차기까지 가려한다. 이때는 승부를 내려고 덤벼든 팀이 승리를 하는 것이다. 승부를 내려고 하니 괴력이 발휘되고 승부를 피하려니 이상하게 힘이 빠지고 뒤로 물러서게 된다.

우리나라 사람에게 잊히지 않는 2002 월드컵 4강의 신화도 승부수에서 만들어진 것이다. 16강 이탈리아전에서 0:1로 뒤진 채 경기가 끝나가던 시점 히딩크 감독은 수비수 김태영, 홍명보, 김남일을 빼고 공격수 황선홍, 이천수, 차두리를 투입했다. 상상도 할 수 없는 극단적인 공격 전술로 승부를 걸어 끝내 2:1의 대역전승을 거두었다. 4년 뒤 2006 독일 월드컵에서도 히딩크는 호주 대표팀을 맡아 16강 진출을 위해 반드시 이겨야 할 일본에게 0:1로 뒤진 후반에 수비수를 빼고 공격수들을 투입해 마지막 8분 동안에 3골이 연속 터지며 일본을 꺾었다. 2007년에는 러시아 대표팀을 맡아 유로2008 예선에서 축구 종가

잉글랜드에 2:1의 역전승을 거두어 잉글랜드를 예선에서 탈락시켰다. 유로 2008에서는 첫 경기를 패하고 나머지 두 경기를 특유의 공격 전술로 모두 이겨 상대적으로 약체로 평가되는 러시아를 처음으로 4강에 올려놓았다. 세계 축구계에서는 이를 두고 히딩크의 마법이라 부른다. 히딩크의 마법은 결국 특유의 극단적 승부수인 공격 전술이었다.

승부를 피하지 말고, 피하지 못할 것이라면 승부를 내라. 어차피 다시 보기 힘들고, 계약이 불가능하다 판단되면 더욱 공격적인 세일즈를 해야 한다. 고객에게 불평을 하고 불만을 갖고 예의 없이 하라는 것이 아니라 잊히지 말라는 말이다. 누구나 마지막 승부에서는 최선을 다하고 그러한 최선이 괴력을 발휘한다. 승부를 건 고객은 잊지 않고 고객도 승부를 걸었던 세일즈맨은 기억한다. 마지막 피치도 올려보지 못하고 흐지부지 마무리하는 활동이 소위 대답 없는 메아리이다.

연습하라

세일즈맨에게 필요한 두 단어는 '연습과 고객'이다. 연습은 실전을 위해 하는 것인데 우리는 운동선수들의 강한 훈련 모습을 보며 실전을 방불케 하는 훈련이라 한다. 입으로 말하고, 머리로 외우고, 거울 앞에서 표정 짓고 연습을 위한 연습이 아닌 실전 연습을 하는 것이다. 연습이 곧 세일즈 활동인 것이다. 롤플레잉을 통한 세일즈 교육 시에도 실전을 방불케 해야 한다. 연습이니 적당히 하려고하면 당연히 실전에서도 고객에게 적당히 하게 된다.

타깃 고객과의 큰 계약을 앞두고 계약의 확률이 적은 고객을 찾아가 실전 연습을 하라. 마음껏 연습하고 고객에게 잘못한 부분이 없는지 물어보아라. 오히려 연습의 마음으로 자신 있게 설명하니 확률이 적은 고객에게도 계약을 체결하고 자신감이 상승되어 타깃 고객과의 계약도 성사된다. 큰 계약 상담을 앞두고 무능한 세일즈맨은 노심초사, 안절부절, 두려움, 걱정으로 모든 일을 제치고 세일즈 지침서만 본다. 유능한 세일즈맨은 평소의 활동을 그대로 유지하면서 활동을 통해 실전을 준비한다. 즉, 활동이 훈련이고 훈련이 실전이다.

🎲 정보를 가져라

상대를 알고 나를 알면 백전백승이다. 인공위성을 통해 상대 국가의 군사적 움직임을 알고 대처하는 나라가 승리하는 것은 당연하다. 외모와 번지르르한 말이 세일즈의 방법이 아니다. 물론 어느 정도의 경쟁력을 갖고 성과를 낼 수는 있으나 우수한 세일즈맨이 될 수는 없다.

고객이 좋아하는 것, 싫어하는 것, 나이, 가족 관계, 학력, 취미, 특기, 관심 사항, 계약 경험, 회사에 대해 갖고 있는 이미지, 수입원, 재산 정도, 경제 상황, 사업 상황과 같은 고객의 정보를 갖추면 고객과의 대화를 지루하지 않게 이어갈 수 있다. 그리고 고객이 대화의 흥미를 가질 뿐만 아니라 고객이 필요한 핵심을 얘기할 수 있고 고객에게 맞는 상품을 권유할 수 있다. 아울러 그 상품으로 고객에게 도움을 줄 수 있다. 그 고객은 또한 '이렇게 많은 정보를 갖고 있으니 얼마나 많은 노력을 하였겠는가' 하고 감동한다.

　그들은 '자신을 위해 이렇게 시간과 노력을 기울였으니 당연히 그의 설명을 들어주어야지' 하는 의무감까지도 느낀다. 그 고객이 다른 세일즈맨과 비교를 하며 신뢰감을 갖게 되는 것은 당연지사다. 정보는 고객 자신과 주위 사람과 매스컴 등을 통해 얻을 수 있다. 고객과의 대화를 경청하고 상담 후 기록이 필요한 이유가 거기에 있다. 은연중 고객은 대화를 하면서 자신도 모르게 자신의 많은 이야기를 하며 정보를 준다. 그런 정보를 흘려듣느냐 아니면 메모와 기억을 통해 재활용할 것이냐는 성과에 직접적인 영향을 준다. 그러면 이제는 고객들도 자신에게 진정 도움이 되는 세일즈맨은 얕은 지식으로 말만 잘하는 번지르르한 세일즈맨이 아니라 고객의 문제에 대해 잘 알고, 함께 고민하고, 맞춤형 상품을 제안해 주는 세일즈맨이란 것을 알고 선택한다.

　운동 경기를 하기 전 상대 팀의 전력을 파악하기 위한 노력에서부터 경기는 시작된다. 월드컵 예선이나 올림픽 예선에서 의외로 약팀에게 고전하는 경우가 많은 이유도 상대 팀이 한국의 전력을 파악하고 준비하여 경기에 임하기 때문이다. 국가 대표팀은 물론 국내의 각종 스포츠 팀에도 정보 수집, 전력 분석이라는 직무가 운영되는 것도 상대에 대하여 많이 알수록 대응이 가능하기 때문이다. 세일즈 역시 판매의 상대방인 고객의 정보를 많이 갖고 있을수록 고객 대응이 효율적이고 효과적일 수 있다. 고객을 방문 면담하는 매 시간이 정보 수집 활동인 것이다.

고객을 방문할 때 해당 고객의 정보를 갖고 면담을 행하면 고객이 세일즈맨에게 감동하고 존경하기에까지 이른다. 세상사에서 가까이하고 싶은 사람은 얻을 것이 있는 사람이다. 겉보다 속 내용이 중요하듯이 세일즈맨은 고객에게 외적인 끌림인 매너, 화법 등보다 내적인 끌림인 관심 제공, 정보 제공, 지식 제공 등으로 훨씬 인정을 받게 되는 것이다.

정보는 신문, 잡지, 협회지, 학술지, 고객의 친구, 친지, 동료, 비서, 고객 자신과의 대화 등을 통하여 수집할 수 있으며 정보를 얻고자 하는 마인드와 노력이 바탕이 되어야 한다. 수집된 정보는 잊기 전에 바로 기록하여 해당 고객의 파일을 작성해 나가야 한다. 세일즈맨이 컨설턴트, 어드바이저, 플래너 등의 역할 수행을 위한 1단계가 정보 수집이다. 알아야 상담도, 고민도, 해결도 같이 할 수 있는 것이다. 즉, 고객 정보 수집이 세일즈 활동인 것이다. 고객과 관련한 모든 것이 정보이다. 그리고 고객의 정보를 바탕으로 고객 만족, 감동, 행복도 배가시킬 수 있다. 물론 많은 만남과 부지런한 노력이 정보를 생성하는 것은 당연한 이치다.

🎲 배수의 진을 쳐라

야구 경기에서 9회말 1사 후 주자 만루에 0:0인 상황에서 1점을 주면 경기를 지는데 할 수 있는 방법이 무엇일까? 축구 경기에서 종료 5분 남기고 1:0으로 뒤지고 있으면 어찌해야 하는가? 농구 경기에서 종료 3분 남기고 80:70으로 지고 있으면 어찌해야 하는가? 밀림에서 사자를 만났는데 화살이 하나다, 어찌해야 하는가? 호랑이를 만나 도망가다 앞을 보니 절벽이고 계곡이다, 어찌해야 하는가? 답은 다음과 같다.

1점도 주지 않기 위해 전진 수비를 해야 한다. 전원 공격을 해야 한다. 올코트 압박을 해야 한다. 모든 기를 집중하고 있는 힘을 다해 급소에 치명상을 입혀야 한다. 절벽 아래 나뭇가지가 없으면 부유물을 잡고 계곡으로 뛰어내려야 한다.

고객과 결정의 순간이며 고객과의 계약 결정 D-day로 약속한 날이다. 이 상황을 위해 지금까지 수 없는 노력을 기울였으며 전에도 이러한 상황에서 계약이 미루어진 적이 있다. 고객이 머뭇거리고 지금 순간을 놓치면 다시 기회를 잡기가 어렵다면 엄청난 집중력이 필요하다. 지금 베스트를 해야지 다음 기회가 있다고 생각하는 순간 방심하게 된다. 고객은 지금 내일 결정하자는 이야기가 아니다. 고객은 지금 결정해야 될 상황을 벗어나고 싶은 것이다. 고객을 다시 만나려면 언제일지 모른다. 고객은 그동안 구실을 마련하게 된다. 고객이 계약을 미룰 모든 경우를 대비하고 대처하며 집중력을 발휘해야 하는 이유다.

역전의 명수가 돼라

위기는 기회이다. 핀치에 강한 사람이 되어라. 위기를 즐기며 당당히 맞서는 사람이 있는가 하면 위축되어 자신의 평소 능력의 반도 발휘 못하는 경우도 있다. 짜릿한 승부는 역전에 있다. 짜릿한 역전 승부에는 항상 강한 믿음과 자신감이 바탕이 된다. 능력에는 한계가 없으며 다만 차이는 능력의 발휘 여부다. 지금까지 고객의 설득을 위해 내 능력을 다 발휘하였는가? 어려울 때 더욱 과감히 용감하게 추진하는 힘을 우리는 흔히 '배포'라 한다. 역전의 명수가 되기 위해서는 자기의 한계를 넘어 보려는 용기 있는 도전이 필요하다. 승패의 갈림길은 위기에서 기회가 오고 기회를 놓치지 않는 것이다. 평소에도 잘해야 하지만 안 될 것 같은 일을 역전시킨 경험은 당신의 능력을 한 단계 높여주는 것이다.

그리고 찬스와 위기는 단지 생각의 차이일 수 있다. 스포츠 경기를 보다 보면 한국 팀이 공격할 때보다 수비할 때가 더 불안하다. 권투 경기에서 상대방에게 등을 보이면 다운으로 인정하고 카운트를 한다. 도둑은 물건을 훔칠 때보다 훔친 뒤 돌아 나올 때 더 불안해한다. 왜냐하면 뒤에서는 무슨 일이, 누가 쫓아오는지 모르기 때문이다. 고객과의 영업 중 등을 돌리거나 피하면 안 된다. 계약이 이루어지지 않을 고객의 이유가 발생 시 극복하면 완전한 계약을 이룰 수 있으나 그 이유를 등을 돌려 모른 척 무시하거나 피하면 다음에도 기회를 얻지 못한다. 고객의 이유로 상황이 역전되었다면 다시 역전시켜야 한다. 왜냐하면 지금까지의 노력으로 80%는 계약 의사를 갖고 있는 고객이기 때문이다. 위기의 상황을 역전의 기회로 만드느냐가 20%의 차이이다.

경쟁자에게 감사하라

삼성 vs. 엘지의 전자 제품, 신지애 vs. 최나연의 골프, 김연아 vs. 아사다 마오의 피겨스케이트

경쟁자는 서로를 긴장시키고 서로를 성장시킨다. 경쟁자는 서로에게 껄끄러우면서도 서로에게 없어서는 안 될 존재이다. 그러나 자신에게 가장 강력한 라이벌은 자기 자신이다. 경쟁자들은 상대방을 항상 의식하고, 주시하고 분석하고 대응하며 예상되는 공격과 수비를 훈련하고 연습한다.

독점 상품은 없다. 구매자는 구매하고자 하는 상품을 어느 회사, 누구에게, 어느 곳에서, 언제, 왜, 어떻게(5W1H: What, Who, Where, When, Why, How)를 비교하여 선택하는 것이다. 세일즈맨은 고객에게 선택될 수 있도록 경쟁하는 것이다. 세일즈맨은 항상 경쟁 제품, 경쟁사, 경쟁 세일즈맨, 경쟁 유통 채널, 경쟁적 구매 시기, 경쟁 우위 이유,

경쟁 우위 구매 방법 등에 대해 설명하고 제안할 준비를 하여야 한다.

실패하는 세일즈맨은 경쟁 관계를 의식하지 않고 경쟁 관계에 대처하지 못하는 것이다. 경쟁 관계에 있는 세일즈맨은 고객의 이해를 촉진시켜줄 뿐 아니라 경쟁자에게 승부욕을 제공하여 고객을 더욱 적극적으로 대하고 준비하여 만나게 한다. 즉 경쟁자를 통하여 고객 계발과 자기 계발도 이루어지는 것이다.

고객에게 박수 받는 승부는 정당하고 떳떳한 승부이다. 계약의 판단과 선택은 고객이 하는 것이고, 고객은 비교를 통하여 세일즈맨보다 더 많은 지식을 갖췄을 수도 있다. 경쟁자를 비방하면 내용의 전개상 상대방도 비방할 수밖에 없다. 그리고 고객은 비겁하고, 불합리한 경쟁을 외면하게 된다. 세일즈의 성과는 경쟁자에 대한 비방이 아닌 정당한 승부를 통해 이루어진다.

12

오뚝이맨이 돼라

위험을 무릅써라

세발자전거를 타면 될 걸 왜 두발자전거를 타는가? 두발자전거를 타면 될 걸 왜 오토바이를 타는가? 더 신나게, 더 빨리 달릴 수 있어 더 큰 쾌감과 만족을 얻을 수 있기 때문이다. 어느 대기업에서 성과급제를 도입하면서 R&R, C&C를 내세웠다고 한다. Risk만큼 Return되고 Contribution만큼 Compensate한다는 것이다. 위험이 높을수록 돌아오는 것도 크다. 공헌한 만큼 보상도 크다.

고객과의 계약 조건 상담 시 세일즈맨 선에서 결정할 수 없는 부분이 있다. '무조건 할 수 있다'가 아니라 '상당히 어려운 문제인데 무조건 해내겠다'라고 말하라. 세일즈맨은 배수의 진을 치고 회사의 상사나 관련 부서를 통해 문제를 해결하려 할 것이고 회사는 고객과 세일즈맨, 차후의 추가 계약 등을 생각하며 정책적 해답을 구해줄 것이고 고객은 어려운 문제의 답을 구해준 세일즈맨과 회사에 감사하며 협력자로 발전할 것이다.

회사의 기준과 세일즈맨의 기준을 넘어서는 전략적 결정도 필요 불가결한 일이다. 고객도 어려운 문제이고 가능성이 희박한지 아는 사안임에도 불구하고 요청한 것이다. 따라서 요구만큼 반영이 되지 않아도 고객은 세일즈맨의 리스크를 무릅쓴 노력에 공감할 것이고 100% 만족스럽지 못하더라도 계약을 승낙할 것이다.

위험을 무릅써야 에베레스트를 등반할 수 있고, 위험을 무릅써야 남극과 북극을 탐험할 수 있고, 위험을 무릅써야 우주를 탐험할 수 있다. 평지에 좁은 폭의 널빤지를 놓고 그 위를 걸으라고 하면 누구나 편안하게 걸어간다. 하지만 똑같은 널빤지를 고층 건물 사이에 놓고 걸어보라면 아무도 냉큼 나서지 못한다. 떨어지면 죽을지도 모른다는 두려움과 실패하면 어쩌나 하는 소심한 생각 때문이다. 그런데 건너지 않으면 안 될 상황의 사람은 위험을 무릅쓰고 침착하게 건너갈 것이다. 보기에 능력 있고 용감해 보이는 사람도 포기할 수 있고 할 수 없을 것이라 생각한 사람도 포기하지 않고 건너갈 수 있다. 세일즈맨 역시 누가, 무엇을 하는가보다 어떤 마음과 자세로 하는가가 중요하다.

세일즈에서 위험이란 계약의 성사가 불가능해지는 것이지 목숨까지 영향을 미치진 않는다. 계약이 불가능하다고 판단되면 밑져야 본전인데 못해 볼 일이 무엇이겠는가? 그때는 위험을 무릅쓰고 모든 가능성을 열어두고 고객에게 어려움을 얘기하고 문제를 풀어내라. 안될 때 안 되더라도 할 수 있는 모든 것에 도전하는 자가 진정한 세일즈맨인 것이다.

넘어지면 일어나라

거의 다 될 것 같던 계약이 성사되지 않는 경우가 한두 건이 아니다. 확신하던 계약이 어느 날 갑자기 180도 상황이 바뀌어 불가능하게 되는 경우도 있다. 계약서를 쓰다가 작은 하나가 걸림돌로 발생되어 계약이 틀어진다. 두고두고 안타깝고 잊는 데 시간이 걸린다. 잘 달리다 넘어지고 만 것이다. 하지만 어찌하겠는가, 이미 끝난 것을.

넘어진 것이 상처가 되어 병원에 다녀서는 안 된다. 넘어진 것이 중병이 되어 합병증까지 생기면 더더욱 안 된다. 엊그제 국회의원 후보였던 사람도 선거에서 패하면 국회의원이 아니고, 엊그제 대통령 후보였던 사람도 선거에서 패하면 대통령이 아니다. 다음 선거까지는 4년, 5년이 남아 있는데 아파만 할 수는 없지 않은가?

수없이 많은 넘어짐을 우리는 이미 경험하며 살아왔고, 살아가는데 계약이 깨진 것에 왜 유독 그리 오래 아파하는가? 당신이 계약을한 경우에 다른 세일즈맨도 당신 때문에 넘어졌다. 넘어지면 쉬고, 쉬면서 잊을 건 잊고 일어나서 충전하여 다시 달리면 되는 것이다. 대학입시에 넘어지고 대학 졸업 후 취업에 넘어지고 취업 후 조퇴, 명퇴에 넘어진 것을 잊지 못하고 과거에 얽매여 있으면 일어나기 힘들다.

아기들도 네 발로 기다가 두 발로 일어나기 위해 얼마나 많이 넘어지는가? 넘어지고 넘어지다 보니 마침내 넘어져도 울지 않고 굳세게 일어나지 않던가? 일어서서 환하게 웃는 아가의 얼굴을 보라. 얼마나 맑고 밝은 웃음인가? 수 없는 넘어짐 끝에 이루어낸 성취감과 다른 세상을 느끼는 새로운 희망의 모습이다. 일어나니 다음은 걷는 것이 새로운 목표다. 넘어지고 또 넘어지고 마침내 아장아장 걷는다. 부모들은 아가의 성장에 기쁘고 감동하여 격려의 박수를 쳐 준다. 그 다음에 그들은 달리다 넘어지고 다시 일어나 달릴 것이다.

세일즈를 하다 보면 수없이 넘어진다. 넘어지면 털고 일어나야 한다. 많이 넘어진 만큼 강하여져 점점 덜 넘어지고 안 넘어진다. 넘어졌을 때 주저앉고, 털고 일어나고의 차이가 여기에 있다.

실패의 경험표를 작성하라

실패 없이 만들어지는 성공이란 없다. 그런데 성공 보고서는 수없이 많은데 실패 보고서는 별로 없다. 성공 사례는 발표가 많은데 실패 사례는 발표가 별로 없다. 실패는 성공의 어머니라고 하지 않는가, 실패를 딛고 일어서야 한다. 그 차이는 실패를 통한 깨달음이고 깨달음을 통한 재도전이다. 입시에 실패, 시험에 실패, 취업에 실패, 승진에 실패, 결혼에 실패와 같이 성공한 사람보다 실패한 사람이 더 많다.

왜 실패했는가를 알아야 다음에 같은 이유로 실패를 하지 않는다. 시험에 실패한 이유가 분명히 있을 것이다.

공부를 하지 않아 완전하게 시험 준비를 하지 못했다. 선택적으로 공부하다 보니 시험에 안 나올 것만 공부했든지 공부한 것은 시험에 안 나오고 공부 안 한 것만 시험에 나왔든지 하는 것 말이다. 시험을 못 볼까 두려워 가슴이 두근거리고 집중을 하지 못했든지, 컨디션이 안 좋아 몸과 마음과 머리가 무겁다든지, 첫 과목을 망치니 잘 볼 의욕이 떨어져 계속하여 실력만큼 발휘를 못 할 때도 있다. 혹은 아는 것은 실수로 틀리고 모르는 것은 몰라서 틀린다.

그런데 다음 시험도 또 실패를 한다. 실패의 이유를 찾아 보완하거나 개선하려 하지 않고 잊으려고 하기 때문이다. 문제는 잊는 것이 아니라 똑같은 이유로 실패를 되풀이하지 않는 것이다.

세일즈 역시 마찬가지이다. 마지막 당기는 힘이 부족하였든지, 신뢰를 얻지 못하였든지, 상품 설명이 부족하였든지, 너무 계약 성립을 믿어 안일하였든지 돌아보고 부족한 것은 채워야 한다.

성공을 경험하라

성공의 경험은 빠르면 빠를수록 좋다. 성공을 경험하는 순간 자신의 세일즈 능력이 한 단계 올라가며 자신감이 생긴다. 세일즈에 입문하여 첫 계약의 기쁨은 잊히지 않으며 향후 활동 중 난관에 부딪히거나 슬럼프에 빠질 경우 자연스럽게 기억이 되살려지며 문제에 대한 해답도 슬럼프에 대한 극복 방법도 제시된다. 더욱이 큰 계약을 성사시킨 경험은 누구의 어느 가르침보다도 큰 자신의 무기가 된다.

그러기 위해 세일즈의 시작은 단단한 각오와 비장함으로 몰입하여 초기 성과를 내는 데 최선을 다해야 한다. 성공한 세일즈맨들은 모두 확실한 성공의 계약 경험을 갖고 있으며 또 다른 성공을 준비하고 도전한다.

우리나라 최초, 세계에서 8번째로 에베레스트의 정상에 태극기를 꽂은 산악인 고상돈 씨는 1977년 등정에 성공한 이후 한국의 대표적 산악인으로 칭해지며 "여기는 정상. 더는 오를 곳이 없다."라는 무전기의 육성은 아직도 국민들의 기억에 남아 있다. 그런 그였기에 비록 정상 등극 후 하산 중 운명하였으나 1979년 다시 최초로 북미 최고 봉인 매킨리 봉에 오를 수 있었다. 하지만 에베레스트 등정 당시 박상열 씨를 기억하는 국민은 드물다. 그 역시 한국 등반사의 산중인으로 대표적 인물이다. 당시 제1공격대로 먼저 정상 공격에 나섰으나 정상 200m를 앞두고 산소가 떨어져 눈물을 머금고 하산할 수밖에 없었다. 당시로서는 8,000m 이상에서 산소가 없으면 죽는 것으로 알았지만 1988년도에 허영호 씨가 무산소로 등정에 성공했다. 바로 200m의 차이 때문에 정상에 오른 고상돈 씨는 국민적 영웅과 역사적 인물이 되며 또 다른 도전을 할 수 있었으나 박상열씨는 영광의 그늘에 위치해야 했다.

일반인들이 등산을 하는 경우에도 처음에 낙오를 이겨내고 힘들게 올랐던 산을 다음에 다시 등산하는 경우 무난하게 등산을 하게 된다. 그 이유는 등산을 시작하면서 생각과 마음이 이미 성공적인 등산을 위한 조건에 충족되어 행동으로 옮겨지기 때문이다.

그렇게 청계산을 오르던 사람이 다음에는 북한산, 도봉산, 치악산, 설악산, 지리산을 무난히 오르면서 산악인이 되어가는 것이다. 1953년 세계 최초로 에베레스트를 오른 뉴질랜드 산악인 힐러리는 "뛰어난 사람만 인생을 잘살 수 있는 것은 아니다. 중요한 것은 동기이다. 진정 무언가를 원한다면 온 마음을 다해야 한다."고 말했다

세일즈에서도 거의 성사 단계에 이르도록 고객을 설득하다 마지막 200m를 못 올라 실패하는 경우가 많다. 항상 남은 200m를 생각하며 '고지가 바로 저긴데 예서 말 수는 없지 않은가'라고 생각하며 끝까지 최선을 다해야 한다. 일단 올라봐야 길이 보이고 길을 알게 된다.

어느 업종에서 우수한 영업을 했던 세일즈맨이 업종을 바꾸어 전직한 경우 다른 업종에서도 우수한 영업성과를 이루는 이유는 그가 이미 세일즈 분야에서 성공의 경험을 갖고 있기 때문이다.

13
관점을 가지고 행동하라

🎲 밖에서 보아라

상자 안에 갇혀 있으면 상자 안밖에 볼 수 없다. 그럴 때는 상자 밖으로 나가서 보아라. 안 보이던 것들이 보일 것이다. 안에서는 내가 한정지은 생각과 사고로 고객을 보고 세일즈 활동을 하게 된다. 장기나 바둑을 둘 때 훈수 두는 사람이 더 잘 본다. 밖에서 보기 때문이다. 당사자들은 수 하나하나에 매몰된 반면 훈수를 두는 사람은 판 전체의 흐름을 볼 수 있는 것이다.

이와 함께 중요한 것은 자기 콤플렉스에서 벗어나라는 것이다. 콤플렉스는 성취욕과 의지를 싹트게도 하지만 콤플렉스에 쫓기는 사람은 실패하기도 한다.

자기 콤플렉스를 해결하는 방법은 자기를 객관화시켜 단점을 장점으로 승화시키는 것이다. 객관화시켜야 비로소 자기를 제대로 다른

면에서 볼 수 있고 그다음은 스스로 인정하고 고쳐나가 단점이 없어지는 것이다. 인간의 본성이 자신의 단점은 내보이지 않으려 하고 장점만을 과장하고 싶어 한다. 정기적으로 자신을 평가하고, 주위의 충고를 받아들이고 고쳐나가라. 세일즈를 위한 자신의 인상, 매너, 용모, 의상, 성격, 습관, 지식, 정보와 같은 모든 것이 여기에 포함된다. 객관적인 자기평가와 자기비판을 두려워 마라. 바로 그것이 세일즈의 시작이다. 단점은 고치고 장점은 더 살리면 된다.

🎲 있는 대로 보아라

고객의 거절은 거절이고, 불만은 불만이다.
고객의 긍정은 긍정이고, 만족은 만족이다.
계약의 실패는 실패이고, 성공은 성공이다.

원인과 이유가 없는 현재는 없고, 현재를 볼 수 있어야 미래도 보인다. 단, 있는 그대로를 볼 수 있어야 그러하다. 시장은 없는 것이 아니고 찾지 못하는 것이다. 그리고 실은 찾지 못한 것이 아니고 제대로 찾지 않은 것이다. 영업능력이 부족한 것이지 고객을 잘못 만난 것이 아니다. 영업 태도, 매너, 화법 등에서 고객이 싫어하는 세일즈맨일 수도 있다.

계약의 실패는 상품의 경쟁력 때문이 아니라 상품의 매력을 유발시키지 못 했기 때문이다. 계약의 실패는 경쟁자의 불공정 영업 때문이 아니라 경쟁자의 능력 때문이다. 고객이 자신의 말보다 경쟁자의 말을 신뢰하는 이유는 경쟁자가 믿음을 주기 때문이다. 고객이 귀 기울이지 않는 이유는 경청할 만큼 매력 있는 제안이 아니기 때문이다. 고객이 싫어하는 것이 아니라 고객에게 싫어할 빌미를 보인 것이다. 인맥이 부족한 것이 아니라 인맥을 만들지 못한 것이다. 거절할 만한 이유가 있어 거절하는 것이지 괜히 거절하지 않는다. 긍정할 만한 이유가 있어 긍정하는 것이지 괜히 긍정하지 않는다.

행복이 가까이에 있고 문제와 답이 가까이에 있듯 원인도 자신에게 있다. 내가 아닌 남의 탓, 다른 탓으로 될 일이 안 되는 것보다 내 탓이 많다. 안 되는 경우 원인을 멀리서, 다른 곳에서 찾는 이유는 있는 자신을 있는 그대로 보려고 하지 않기 때문이다. 객관적인 시각으로 자신부터 보아야 보이기 시작하고 점점 더 연관된 것들이 잘 보인다. 부족한 것을 볼 수 있어야 고칠 수 있고, 잘하는 것을 볼 수 있어야 더 잘할 수 있다. 내가 하면 로맨스고 남이 하면 불륜이 아니라 내가 해도 불륜이고 남이 해도 로맨스다.

5장

세일즈 법칙

세일즈 법칙

1

R=AA(Result=Ability×Activity)

영업성과=능력×활동량=소득

초등학교 산수 시험 문제다. A와 B 두 사람은 능력이 1로 같은데 작업량이 A는 1시간, B는 2시간 일하면 생산량은 A=1×1〈B=1×2로 B가 2배가 높다. 같은 능력이면 활동을 더하라. 그래야 앞설 수 있다.

A의 능력은 2, B의 능력은 1인데 A는 1시간, B는 2시간 일하면 2×1=1×2로 같게 된다. 능력이 모자라면 모자란 만큼 더 일해라. 능력이 나아도 일을 덜하면 앞설 수 없다.

A의 능력은 2, B의 능력은 1인데 A는 1시간 B는 3시간 일하면 2×1〈1×3로 B가 앞선다. 능력이 모자란 이상으로 활동을 하면 앞설 수 있다. 아무리 능력이 좋아도 활동량이 부족하면 뒤떨어진다.

A의 능력은 2, B의 능력은 1인데 A는 2시간, B는 1시간 일하면 2×2〉1×1로 A가 4배나 앞선다. 능력도 앞서는데 일까지 더하면 확실하게 앞설 수밖에 없다. 능력도 모자라는데 일까지 덜하면 확실하게

뒤떨어질 수밖에 없다.

세일즈 능력은 지식(상품, 고객, 일반), 정보(수집, 가공, 활용), 시장(발굴, 공략, 관리), 고객(고객 수, 지원자, 협력자) 등이 포함되고 활동량은 활동 시간, 방문 건수, 상담 건수, 판매 건수 등이 포함된다. 주변의 우수한 세일즈맨을 보라. 능력이나 있다고 노는 것이 아니라 능력도 있는 사람이 일도 열심히 하니 당연한 결과 아니겠는가? 능력도 있고 활동도 열심히 하는 세일즈맨이 우수한 세일즈맨이 되는 것이고, 능력은 있으나 활동은 열심히 하지 않거나 능력은 없으나 활동은 열심히 하는 세일즈맨은 보통의 세일즈맨이요, 능력도 없고 활동도 열심히 하지 않는 세일즈맨은 탈락 위기의 세일즈맨이다. 나나가 아니라 순 방향의 도도가 필요하다.

2

R=VA+MSS(Result=Vision & Action+Motive & Stimulus & Satisfaction)

꿈과 희망은 생각과 상상만이어서는 안 된다. 살아있고 생생한 것이어야 한다. 평소의 생각과 소신에 의해 의식에 반영되는 것이 꿈이요, 그 꿈이 이루어지길 상상하며 현실로 이루어질 수 있도록 실행하면서 생기는 것이 희망이다.

맥아더 장군이 인천 상륙 작전을 감행할 때 참모들은 상륙 작전이 불가능하다고 경고했다. 역사상 500번의 상륙 작전 중 성공한 것은 2차 대전 때 노르망디 상륙 작전뿐이었다. 그러니 확률이 500분의 1인 것이다. 그러나 이 보고를 받은 맥아더는 "성공했던 기록만 있으면 돼! 나도 해내고야 만다."는 긍정적 사고와 해 낼 수 있다는 비전을 갖고 맥아더는 성공했고 위대한 군인으로 기록되었다. 아프리카에서 신발을 팔고, 에스키모에게 냉장고를 팔 수 있다는 긍정적 사고와 비전은 불가능을 가능으로 만들어 냈다.

세일즈 활동 중 방법을 알고 잘될 것이라는 믿음도 갖고 있으면서도 이상하게도 실행을 하지 않고 머뭇거리며, 주저하며, 게으름을 피운다. 결과가 나쁠 것이라 지레 짐작하면 시작도 해 보지 않는다. 자기 나름대로 계산해서 별 볼 일 없다고 생각하면 진행하다 슬그머니 꼬리를 내린다. 해봐야 아는데 해 보지도 않고 결론을 내는 것이다.

Vital, Vivid Vision이란 실행이 수반된 비전이며 실행을 통해서만 비전이 이루어진다. 세일즈의 성과는 세일즈맨의 비전과 실행이 고객에 대한 동기 부여(motive give)-고객 자극반응(stimulus response)-고객의 욕구만족(need satisfaction)과 결합하여 이루어진다.

세일즈맨은 고객이 가지고 있거나 잠재되어 있는 욕구를 불러일으켜야 한다. 즉, 전투를 위해서는 전장으로 나가거나 상대를 전장으로 불러내듯 세일즈를 위해서는 고객과 세일즈맨과의 상담의 장이 이루어져야 하는 것이며 그러기 위해 고객 공략 준비를 마친 세일즈맨이 상담을 위해 고객에게 동기를 부여하는 것이 세일즈 과정의 시작이다. 다음으로 특정 자극을 받은 고객이 희구하는 반응을 나타내는 것을 보고 이에 대해 판매 활동을 전개하게 되는데, 즉 세일즈맨이 고객에게 구입하도록 자극을 투입input하면 그 반응으로서 산출output인 구매가 이루어진다. 고객은 그들의 만족을 증진시키기 위해 상품이나 서비스를 구입하게 되므로 판매 시에는 소비자의 욕구를 개발하고 인지(認知)recognition시켜 이를 충족시켜야만 한다. 상품에 대한 제시가 시작되면 세일즈맨이 고객의 욕구를 정확히 파악하기 위해 그들로 하여금 의사를 표시하도록 하여 그들의 욕구를 충분히 이해한 다음 상품이 이 욕구를 어떻게 충족시키는가를 제시하여 판매를 종결하게 되는 것이다.

고객은 상품 제시가 있게 되면 그에 대한 주의(注意)attention를 하고 그 다음에 관심interest을 기울이게 되고, 이에 의해 상품에 대한 욕구desire가 생기면 이에 따라 구매(購買)행동action을 하게 된다는 것이 AIDA이론이다.

세일즈 활동에서 상품의 판매를 위해 주 판매 대상과 타깃 고객을 선정하는 것이 고객의 동기 부여를 효과적으로 하기 위한 것이고 판매의 포인트를 개발하는 것이 자극을 위한 것이요, 상품 설명, 판매 화법, 거절 처리 화법, 서비스, 사후 관리가 욕구 만족을 위한 것이다.

따라서 세일즈에서는 주 판매 대상–판매 포인트–상품 내용–판매 화법–거절 처리–서비스–사후 관리가 단계적으로 확실하게 이루어져야 한다.

3

R=KASH(Result=Knowledge × Attitude × Skill × Habit)

미국 보험 설계사 협회에서 우수 세일즈맨들에게서 공통적으로 볼 수 있는 특징을 도출한 법칙으로, 세일즈의 성과는 (상품 지식, 고객 지식)×(고객에 대한 자세, 태도)×(세일즈 화법, 행동)×(표준 활동, 습관)이다. 세일즈맨의 궁극적인 목적은 판매를 통한 매출의 증대와 매출을 통한 소득의 증대이다. 소득도 외상 매출에 의한 부채 소득보다 바로 현금화되는 실현 소득, 즉 Money가 아닌 Cash가 중요하다. 그러한 Cash 소득은 Knowledge, Attitude, Skill, Habit에 비례한다. 지속적 자기 학습으로 상품 지식을 배양하고 고객의 욕구와 만족을 충족시킬 수 있는 정보의 취득과 제공이 이루어져야 하며 고객을 왕, 황제, 신이라는 마인드로 대하고 적절한 세일즈 기법과 기술로서 표준 활동을 습관화하는 것이 프로 세일즈맨이다.

4
3先(先見, 先手, 先制)

삼성의 반도체, 현대의 자동차, 포스코의 철강은 변함없이 한국의 대표적인 세계적 기업의 위치를 지켜갈 수 있을 것이다. 미래 시장의 수요를 미리보고, 미리 대응하여, 먼저 자리를 차지한 결과이다. 매년 기업은 차년도 경영 계획 수립 시 유가, 환율, 금리, 경기 등을 예견하며 그에 맞춘 목표와 목표 달성 전략을 수립한다. 경영 환경과 여건을 정확히 예견하는가가 성과를 좌우하는 시작인 것이다.

세일즈맨 역시 1인 기업이다. 고객의 생각과 여건을 미리 예견하고, 미리 대응하여, 먼저 계약을 성공시켜야 한다. 우수한 세일즈맨의 사례를 들으며 공감에 앞서 배워야 하는 것은 그들이 갖고 있는 큰 능력이 선견, 선수, 선제라는 것이다.

A설계사는 단체 보험 계약을 추진할 때 대한민국의 가장 큰 단체인 육군을 계약할 수 없을까 하는 생각을 하게 되었다. 일반적인 생각으로는 보안의 유지가 필요할 것 같은 육군 본부와 군인을 대

상으로 급여 이체를 통한 단체보험을 계약하기는 힘들 것이라 생각할 것이다. 그러나 군인도 고객이고 어찌 보면 위험에 대비한 보험이 더 필요한 고객이 아닌가? 결국 육군에서도 단체 보험의 필요성을 공감하여 급여 이체를 통한 협약을 이룰 수 있었다. 육군의 고객이 급여 이체의 편리성과 단체 보험 보험료의 할인을 생각하며 가입을 하는 것은 당연한 것이다.

A설계사의 생각은 큰 계약의 통로를 개척한 것에 대한 만족에 그치지 않았다. 다음으로 육군은 되는데 해군과 공군도 안 될 리 없다고 생각하여 해군, 공군과도 협의하여 급여 이체를 통한 단체 보험이 가능해졌다. 궁극적으로 대한민국 육군, 해군, 공군 모두와 급여 이체를 통한 계약을 할 수 있었다. 군인을 생각하니 또 다음으로는 전역하는 사람들을 생각하게 되었으며 국방부를 통한 DM영업까지 이루어 내어 그야말로 대박을 친 것이다. 그러다 보니 회사는 군인 전담 조직까지 만들게 되었고 매달 몇 개 영업소의 성과가 군에서 이루어졌었다.

B설계사는 C라는 기업의 자금 담당 임원 같았다. IMF외환위기 직후 기업의 자금 조달이 원활하지 못할 때 C기업에 대한 대출을 중개하였고, 기업의 발전과 이익의 증가로 해당 기업이 지속적인 설비 투자를 위한 자금 수요가 발생하면서 자금 조달의 창구로서 B설계사는 자리를 잡은 것이다. 보험사에서 성장하고 이익이 증가하는 회사에 대출 한도를 늘려주지 않을 이유가 없었으며 계속하여 대출과 보험 계약이 발생하였고 기업에서는 B를 마치 전속 설계사로 임명한 듯

활동을 지원해 주었다. 회사의 종업원 규모가 2배 늘었으니 B설계사의 가능 고객도 2배 늘어난 것이다.

금융기관들이 IMF외환위기 후에 대출 자산의 안전 관리를 위해 심사 기준을 까다롭게 운영하여도 재무 구조가 안정적이고 성장성 있는 기업은 오히려 기업 확장의 호기로 생각하여 과감한 투자와 확장을 생각하는 것과 그에 따른 자금 수요가 발생하는 것은 당연한 것이다.

당시 대출 영업은 금융기관에서 상당히 자제하고 리스크 관리가 우선이었지만 그래도 금융기관의 기본 생리인 대출이 없을 수는 없다는 것과 대출이 가능한 기업을 발굴할 수 있었던 것이 설계사의 선견, 선수, 선제였다.

5
5Finger(엄지, 검지, 중지, 약지, 새끼)

다섯 손가락을 치켜들고 바라보며 변함없는 다짐을 하기 바란다.

- 엄지: 성공, 위대한 목표, 최후의 승자

- 검지: 올바른 마음, 올바른 방향, 올바른 방법

- 중지: 준비, 대비, 대처

- 약지: 도움, 제공, 지원

- 새끼: 약속, 신의, 신뢰

영업은 올바른 방향(검지)에서, 준비(중지)하여, 고객에게 도움(약지)을 주고 고객의 신뢰(새끼)를 얻는 것이 성공(엄지)의 길이다. 이 다섯 가지는 결코 서로 따로 떨어져 존재하지 않는다. 다섯 손가락 중에서 하나만 없어도 불편한 것처럼, 이 다섯 가지는 일체의 동시성 영업 활동으로 하나가 존재하지 않거나 제대로 실행되지 않으면 지속 가능한 영업 성과를 기대할 수 없다.

6

10GO(알고, 하고, 참고, 끌고, 밀고, 주고, 받고, 보고, 피고, 지고)

- **알**고: 고객을 알고, 상품을 알고, 자신을 알고, 고객과 상품과 자신을 결합시켜라.

- 하고: 알고 있는 것과 생각한 것을 실천하여 아는 것과 생각과 행동을 일치시켜라.

- 참고: 하다 보면 힘들고, 어렵고, 위험한 것을 무릅쓰며 참아내라.

- 끌고: 자신을 배양하고 육성하라.

- 밀고: 자신을 독려하고, 격려하고, 지지하고, 응원하라.

- 주고: 고객에게 제공하고, 전달하고, 베풀고, 지지하고, 지원하라.

- 받고: 호감을 받고, 받으면 감사하고, 감사함을 표현하고, 받은 만큼 다시 주어라.

- 보고: 자신의 활동을 점검하고 잘못된 것은 고치고, 보완하고, 개선하라.

- 피고: 활동을 성과로 연결하고, 최고의 성과로 만개하라.

- 활동 결과 후 영업 활동에 대한 정리, 피드 백을 통해 개선 점을 찾고 계약 고객에게는 진심으로 감사하고 변함 없는 사후 관리 활동으로 또 다시 필 준비를 하라.

| 프로세일즈의 조건

7

1:250(1명이 250명이다)

전설적인 자동차 세일즈 왕 조지라드의 법칙이다.

그의 판매 실적은 1년에 1,425대, 12년간 13,000여 대였다. 12년간 매일 3대를 판매한 그가 밝힌 영업비결은 무엇일까?

고객을 만나면 칭찬부터 하는 것과 고객이 좋아하는 사람이 되는 것이다.

판매, 계약, 이익도 중요하지만 그보다 사람을 남기는 일을 더 중요하게 여겼다는 뜻이다. 영업 초기 가망고객 발굴을 위해 사람이 많이 모이는 결혼식장, 장례식장을 찾으니 모인 사람의 숫자가 보통 250명인 것을 알았다.

1:250의 법칙이란 한 사람을 내 사람으로 만들면 250명이 뒤를 이어 내 사람이 될 수 있다는 것이다. 특히 자신에게 자동차를 구매한 고객이 재구매 시 반드시 자신에게 구매하라는 법이 없다는 것을 깨닫고 자기에게 차를 샀던 고객을 다시 자기에게 부르는 것, 그것이 판

매의 비결이라 생각하여 한 사람에게 1년에 12번의 안부 편지를 보내는 성의를 보였고 결과는 물론 대성공이었다. 한 번 관계를 맺은 고객은 반드시 내 사람으로 만들어야 한다.

그리고 내 사람으로 만드는 방법은 고객의 만족이요, 감동이요, 기쁨이요, 행복이며 수단이 칭찬이다. 그러니 어찌 그 고객이 왕이요, 황제요, 신이지 않겠는가? 그 한 사람이 고객 만족을 통해 충성 고객, 협력자로 발전하여 소개 영업, 관계 영업이 되는 것이다.

우수한 세일즈맨들의 계약자들을 보면 직업별, 업종별, 연령별 등으로 비슷한 경우가 많다. 세일즈맨이 특화 시장을 공략, 노하우를 갖고 지속 영업하는 것과 기존 고객이 자신의 주변을 소개하여 주는 것이 그 이유이다.

판매가 최종 목적이 아니다. 사후 고객 관계 관리로 추가 계약, 재계약, 소개 계약이 이루어져야 한다. 협력자가 된 한 사람의 고객은 250명의 가능 고객을 갖고 있다.

고객의 창조보다 더 중요한 것이 고객 관리이다.

8

$80{:}20$

$80{:}20$은 파레토가 발견한 법칙으로 그 당시 이탈리아 국부의 80%가 상위 20%에 의해 소유되고 있다는 것으로 최소 노력의 원리, 불균형의 원리 등으로 불린다.

노력, 투입량, 원인의 작은 부분이 대부분의 성과, 산출량, 결과를 이루어 낸다는 법칙으로 투입량의 20%가 산출량의 80%를 만들어 내고, 원인 가운데 20%가 결과의 80%를 도출하며, 전체 노력의 20%가 전체 성과의 80%를 만든다는 것이다.

파레토의 80:20의 법칙이 어떤 경향을 일반화시킨 것이라면 초과학적인 묘리의 황금률이 '78:22 우주의 법칙'이다.

유태인들의 사고 방식에 큰 틀이 되는 78:22의 법칙에 따르면 이 세상은 모두 78:22의 비율로 구성되어 있다는 것이다.

공기 중에 질소와 산소 등 여타 부분의 구성 비율은 78:22이며 사람의 몸 중 수분과 기타 성분의 비율이 78:22이고 또한 정사각형 속에

4면에 접하는 원의 면적과 원 밖의 면적 비율은 78:22이다.

그래서일까? 회사에서 인사고과 시 우수 고과 인원을 통상 20%로 잡고 우대를 한다. 대부분의 사람은 80%의 기본을 갖추고 있어 사회가 형성될 수 있으며 차별화된 20%가 주도적으로 사회를 이끄는 것이다. 수십 대 일, 수백 대 일의 입사 경쟁에서도 실제로는 상위 20%의 치열한 경쟁이다.

한국방송영화공연예술인 노조에 의하면 소속 연예인 중 2007년 기준 연소득 1,020만 원 미만이 2,387명(69%), 2,000만 원 미만이 276명(8%), 3,000만 원 미만 160명(4.6%), 5,000만 원 미만 182명(5.3%), 1억 원 미만 188명(5.4%), 1억 원 초과 265명(7.7%)이었다. 연소득 2,000만 원 미만인 탤런트가 77%(약80%)인 것이다.

누구는 방송 출연 회당 출연료가 수천만 원을 받으며 한 해 세금으로만 수십억 원을 납입하는 데 탤런트 10명 중 7명은 연소득 1,000만 원 안팎인 셈이다.

우화 '개미와 배짱이'에서 개미는 겨울을 대비해 열심히 일을 하는 모습으로 설정되어 있다. 그래서 사람들은 열심히 부지런히 일하는 사람을 개미에 비유한다. 그러나 일본 홋카이도 대학의 사카가미 교수는 개미의 생태를 연구한 끝에 전체 개미 중 먹이를 비축하기 위해 일하는 비율은 20%에 불과하다는 결론을 내렸다. 60%는 온종일 하는 일 없이 빈둥거리고 있으며, 20%는 이리 저리 움직이고 있으나 자세히 살펴보면 그저 왔다 갔다 할 뿐이며, 20%만 열심히 일을 해서 나머지 80% 개미들을 부양한다는 것이다.

은행의 상위 20%의 고객이 전체 영업 이익의 80%를 기여하며, 백화점 20%의 단골 고객이 매출의 80%를 점유하며, 카드회사 20%의 우량 고객이 80%의 매출을 올려주며, 휴대폰 최근 통화 목록의 80%는 20%의 사람들과의 통화이다. 맥주는 소비자의 20%가 소비의 80%를, 상습 범죄자 20%가 범죄의 80%를, 개인은 일하는 시간의 80%를 쓸데없는 데에 낭비한다는 것이다.

세일즈 활동에 견주어 80:20의 법칙을 적용해 보자.

- 활동 시간의 80%를 이동에 비효율적으로 소모하지 않는가.
- 계약이 불가능한 고객에게 활동의 80%를 집중하지는 않는가.
- 세일즈 활동의 두려움과 걱정의 80%는 쓸데없는 것은 아닌가.
- 고객의 관심 밖 사항에 대한 상담을 80% 하고 있지는 않는가.
- 고객에게 필요 없는 정보와 지식을 80% 전달하고 있지는 않는가.
- 판매액의 80%를 점할 20%의 핵심 고객을 특별 관리 하는가.
- 판매 시 20%의 상품 핵심 가치를 강조 하는가.
- 고객에 대한 일반적 80%의 정보나 지식을 넘어 20%의 핵심을 갖고 있는가.

이렇게 생각을 해보는 것은 어떤가?
- 상품을 구매하려는 고객이 80% 이상이기 때문에 회사와 세일

즈맨이 존재할 수 있다.

- 내가 계약 체결에 실패한 고객은 20%에 속하는 고객이었기 때문이다.
- 세일즈맨 20%가 전체 계약의 80%를 성사시킨다.
- 세일즈맨 20%가 전체 소득의 80%를 차지한다.
- 중요고객 20%가 계약의 80%를 보전하여 준다.
- 중요고객 20%가 소득의 80%를 보전하여 준다.
- 만족고객 20%의 홍보가 이미지 상승의 80% 역할을 한다.
- 불만고객 20%의 불만이 이미지 하락의 80% 역할을 한다.
- 우수한 것 20%가 목표의 80%를 달성하게 한다.
- 부족한 것 20%가 목표의 80%를 미달하게 한다.

한 연구에 의하면 세일즈맨의 50%가 첫 방문에서 포기하고, 20%가 재방문, 7%는 세 번째 방문, 5%는 네 번째 방문에서 세일즈를 포기한다. 다섯 번째 방문까지 이어가는 세일즈맨은 18%로서 최후까지 노력하는 약 20%의 세일즈맨이 전체 계약의 80%를 성사시킨다.

세일즈맨 중 20%의 유능한 세일즈맨이 80%의 계약을 성사시키고 나머지 20% 계약의 80%인 16%의 계약을 나머지 80%의 세일즈맨 중 80%인 64%의 세일즈맨이 성사시키며, 나머지 4%의 계약을 나머지 16%의 세일즈맨이 성사시킨다.

이제 자신에게 질문을 해 보자.

지금 나는 어느 쪽에 속하여 행동하고 있을까? 20%의 핵심 영역에서 최선을 다하고 있는가? 아니면 나머지 80%의 영역에서 준비 없이 하루하루를 보내고 있는 것인가?

세일즈맨들은 대개 유사한 상품을 판매하는 것이다. 같은 회사의 자동차, 보험, 금융 상품, 건강식품, 전자 제품…. 여기서 그 차이는 상품에 있는 것이 아니고 세일즈맨 자신에게 있는 것이다. 왜 자신과 계약을 안 하고 경쟁자와 계약을 하는 것인가?

유능한 세일즈맨들의 앞설 수 있는 20%의 차이와 무능한 세일즈맨들의 뒤질 수 있는 20%의 차이를 발견하고, 극복하고, 따라잡는 것이 바로 세일즈 성공의 비결이다.

9

대수의 법칙

大數의 法則은 확률 기본 법칙의 한 가지로 주사위를 몇 번이고 굴릴 경우 6이 나오는 비율은 6분의 1에 가까워진다고 하는 생각을 수학적으로 이론화한 것이다. 한 생명보험회사에서 1억 원 이상 소득 설계사들에 대한 설문 조사 결과 보통 신규 계약은 4번째 방문에서 이루어진다고 한다. 그 경우 100번의 방문 활동을 한 사람이 50번의 방문 활동을 한 사람보다 4번째 방문에서 계약을 체결할 확률이 높을 것이다. 야구 선수 중 타율이 3할인 선수가 최근 5경기에서 2할의 타율을 보였더라도 경기 수가 늘어날수록 그의 타율은 3할을 유지할 확률이 더 높다. 지난 1년간 5경기당 1골을 넣은 선수가 현재 5경기 중 1골도 못 넣었으면 10경기를 출전하면 2골을 넣을 확률이 높아지고 20경기에 출전하면 4골을 넣을 확률은 더 높다.

영업 역시 잘될 때도 잘 안 될 때도 있다. 자기 pace를 지켜나가는 것이 중요하다. 슬럼프일수록 자기 활동량을 유지하는 것이 슬럼프를 벗어나는 방법이다. 문제는 활동량이다. 자신이 4번 방문하면 1건의 계약을 체결하였는데 10건을 방문하여 1건도 체결 못 했다고 의기소침하거나 의욕 저하로 활동량이 줄어든다면 4번 방문당 1건의 계약 확률이 더욱 줄어들 것이며 일희일비 하지 않고 변함없는 꾸준한 표준활동은 계약 체결 확률을 맞게 만들어줄 것이다. 대수의 법칙에 의해 지속적 표준 활동을 하면 10건을 방문하여 1건도 체결하지 못하다가 20건 방문 시 5건을 체결할 수 있고 20건 방문하여 2건을 체결하였다면 28건 방문 시 7건을 체결할 수도 있다.

10

제곱의 법칙

1의 제곱은 1, 2의 제곱은 4, 3의 제곱은 9, 4의 제곱은 16, 5의 제곱은 25이다. 고객을 한 번 더 만났으면 계약이 가능했을 것이다. 고객에게 한 번 더 제안하였으면 더 큰 계약을 했을 것이다. 고객의 고충을 한 번 더 처리하였으면 신뢰를 얻었을 것이다. 고객의 이야기를 한 번 더 경청하였다면 생각을 알았을 것이다.

미흡한 성과를 낸 세일즈맨보다 한 번 더 노력한 세일즈맨이 부족한 성과를 실현하고,

부족한 성과를 낸 세일즈맨보다 한 번 더 노력한 세일즈맨이 보통의 성과를 실현하고,

보통의 성과를 낸 세일즈맨보다 한 번 더 노력한 세일즈맨이 우수한 성과를 실현하고,

우수한 성과를 낸 세일즈맨보다 한 번 더 노력한 세일즈맨이 탁

월한 성과를 실현한다.

미흡한 세일즈맨이 1회의 추가 노력으로 1의 제곱인 1이라는 결과를 가져왔다.

탁월한 세일즈맨은 5회의 추가 노력으로 5의 제곱인 25라는 결과를 가져온다.

세일즈맨	노력도	성과
미흡	1	1
부족	2	4
보통	3	9
우수	4	16
탁월	5	25

생명보험 설계사 1인당 월평균 소득이 300만 원이라고 한다. 즉, 보통의 설계사 소득이 월 300만 원인 셈이다. 보험회사에서 탁월한 설계사들인 MDRT의 연봉은 억대다. 즉 탁월한 설계사의 소득은 월 900만 원인 것이다. 평균 소득 대비 약 3배의 소득 차이다. 보통의 설계사는 3의 제곱인 9의 결과요 탁월한 설계사는 5의 제곱인 25의 결과로서 약 3배의 결과 차이인 것이다. 노력의 횟수가 많을수록 그 횟수의 제곱 값의 차이가 큰 이유를 이제 알았을 것이다.

남과 같은 노력으론 남만큼 할 수 있을지는 몰라도 앞설 수는 없다. 안 되면 한 번 더 하라. 한 번 더해서도 안 되면 한 번 더 하라. '한 번 더'가 엄청난 성과의 차이를 가져온다.

6장

성과를 배가시켜라

성과를 배가시켜라

1

시장과 고객을 읽어라

🎲 구분하여 대처하라

집합에 의한 분류로 같은 지역, 아파트 단지 등의 지역 시장과 회사, 협회, 단체 등의 직역 시장으로 구분할 수 있으며 관계에 의한 분류로 가족, 친지, 친구 등의 혈연, 지연, 학연의 연고 시장과 백지 관계인 개척 시장 그리고 계약의 주체에 따라 개인과 법인 시장으로 분류할 수 있으며 영업사원의 적성과 특성 및 배경에 따라 적합한 시장이 있을 수 있다.

프로 세일즈맨은 개척 판매를 통한 고객에 대해 철저한 사후 관리로 연고 고객 이상의 연고를 맺어가며 법인 고객의 소속 직장인들을 개인 고객으로 만들어 영업망과 고객 수를 확장한다.

시장의 종류와 고객에 따라 고객의 성향이 다를 것이며 고객에 따라 원하는 상품, 대응 화법 및 판매 포인트가 다르므로 시장을 대별하여 공략 포인트를 설정해야 한다.

시장 구분	고객 특성	판매 Point
직역	면담 시간이 짧고 이해가 빠르다. 의사 결정이 빠르다. 전파 효과가 강해 고객군을 이룬다.	자신 있게 핵심을 이야기한다. 고객 질문 위주의 대화를 유도한다. 단체 설명회 기회를 만든다.
지역	접근이 용이하다. 계약 소요 시간이 상대적으로 길다. 접하는 판매 사원이 많다.	반복적인 방문으로 친밀도를 강화한다. 작은 부분도 정성껏 설명한다. 예상되는 비교 질문에 답을 준비한다.
개인	고객 개인 일에 관심을 중시한다. 지속적인 방문을 중시한다. 혜택과 서비스를 바란다.	고객 정보를 파악 후 관심을 표명한다. 계획적, 정기적으로 방문한다. 가능한의 서비스 수준을 설정한다.
법인	견적을 비교한다. 지식이 많고 요구 사항이 있다. 타 회사보다 상대적 혜택을 원한다.	타사의 견적 정보를 입수한다. 예상 질문과 답을 준비한다. 동기 부여할 수 있는 장점을 부각한다.
연고	관계의 정도에 따라 결정된다. 정에 약하다. 세일즈맨의 입장을 고려한다.	평소 친밀도를 강화한다. 정을 느끼게 하고 호소한다. 세일즈맨에게 주는 도움을 이야기한다.
개척	영업자의 태도를 지켜본다. 명확한 상품 설명을 원한다. 신뢰를 중시한다.	매너, 자세, 예의, 외모를 갖춘다. 니즈와 원츠에 부합한 지식을 전한다. 진지하게 대하고 약속을 지킨다.
연고 개척	소개자와의 관계 정도를 중시한다. 소개자에 대한 부담을 갖는다. 완곡히 거절한다.	소개자와의 친밀도를 파악한다. 영업자와 소개자와의 관계를 어필한다. 고객의 의사를 간파하여 대처한다.

정보를 발굴하여 가능 고객을 집중 공략하라

보도 자료에 의한 정보의 예

개인 고객	법인 고객
– 도시 예정 지역에 토지 보상금이 풀린다. – 신축 건물에 ○○본사가 입주한다. – ○○지역 아파트 단지 입주가 시작되었다. – 골드 미스 골드 미스터의 소비 성향은? – 2030세대, 4050세대, 실버세대의 소비 성향은? – 연금 보험 신규 가입자의 주 연령, 소득 층은? – 건강기능식품을 주로 찾는 연령, 소득 층은? – 여성에게 필요한 연령별 영양소는 ○○ 이다. – ○○그룹 공채 사원 교육 수료 후 현업 발령 – ○○그룹 대규모 임원 인사 단행하다. – 신규 임원 지원용 차의 장단점을 비교 한다. – ○○신상품에 관심과 인기가 집중된다. – 고객의 출산, 고객 자녀의 취업, 결혼 은?	– ○○공단 산업체 입주 시작 – ○○사 창사 이래 최대 영업 이익 실 현하다. – ○○사에 특별 성과급이 지급된다. – ○○사에서 직원 복리 후생 방안을 강구 중이다. – ○○사는 추석 직원 선물로 건강 관 련 제품을 지급할 예정이다. – ○○사 신규 임원 승진자에게 제공될 차량 수요는 ○○대이다. – ○○여행사에서 가족 여행객에게 비 타민 건강기능식품을 제공한다. –은행 창립 기념일에 고객 사은 행사 실시 예정이다. – ○○사 고객 판촉 행사 실시한다. – 전국 어린이집협회에서 사고 보상 대 책 마련 중이다. – 교총에서 스승의 날 회원을 위한 사 은 선물을 계획한다. – 교육부에서 ○○년도 각급학교 교육 기자재 구입 예산을 ○월에 집행하기 로 결정했다.

 ## 어디서 정보를 발굴할 수 있는가?

모든 잠재 고객보다는 가능 고객을 발굴하여 계약을 제안하는 것이 방문의 효율을 높일 수 있으며 그러한 가능 고객에게는 최근의 이슈와 고객과 관련된 내용들을 대화의 중심에 두어야 서로의 공감대를 형성하고 친밀도를 높일 수 있다.

1~2개 일간지는 필수, 주간지, 월간지도 챙겨라. 연구소 보고서도 읽어라. 경제신문과 뉴스도 보고 들어라. 협회 홍보지, 통계청 자료, 기업 연감을 보면 알 수 있고, 방문 활동량만큼 비례하여 고객의 정보를 획득할 수 있다. 자기 업과 관련된 기사와 내용을 발굴하여 세일즈북을 만들어 고객에게 보여주며 객관성을 입증할 때 고객의 신뢰가 높아진다. 시장 정보 획득에 의해 시장을 선점해야 하며 자신의 강점이 발휘될 수 있는 시장에 힘의 집중이 필요하다.

영업은 선견(先見), 선수(先手), 선제(先制)이기 때문이다.

🎲 가능고객을 발굴하라

법인 영업사원이라면 신문에 보도되는 재무 상태가 좋고 성장하는 회사, 매출과 이익의 놀라운 실적을 달성한 회사, 언론에 소개되는 회사, 노사(勞使) 협의 중인 회사, 주총을 앞둔 회사, 사장의 Mind가 각별한 회사, 노조의 Mind가 각별한 회사, 직원 복리 후생의 Mind가 각별한 회사 등은 고객 발굴에 훌륭한 정보가 될 것이며 정보에 의한 방문 활동 후 직원 사기 앙양을 위한 대책을 강구 중인 회사, 동종 업종의 타 회사 대비 복리 후생이 약한 회사, 각종 기념일을 앞둔 회사, 타사와의 기존 계약에 대해 불만이 있는 회사 등은 영업의 타깃이 될 것이다

개인 가능 고객	법인 가능 고객
계약 기간이 끝나는 고객	재무 상태가 좋고 성장하는 회사
재방문을 제안하는 고객	매출과 이익의 놀라운 실적을 달성한 회사
긍정을 많이 하는 고객	언론에 소개되는 회사
질문이 많은 고객	노사(勞使) 협의 중인 회사
경청하는 고객	주주총회를 앞둔 회사
계약이 필요조건인 고객	주가가 상승하는 회사
연고 고객	CEO가 교체된 회사
지속적인 방문 가능 고객	사장의 Mind가 각별한 회사
소개받은 고객	노조의 Mind가 각별한 회사
좋은 일이 생긴 고객	직원 복리 후생의 Mind가 각별한 회사
안정적인 소득원이 있는 고객	직원 사기 양양 대책을 강구 중인 회사
계획적인 소비 고객	통 입풍 타 회사 내비 복리 우생이 약한 회사
경제력이 상승하는 고객	각종 기념일을 앞둔 회사
타사에 불만인 고객	타사와 기존 계약에 대해 불만이 있는 회사

 고객 신수요 발생의 타이밍을 놓치지 마라

판촉물 영업사원이라면 금융기관 신규 계약자, 고액 계약자 사은품 지급 및 영업 이벤트를 위한 판촉 물품 활용이, 자동차 영업사원이라면 회사 설립, 신규 임원, 승진, 보직 변경 등에 의한 노후 차량 교체 및 자동차 신규 수요 발생, 전자 제품 영업사원이라면 공장 이전, 회사 이전, 신축 건물 준공 등에 의한 비품 업그레이드로 전자 제품 수요 발생이, 법인 보험 영업사원이라면 계약 법인의 직원 수 증가, 타사와 체결한 기존 계약의 불만, 제도 변경, 담당자 교체, 계약 증액 등의 금융 상품 수요 발생은 영업에 있어 중요한 타이밍이다

신수요 발생의 예

개인 고객	법인 고객
신상품의 출시 신 Needs의 발생 신 Wants의 발생 기존 상품의 교체 시기 도래 구매 경제력의 증대 환경의 변화	〈직원 복리 후생 제도 도입〉 생일 맞은 직원에게 건강기능식품 지급 영업사원 신규 차량 구입 시 일정액 지원 전 직원 월 1회 추천 도서 제공 〈축하 및 기념 선물 지급〉 창립 기념일, 노조 설립일, 추석, 구정, 근로자의 날, 목표 달성 기념일 등 〈영업 이벤트를 위한 물품 필요〉 신규 계약자, 고액 계약자 사은품 지급 고객 증대 캠페인 실시 〈회사 여건 및 환경 변화〉 회사 설립, 신규 임원 승진, 보직 변경 공장 이전, 회사 이전, 신축 건물 준공 등에 의한 비품 업그레이드로 전자 제품 교체 회사 성장에 의한 직원 수의 증가 계약 내용 불만으로 타사 계약 이전 회사 제도 변경, 계약담당자 교체

세일즈 Flow와 세일즈 Step

세일즈 Flow	세일즈 Step
시장을 알아야 고객이 보인다 고객이 보여야 계획을 세운다 계획을 세워야 전략이 보인다 전략이 보여야 전술을 세운다 전술을 세워야 활동을 행한다 활동을 행해야 문제가 보인다 문제가 보여야 대책을 세운다 대책을 세워야 해결을 찾는다 해결을 찾아야 결과를 이룬다 결과를 이뤄야 성과를 이룬다 성과를 이뤄야 고객을 갖는다 고객을 가져야 협력자가 생긴다 협력자가 생겨야 기반을 이룬다 기반을 이뤄야 지속성을 갖는다 지속성을 가져야 지속성과를 이룬다 지속성과가 합해져 큰 성과가 만들어진다	시장 방향 설정 가능고객 리스트 작성 타깃 리스트 작성 예상 고객 발굴 신뢰 관계 구축 니즈 파악 상품제안 의문 해결 문제 해결 계약 제안 거절 처리 계약 사후 관리

복잡하고 어려운 과정인 것 같지만 동시 다발적으로 행해지는 과정이며 알게, 모르게 이미 이러한 과정을 거쳐 계약이 이루어지고 시장과 고객이 관리되는 것이다. 차이는 같은 영업 활동을 하더라도 이러한 생각과 마인드를 갖고 안 갖고의 차이이다.

재래시장이나 할인 매장, 백화점, 전문점, 편의점 등을 가 보아라. 시장에서 진행되는 마케팅을 보고 배워라. 시장의 영어 단어는 Market이고 Marketing은 시장에서의 매매, 제조에서 판매까지의 전 과정을 뜻한다. 과일가게 주인은 내방하는 시간대별로 고객의 수와 특성에 맞추어 과일을 종류별로 진열하는 위치의 변화를 줄 것이며 가격 또한 변화를 줄 것이다. 신선도를 중요시하는 과일은 가게 문을 닫을 무렵에는 대폭 할인, 즉 떨이 판매도 감행할 것이다. 그리고 하루의 판매가 끝나면 성과와 이익을 계산하고 고객 경험을 바탕으로 내일은 어떤 종류의 과일을 얼마만큼 들여 놓을지 계획할 것이다.

떡 가게 주인은 매출 확대를 위해 입시 시즌에는 찹쌀떡을, 생일 축하용을 위해서는 케이크 떡을, 고사 시즌에는 고사떡을, 봄·가을 행사가 많이 이루어질 때는 행사용 떡을 만들어 그것을 필요로 하는 고객의 욕구를 충족시켜 줄 것이다.

편의점을 방문하는 주 고객이 젊은 직장인과 학생임을 감안하여 편의점에서는 음료, 간편 음식, 일상 생활용품들의 품질을 높이고 상품 진열 시 전면에 배치하며 작은 휴게 공간도 만들고 음악도 최신 유행곡을 틀어 고객을 편의점에 익숙하고 편안하게 한다.

할인 매장을 찾는 주 고객이 가격에 민감한 주부임을 감안하여 주부가 방문하는 시간대에 할인 행사와 보너스 행사를 집중하고 자체 브랜드로 저렴한 가격의 상품을 개발하며 독신자와 맞벌이 부부를 위해 소형 포장과 간편 식품을 갖추어 놓는다.

이러한 일련의 활동이 시장과 매장을 찾는 고객의 특성을 알고 대응하는 마케팅 활동이다. 세일즈맨에게도 시장과 고객의 특성이 있다. 시장을 아는 것이 영업의 시작이요, 시장을 공략하는 것 또한 단계적 접근이 이루어져야 한다.

 ## 고객 족보를 관리하라

혈연, 지연, 학연, 인맥 관계 등 고객리스트에 의한 고객 지도를 작성하고 고객 지도를 근간으로 고객 확장도를 작성하여 고객 족보를 완성하라. 우수 고객이 많고 계보가 많은 족보를 가진 세일즈맨이 결국은 세일즈 왕이 되는 것이다.

2

기반을 구축하라

자동차 보험 240명의 고객을 확보하고 1년 후 계약 만기가 도래할 때마다 재계약이 이루어진다고 가정하면 재계약으로만 매일 1건의 계약이 가능하다(공휴일을 제외한 연간 활동일수는 약 240일). 산술적으로 고객 240명을 확보하려면 한 달에 10건씩 2년을 계약해야 한다.

한 생명보험회사에서 연봉 1억 원 이상인 설계사의 설문 조사에 의하면 평균 4번째 방문에서 계약이 이루어진다고 하니 1개월에 10건의 새로운 계약을 하려면 그들은 한 달에 40번의 방문을 하여야 한다. 새로운 계약을 위해 1주일에 10번 방문, 1일에 2번 방문인 셈이다. 일반적으로 보험회사에서 1일 표준활동을 4방으로 기준 삼는다. 새로운 계약을 위해 2번 방문, 기존 고객 업무 처리 및 서비스를 위해 1번 방문, 협력자를 위해 1번 방문하여 1일 4번 방문의 활동이다. 그러니 활동의 기반이 구축되면 항상 갈 곳이 있고 계획적 활동이 필수이고 바쁘고 힘든 일정이다.

그러나 그들은 우수 설계사로 어느 정도 기존의 가망 고객을 방문하여 4번째 만에 계약이 이루어지는 것이고 일반 설계사는 그 2배의 노력이 필요할 것이다. 우선 가망 고객을 확대하기 위하여 새로운 계약 활동으로만 4번 방문이 이루어져야 한다. 오라는 데 없어도 갈곳을 만들어 매일 4번 방문 말이다. 우수 설계사들은 기존 고객에 대한 서비스와 협력자의 관리가 곧 새로운 계약 활동이다.

최근 금융감독원에서 보험 설계사의 재직 기간을 기준으로 생산성을 비교한 결과 생명보험의 경우 한 달 모집 실적이 4년 이상 근무자 1,293만 원, 2년 미만 근무자 749만 원이었으며 손해보험의 경우 한 달 모집 실적이 5년 이상 근무자 1,273만 원, 3년 미만 근무자 413만 원이었다. 그리고 현재 보험 설계사의 3.8%, 약 100명 중 4명이 억대 연봉자인데 장기근속이 곧 억대 연봉을 의미하는 결과였다.

모집 실적이 약 2배, 3배의 차이가 나는 이유는 활동 기반의 차이이다. 갈 곳이 없는 설계사와 갈 곳이 넘치는 설계사의 차이가 활동 기반의 차이요, 장기근속과 단기근속의 차이가 활동 기반의 차이요, 소득의 차이가 활동 기반의 차이이다. 누구나 처음의 활동 기반은 비슷하다. 활동 기반의 차이가 발생하는 것은 누가 고객을 고정 고객, 충성 고객, 협력자로 육성하였는가의 차이이다. 판매에 그치지 않고 판매 후 관리를 통해 협력자를 지속적으로 육성해야 하는 것이다.

협력자를 확보하라

협력자란 세일즈맨을 성원해 주고 지지해 주는 고객을 말한다. 고객을 발굴하여 계약에 이르는 과정만큼 협력자를 발굴하고 확보하는 목표를 설정하여 활동하는 것은 중요하다.

고객을 분류하면 대별하여 그룹화할 수 있을 것이다. 휴대폰 기능 중에 전화번호를 그룹화하여 관리하듯이 말이다. 가족(본가, 처가), 친척(친가, 외가), 친구(고향, 초등, 중등, 고교, 대학, 사회), 직장, 거래처, 각 그룹에서 자신을 가장 이해하고 지지해 줄 사람을 협력자로 생각하고 관리해야 한다. 아울러 고객을 직업, 직종, 업종 등으로 그룹화하여 협력자를 만들어야 한다. 그래야 고객 그룹별로 모임, 행사, 세미나도 개최하여 친목 도모 및 정보 교류의 기회도 제공할 수 있다. 또한 세일즈맨을 중심으로 협력자 간 네트워크도 구성할 수 있다.

고객을 협력자로 만들려면 고객에게 도움을 주고, 기쁨을 주고, 이익을 주어야 한다. 치과 의사인 고객에게 임플란트를 생각 중이던 다른 고객을 소개하여 두 고객이 Win-Win할 수 있다. 꽃가게를 운영하는 고객에게 경조사 화환을 필요로 하는 고객을 연결시켜 준다. 고액 고객에게 감동할 만큼의 서비스를 행한다. 협력자를 축으로 하여 세일즈의 기반이 구축될 수 있다.

고객이 고객을 부르고, 고객이 고객을 설득하고, 고객이 고객을 만든다. 바로 그 고객이 협력자이다.

세일즈를 하면서 아는 사람은 방문하지 않겠다, 아는 사람의 도움은 받지 않겠다, 신세를 지지 않겠다 하는 자존심 아닌 자존심을 갖게 되는 경우가 있는데 그것은 단순히 고객을 포기하는 것이 아닌 협력자를 잃게 되는 경우이다.

협력자의 기반을 구축하는 방법은 고객을 협력자로 발전시키는 고객 관리를 통해서도 가능하나 그보다 더 확실한 것은 누구에게나 자신을 도울 수 있는 관계의 협력자로서 시작할 수 있는 고객이 있다.

세일즈맨으로서의 자신을 적극적으로 자신 있게 당당하게 지인에게 알려라. 오히려 지인으로서 도움을 청하지 않는 세일즈맨을 오해할 수도 있다.

A라는 보험 설계사는 가족이 적극적 협력자로서 온 가족이 세일즈 활동을 지원했다. 배우자인 남편, 직장인인 아들, 학생인 딸 등은 그들의 지인들과 만나면 가입을 권유한다. 말하자면 A는 팀장이고 가족은 팀원인 셈이다. 그것이 가능한 이유는 A가 자신 있고, 당당한 정도의 영업을 하기 때문이다.

B라는 설계사는 주로 의사, 변호사, 세무사 등 전문직 개인 사업자들이 고객이며 큰 계약을 많이 성사시키며 우수한 성과와 고소득을 올리는데 그 결정적인 이유가 협력자인 의사 덕분이었다. 그 의사는 설계사의 지속적 권유로 보험을 계약 후 설계사가 해당 지역 방문 시 병원 내의 꽃꽂이를 해주고, 간호사가 결원되었을 때 소개받아 충원을 하여 주고, 설계사의 고객 중 환자를 소개해 주는 등 가족 이상의 관

심과 도움을 주는 데 감동하여 자진하여 협력자로서 활동하여 준 것이다. 대개 전문직 종사들은 지역 내 친목회, 동문회, 학회 등을 통해 서로의 지식과 정보를 교류하고 친목을 도모한다. 지역 내의 타 전문직들이 오죽하면 그 의사를 B설계사의 홍보 대사라고 부른다고 한다.

C라는 설계사는 지역 공단의 한 고객 회사가 자금이 어려울 때 대출을 가능토록 안내하고 그 회사의 제품을 설계사의 회사와 동료들이 구매할 수 있도록 협력하였다. 이 사실을 알게 된 고객의 회사 사장은 설계사를 자신의 회사에 자유롭게 출입하여 영업활동을 할 수 있게 함은 물론 한 술 더 떠 직원들에게 기왕이면 해당 설계사에게 보험을 가입토록 하고 공단 내 타 회사의 사장들에게까지 소개 영업을 하여 주는 최대의 협력자가 되었다.

D라는 설계사는 우수 설계사로 선정되어 소속 회사의 그룹 회장과의 간담회에 참석할 수 있었다. 간담회 시 D는 그룹 계열사의 사장, 임원들은 물론 전 직원들이 애사심의 차원에서 가능한 한 보험 가입 시 보험사를 선택하고 설계사들이 계열사의 출입과 활동을 지원받았으면 좋겠다고 건의했다. 회장은 당연히 생각해 보겠다고 했을 것이며 실제로 지시했는지는 알 수 없으나 D는 그 후 계열사 사장들과 임원들을 대상으로 고액의 보험을 계약하는 놀라운 성과를 이루었다. 회장이 무언의 협력자가 된 것이다. 사실 회장 앞에서 그런 건의를 하기도 실제로 계열사 사장들을 방문하기도 쉬운 일이 아니나 D는 대단한 용기와 배짱을 가진 설계사였다.

이러한 정도의 협력자를 몇 명 가질 수 있는가가 결국 지속 성장의 가늠자일 것이며, 이러한 협력자는 고객 중에서 만들어지고 고객 수가 협력자 수에 변수가 될 것이다. 또한 고객의 관리가 고객 수와 협력자 수의 절대적 요인이므로 결국 고객 관리가 영업인 것이다.

3

악센트를 주어라

낚시는 당기는 맛에 한다. 몇 시간을 흘려보내다가도 고기의 입질에 대응하다 잡아채는 당김의 순간에 느끼는 손맛에 많은 사람들이 집도 팽개치고 낚시광이 되는 모양이다. 카지노의 Machine game도 당기는 맛에 한다. 동전을 넣고 반복적으로 당기다가 이번엔 하는 기대감에 확 당긴다. 세일즈도 당기는 멋과 맛을 알아야 잘할 수 있다.

학창 시절 영어를 공부할 때 단어에도 문장에도 악센트가 들어간다. 우는 아기를 달랠 때도 똑같은 리듬으로 흔들어 주다 순간순간 변화를 준다. 똑같은 리듬으로 흔드는 경우는 잠을 재울 때. 그네를 탈 때도 뒤에서 앞으로 방향이 바뀔 때 힘껏 발돋움하여 솟구쳐 오른다. 축구선수들이라고 해서 90분 내내 있는 힘을 다할 수는 없다. 팀이 된다 싶을 때, 분위기를 탔을 때, 탄력을 받을 때 힘을 집중한다. 악센트, 즉 순간적으로 힘을 주어 확 당기는 것이다.

별 특색이 없을 때 밋밋하다고 한다. 고추장의 매운 맛인지 된장의 구수함인지 아니면 절묘하게 조화를 이룬 맵고 구수함인지 아무런 특징 없이 섞인 것이다. 이것도, 저것도 아닌 것이다.

무능한 세일즈맨은 한 말 또 하고, 또 한 말 또 한다. 무능한 세일즈맨은 제자리에서 더 나가지 못한다. 무능한 세일즈맨은 무취(無臭), 무색(無色), 무감(無感)이다. 무능한 세일즈맨은 진퇴양난(進退兩難)이다. 무능한 세일즈맨은 맴돌다 지친다.

일반적으로 방문 판매의 경우 평균 5방 후 계약을 체결할 수 있다고 한다.

매회 방문 시 똑같은 모습으로 똑같은 인상과 기억을 남겨서는 계약을 체결하기 어렵다. 방문의 목적과 결실을 분명히 할 수 있는 포인트를 남겨야 하며 방문 횟수에 비례하여 계약 체결의 확률을 20%-40%-60%-80%-100% 등으로 높여가야 한다. 그러기 위하여 질문과 설명과 화법의 강조도 필요하며 남들과 똑같은 정형화된 과정의 모습보다는 고객에게 강하게 남을 자신의 것을 갖추고 보여주어라.

유능한 세일즈맨은 고객과의 판매 상황을 주도적이고 발전적으로 만들어 나가는 반면 어떤 세일즈맨은 거꾸로 고객이 상황을 주도하고 세일즈맨을 설득한다.

계약의 선택권은 당연히 고객에게 있으나 그 선택을 세일즈맨이 의도하는 방향으로 이루어나가는 것이 세일즈인 것이다.

보험 영업의 단계별 악센트와 기대 효과의 예

단계별	동기 부여
1	왜 보험이 필요한가?(why)
2	언제 보험이 필요한가?(when)
3	무슨 보험이 적합한가?(what)
4	어떻게 보험을 설계하는가?(how)
5	왜 이 보험이어야 하는가?(where)

단계별	판매 화법
1	누구도 앞으로의 위험을 모른다고 역설한다.
2	빠르면 빠를수록 좋고 지금이 적기라 설명한다.
3	특히 위험에 노출된 환경들을 제시한다.
4	맞춤형 제안을 한다.
5	내용의 우수성과 비교 경쟁력을 제시한다.

단계별	악센트
1	만약에 고객이 이런 일이 발생한다면?
2	가입이 빠르면 보험료도 저렴하고 보장기간도 길다.
3	특히 고객의 직업이나 직무 환경은 위험도가 높다.
4	소득과 은퇴시기를 고려하여 보험금과 보험료는?
5	고객을 위한 맞춤형 상품이다.

단계별	기대 효과
1	보험의 필요성 인지 및 가입 의사
2	조기 가입의 효과 인정
3	자신에게 더욱 필요함을 인지
4	맞춤형 설계에 대한 공감
5	고객을 위한 적합 상품으로 만족

포인트를 일반적인 것에서 고객에게 특정지은 방향으로, 일정 기간에서 시간과 상황론적으로, 상황론적에서 상황압박론으로, 객관적

에서 주관적으로 집중시켜 가야 한다.

보장성 보험의 판매라면 만약의 경우를 대비하여야 하며, 이러이러한 보장들의 내용인데, 직업이나 직무 환경을 고려하여 이런 상품을, 연령이나 소득 보전을 위하여 보험금과 보험료 납입은 이렇게, 회사 내 타 상품과 타 회사 상품과 비교하여 이런 장점으로 적합한 상품임을 강조한다.

🎲 될 때 몰아쳐라

이어령 씨는 2008년 서울대학교 입학식에서 '떴다 떴다 비행기'라는 축사를 했다. '입시 공부의 굴레에서 벗어나 공중에 떠 있는 기쁨을 느낄' 신입생들에게 뜨는 것으로 그치지 말고 높이 날아야 한다고 조언했다. 하루아침에 떴다 사라지는 연예인, 정치인 그리고 유행 상품들이 얼마나 많은가. 떴을 때 자만심과 방심이 성공의 가장 큰 적이다. 스포츠 경기에서 연승이 어려운 이유도 승리한 다음 날 긴장감과 집중력이 떨어져 승부처에서 힘을 발휘하지 못하기 때문이다. 부자와 가난한 자의 차이도 있을 때 재산 관리를 잘하고 못하고의 차이이다.

우수한 세일즈맨은 어느 순간 무지하게 영업이 잘 된 시기를 갖고 있다. 그리고 그때를 기반으로 안정적 소득 기반을 마련하고 성공에 대한 상상으로 무장하게 된다. 영업이 잘될 때 몰아치기로 영업의 기반을 공고히 해야 한다. 영업이 잘될 때는 생각도 몸과 마음도 최상의 컨디션이 된다. 안 되던 일도 풀리고 안 될 것 같던 일도 해결의 실마리가 보인다. 자신도 모르는 사이에 모든 것이 긍정의 시나리오와 선순환의 법칙에 따라 움직여지기 때문이다. 이때는 모르던 것도 알게 되고 안 보이던 것도 보이게 된다.

자기도 모르게 목표를 높이 설정하고 그럼에도 그 목표가 그리 어려워 보이지 않는다. 2002년 대한민국의 월드컵 4강이 그렇지 않았던가. 유능한 세일즈맨이 되고 싶으면 어느 시기를 정하여 최고이자 최선의 활동을 해야 한다.

할 때 하고 말 때 말라

학창 시절 시험보기 전 한 달 전부터 공부해도 노력에 비해 시험을 못 보는 데 오히려 일주일 전에 집중적으로 공부해 시험을 더 잘 본 경우가 있다. 오히려 소위 말하는 하루 전 당일치기로도 시험을 잘 보는 경우가 있다. 차이는 집중력의 차이이다. 당일치기의 집중력으로 일주일의 공부 양을 극복하고 일주일의 집중력이 1개월의 공부 양을 Cover하는 것이다.

당일치기로 어느 정도 성적을 올리고 나면 다음에는 미리미리 공부해 성적을 올리겠다 다짐하고 당일치기로 이 정도면 미리 공부하면 장학금도 탈 것 같은 확신을 갖는다. 그러나 다음 시험도 조금은 낫지만 미리 공부가 잘 안 되고 당일치기 비슷한 상황에 처한다. 미리 공부는 하는데 잘 되지는 않고 놀자니 부담스럽고 하는 것도 노는 것도 아닌 어정쩡한 시간을 보낸 후 당일치기에 접어드는 것이다.

일주일 전에는 잠재의식 속에 여유가 있어 딴생각도 하는 데 당일치기는 바로 내일이 시험이니 안 하면 안 한만큼 성적이 떨어진다. 여유로운 생각을 할 겨를 없이 시간에 쫓기며 집중에 집중을 하는 것이다. 그러나 공부를 잘하는 우등생들은 당일치기의 집중력으로 매일 일정 시간 공부를 한다. 주위에서 저 학생은 놀 것 다 놀면서 공부한다고 생각한다.

Case by Case이다

군대 시절 취침 중 숙소 앞산에 수상한 자가 나타났다는 보고가 들어왔다. 그 당시 최전방은 아니었지만 철책 바로 후방 지역이었다. 당연히 비상이 걸렸다. 사태가 급박하니 군장을 꾸릴 시간도 없었다. 추리닝 바람에 총 들고 산 밑에 매복 근무를 해야 했다.

위와 마찬가지로 며칠 후면 경쟁 회사로 계약이 결정된다는 정보다. 알고도 기다리며 결과를 바라볼 수만은 없지 않은가? 지금까지의 제안으로 선택되어지지 않았는데 똑같은 제안만 할 수는 없지 않은가? 다른 방법을 찾아 빨리 만나야 한다. 할 수 있는 한 최고의 히든 카드를 보여야 한다.

감당하기 큰 계약에 걸맞게 고객이 특별한 요구를 할 때 자신이 할 수 있는 범위 밖의 제안이 들어오면 불가능한 것으로 판단하고 포기할 수는 없다. 고객의 진정성이 보인다면 우선 받아들여라. 혹 세일즈맨에게 득이 되지 않는 제안이라도 계약이 성사되면 고객은 알아서 보상해 준다. 회사도 당신이 모르는 방법과 원칙의 유연성을 갖고 있다.

세일즈맨이 모든 고객을 똑같이 관리할 수는 없다. 자신이 관리할 수 있는 역량이 100이라면 고객 우선순위도 생각하고 고객 비중도 고려해야 한다. 때로는 파격도 필요하다. 당신에게 10명의 고객을 소개하여 준 고객에게는 최고의 유리한 조건의 파격적 구매 기회를 제공하여야 한다. 그러면 고객은 자신을 인정받았다는 또 다른 기쁨을 느낀다. 동일한 상품의 동일한 조건으로 경쟁 세일즈맨과 경합 중이어서 고객이 선택의 기로에 있다면 가능한 부가 서비스를 찾아내어 제안하여야 한다.

4

확대 재생산하라

고객의 수가 중요하다

어느 보험사 판매왕의 고객 수는 1,500명이다. 고객 수 1,500명은 1년에 1번씩 고객을 상담한다 해도 연간 활동일수 약 240일을 감안하면 하루에 6.2명을 만나야 한다. 그의 한해 신규 계약 건수는 200건이고 200건은 하루에 0.8건을 계약하는 것으로 거의 매일 신규 계약을 체결하는 것이다.

지금의 활동이라면 내년에도 판매왕이 되는 것은 당연하다. 왜냐하면 그는 재계약, 추가 계약, 소개 계약으로도 너무 바쁠 것이다. 조 지라드의 말대로 1:250의 법칙을 적용하면 그는 37만 6천 명의 발굴 고객 자원을 갖고 있는 것이다.

물론 하루아침에 이룬 고객 수는 아니다. 13회 계약 유지율이 99%이니 고객 만족이 100%에 가깝다는 이야기이다. 소위 말하는 나

홀로 중소기업인 것이다. 고객 순증의 영업 목표를 가져라. 고객 수의 증가가 매출의 증가요, 소득의 증가이다.

고객 순증의 방법은 완전 판매와 사후 고객 관리로 고객 만족을 극대화하는 것이다. 자동차의 재구매, 금융 상품의 계약 만기, 위탁 급식의 계약 만기, 전자 제품의 교환, 건강기능식품의 추가 구매, 여행사의 매년 직장 해외 연수 기업 고객 등 모두가 세일즈맨의 신뢰 획득을 통해 재계약, 재구매가 이루어진다. 신규 고객을 늘리고, 탈락 고객을 방지하는 고객 순증의 영업을 행하여야 한다.

확대지향으로 나아가라

한 고객과의 계약은 끝이 아니라 시작이다. 고객 확장도를 그려라. 고객은 잠재 고객이 가망 고객으로, 가망 고객이 Target 고객으로, Target 고객이 구매 고객으로, 구매 고객이 충성 고객으로, 충성 고객이 평생 고객으로, 평생 고객이 협력자로 발전된다.

고객을 점에서 선으로 선에서 면으로 확장하라.
고객을 세모에서 네모로 네모에서 원으로 확장하라.
고객을 한 방향에서 쌍방향으로 쌍방향에서 사방으로 확장하라.
고객을 더하기에서 곱하기에서 제곱으로 확장하라.
고객을 1명에서 250명으로 250명에서 62,500명으로 확장하라.

한 명, 한 명의 고객을 연결하면 선이 되고 선이 연결되면 면이 되며 그 면이 관리하는 고객군, 즉 관리 그룹이 되는 것이다. 관리할 특성별 고객군이 만들어지면 지원과 서비스의 효율성을 가질 수 있다. 자신이 목표하는 세일즈 시장 영역에 고객을 만들어 가면 처음에 면적은 이쪽저쪽의 세모로 그다음은 방향성을 갖고 고객이 확산되는 사각으로 마지막으론 전체 시장인 원의 고객을 만들 수 있다. 이 길만이 아닌 반대의 길에도 윗길도 아랫길도 상하좌우 모든 방향에 고객이 존재한다. 한 방향에서는 고객을 확보하는 1등이 1명이지만 다른 길에도 눈을 뜨면 1등이 4명이다.

영업은 될 때 탄력이 붙고 가속도가 난다. 한 명의 고객에 대한 세일즈 가능성은 추가 구매, 재 구매, 소개 구매로 이어지며 이를 통해 급속히 성과증대가 가능하다. 그들은 구매의 필요성을 이미 인정한 고객이라 영업의 속도도 빨리 진행된다. 2 더하기 3은 5이고, 2 곱하기 3은 6이나, 2의 3제곱은 8이다. 1대 250의 법칙을 적용하면 한 사람의 고객은 250명의 잠재 고객을 알고 있으며 250명 각각의 잠재 고객은 62,500명의 고객군을 가질 수 있다. 한 명의 고객으로 시작하는 고객 확장 능력이야말로 최고 세일즈맨의 영업노하우인 것이다.

5
성과와 목표를 관리하라

작은 성과도 소중하다

하루아침에 그리고 어느 날 갑자기 이루어지는 성과는 없다. 부동산 투자도, 주식 투자도, 재테크도 발품과 시간 투자의 전제하에 성공한다. 그 성과가 이루어질 수 있는 과정이 생략된 채 결과만 보아서는 안 된다. 국내에서 인정받고 아시아에서 인정받고 세계에서 인정받은 축구선수가 박지성이다. 한국, 일본, 네덜란드, 영국의 순으로 스카우트되어 갔다. 우선 작은 성과라도 그것을 내는 것이 중요하다.

티끌 모아 태산이다. 아반떼-쏘나타-그랜저-제네시스-에쿠스로 고객도 성장한다. 독신-부부-자식-손자로 4대에 걸친 고객 확장도 가능하다. 청소기-세탁기-TV-냉장고-에어컨으로 종합 가전 고객이 된다. 교육보험-저축보험-보장보험-질병보험-연금보험 평생 고객이 된다. 증권-보험-카드-저축의 통합 고객이 된다. 추가 구매-재구매-소개 계약-소개의 소개-소개의 소개의 소개로 지속적인 연계 고객이 된다. 소기업, 중기업을 거쳐 대기업이지 처음부터 대기업이 아니다. 비타민-미네랄-칼슘-단백질 등 모두 필요한 영양소이다. 고객의 재무 상태도 변하고 진화한다. 국민 MC라는 유재석, 강호동도 무명이었다. 작은 성과가 큰 성과로 이어지는 법이다.

🎲 예상치 못한 성과도 발생한다

물론 세상사에는 운이 좋아 벼락출세, 벼락부자도 생기지만 그들 또한 경기에 참여했기에 가능하다. 로또 복권이 당첨되는 행운도 복권을 산 사람 중에 발생한다. 아파트 분양에 당첨되는 것도 청약 조건이 맞아야 한다. 고적을 발굴하다 보물을 발견한다. 약초를 캐다가 산삼을 발견한다. 금메달, 은메달이 유력했던 선수들이 실수를 하여 동메달 후보가 금메달을 목에 건다. 복수 거래를 생각하며 추가 물량을 신규로 계약하려던 고객이 세일즈맨에게 감동하여 기존의 타 회사와 거래하던 물량까지 옮겨 준다. 소량의 거래처가 사업이 대성공을 거두며 주문 물량이 10배로 늘어난다. 재력이 없어 보여 고객 재무 상태에 맞추어 작은 계약을 성실히 설명하고 나니 뜻밖의 큰 계약을 원한다. 기존 고객에게 사후 서비스 활동을 위하여 방문 활동을 하던 중 같이 있던 고객의 동료가 마침 구매 욕구를 갖고 있었다며 견적을 의뢰한다. 협력자인 고객의 회사에서 직원 교양 교육 시간에 보험에 대한 전반적인 안내 및 교육의 기회를 제공한다. 인사 부서에 근무하는 협력자인 고객이 직원 점심시간을 이용하여 직원들의 간이 건강 체크 면담과 영양 상담을 요구한다. 생각지도 못한 고객이 전화를 해서는 구매 의사를 밝힌다. 이처럼 예상치 못한 결과는 성공을 향해 가는 길에서 만들어진다.

🎲 크고 높은 목표를 세워라

국가 간 장벽이 없어진 지금은 세계 시장에서 통하는 초일류 제품만이 살아남는다며 기업들마다 목표를 세계와 경쟁할 수 있는 제품 개발에 역량을 집중한다. 야구 선수는 메이저리그, 축구 선수는 프리미어리그, 농구 선수는 NBA 무대에서 뛰는 것이 목표이다. 박태환의 목표도 김연아의 목표도 세계 정상이다.

특목고를 목표로 공부한 학생이 특목고를 가고 일류 대학을 목표로 하여 공부한 학생이 일류 대학에 간다. 공부하다 보니 고시 패스하는 사람 보았는가? 절로, 고시촌으로 오로지 고시 패스를 목표로 열정적으로 매진한 결과이다. 세일즈맨의 최고봉인 판매왕도 목표로 하고 뛰어서 판매왕이 되는 것이지 그냥 하다 보니 된 경우는 없다.

방문 판매 조직을 갖고 있는 기업마다 1년에 한 번씩 영업 우수자를 선발하여 연도상 시상식을 화려하게 거행한다. 산하의 모든 세일즈맨들이 수상하고 싶어 하고 목표로 하고 싶도록 동기 부여를 확실하게 해 주기 위함이다. 연도상 수상자 선발 평가 기간을 앞두고는 수상 기준에 아슬아슬한 도전자들은 최선의 최선을 다한다. 그들에게 연도상 수상이라는 크고 뚜렷한 목표가 더욱 땀을 흘리게 하는 것이다.

일단 목표가 설정되어야 목표를 달성하기 위한 전략이 세워지고 활동이 이루어진다. 박태환 선수의 올림픽 금메달 프로젝트, 김연아 선수의 세계 선수권 우승 프로젝트라 하며 해당 목표에 달성하기 위한 체력 단련, 훈련 방법, 훈련 일정, 코칭 스태프 등이 꾸려진다. 목표에 걸맞은 과정이 이루어지는 것이다.

보험회사 영업 소장 시절 담당한 영업소 목표가 전국에서 가장 목표가 높은 영업소 중 하나였다. 다른 영업소의 목표 대비 2%, 3% 달성이 담당 영업소의 1%도 안 되는 경우여서 가끔 '내 영업소는 왜 이리 목표가 높아 힘들까' 하는 자조 섞인 한숨도 지었다. 물론 영업소 전력에 맞게 목표가 주어지긴 했어도 목표가 높으면 달성이 힘든 건 사실이다. 그러나 목표 달성은 물론 우수 영업소 수상을 하는 이유는 무엇일까? 매달 높은 목표를 달성하기 위한 전략과 실행을, 즉 높은 목표에 걸맞은 영업 활동을 한다는 것이다. 그리고 그 목표를 도달하여야 할, 도달할 수 있는 당연한 목표로 생각하기 때문이다.

목표가 작은 영업소든 2배, 3배 목표의 영업소든 달성을 위한 열망과 노력은 같다는 것이다. 월 1건 판매가 목표인 영업사원은 그에 맞추어 영업 활동을 할 것이고 월 5건 판매가 목표인 영업사원은 그에 맞추어 영업 활동을 할 것이다. 월 100만 원 소득이 목표인 영업사원은 그에 맞추어 영업 활동을 할 것이고 월 1,000만 원 소득이 목표인 영업사원은 그에 맞추어 영업 활동을 할 것이다.

매년 어느 회사나 차년도 영업 목표를 수립할 때 환경과 여건이 현저히 변화하지 않으면 전년대비 신장한 목표를 책정한다. 해당 영업 부서에서 그러한 목표를 받아보면 도저히 달성하기 힘들 것 같아 부담스러워하며 걱정하나 결국은 그 목표를 달성해내고 다음 해에는 또 더 높은 목표에 도전하게 되는 것이다. 아무리 목표가 높아도 그것을 달성하려는 생각과 행동이 굳건하다면 전략이 만들어지고 방법이 찾아지는 것이다.

높고 큰 목표가 높고 큰 성과를 창출한다. 5건을 목표로 한 세일즈맨이 80% 달성하면 4건을 체결하지만 1건을 목표로 한 세일즈맨의 80%는 무실적이다. 1,000만 원 소득이 목표인 세일즈맨의 80%는 800만 원이지만 100만 원 소득이 목표인 세일즈맨의 80%는 80만 원이다.

생각이 미치면 활동이 따르고 활동이 반복되면 습관이 바뀌고 습관이 바뀌면 운명도 바뀐다. 기왕이면 부반장이 아닌 반장, 조연이 아닌 주연, 2등이 아닌 1등을 목표로 하라. 그러다 안 되면 부반장, 조연, 2등이 되고 그것을 발판으로 반장, 주연, 1등에 도달한다. 큰 목표가 큰 성과를 이룬다.

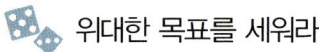 ## 위대한 목표를 세워라

　기업들의 목표는 세계 초일류 기업이다. 삼성전자는 세계 1등 제품을 몇 개를 늘렸는가가 한 해의 목표다.

　자신의 기준을 높여라. 일류가 될 수 있는 방법은 최고를 향해 위대한 목표를 설정하고 강력하게 추진하는 것이다. 렉서스를 만들기 전 도요타 자동차는 소형차 점유율 세계 1위였다. 그러나 그들은 고급차 시장에서 1등을 하지 않고는 세계 최고가 될 수 없다는 목표로 벤츠, BMW, GM에 도전하여 6년 만인 2000년에 고급차 시장 선두 자리까지 차지하게 되어 명실상부한 세계 제일의 자동차 회사가 되었다. 2등 펩시가 1등 코카콜라의 아성을 누르고 올라서는 데는 무려 100여 년의 세월이 흘렀다. 코카콜라와의 정면 승부에서 참담한 패배를 맛본 펩시는 전략을 수정하여 콜라가 판매될 수 있는 간접 유통망을 확보하기 위해 KFC, 버거킹 등으로 사업 다각화를 시도하였다. 렉서스나 펩시나 강자를 이기겠다는 위대한 목표를 세우고 수단을 찾아낸 것이다. 위대한 목표를 세우고 구체적 세부 계획을 마련하고 철저한 실행을 한 뒤 반성과 연구로 뒤를 돌아본 뒤 다시 앞으로 나아가는 것이 성공의 과정이다.

　높아 보이는 저 산도 한 걸음 한 걸음 오르다 보면 정상에 이른다. 설악산도, 지리산도, 월악산도, 내장산도, 북한산도, 도봉산도 오르겠다고 출발한 산은 다 오르지 않는가? 목표로 정한 산이 높을수록 마음을 굳게 먹고 pace를 조절하며 마침내 오른다. 당신의 목표도 1등이고 판매왕이다. 그래야 어떻게 하면 1등이 되고 판매왕이 되는지를 고민하고 방법을 찾는다.

위대한 성과는 하다 보니 만들어지는 것이 아니다. 위대한 목표를 설정하고 달성키 위해 불굴의 투지로 끈질기게 실천하는 것이 정상의 길이다. 아무리 높은 목표라도 달성할 수 있다. 이젠 1건, 2건, 3건의 목표를 넘어 1등, 판매왕, 스타의 위대한 목표로 전환하라.

7장

성공 세일즈 100계명

 성공 세일즈 100계명

1

Sales Mind Innovation

1. 고객은 돌아 볼 고(顧)와 손 객(客)이요, 왕, 황제, 신이다.

2. 고객 만족은 비용 대비 가치의 크기이다. Value〉Price가 구매를 결정한다.

3. 고객 성향과 행동의 변화를 알아야 맞출 수 있다.

4. 돈 부조보다는 몸 부조다. 벼룩 콧잔등의 여드름만큼이라도 정성을 보여야 한다.

5. 땀나고, 어렵고, 힘든 게 영업이다.

6. 무기력, 무관심, 무책임 3無를 타파하라.

7. 절대적 믿음은 평화를 준다.

8. 순수와 술수, Open과 Close의 차이이다.

9. 'I love you'이지 'very love you'란 말은 없다.

10. 바람에 부러지는 것은 소나무, 잣나무이지 버드나무 가지가 아니다.

11. 가져야 할 마음과 버려야 할 마음을 구별하라.

12. 대통령도 모두 어려움을 이겨내고 당선된 사람들이다.

13. 어렵게 생각하면 복잡해지고 복잡해지면 생각만 한다.

14. 진정한 경쟁력의 컨설턴트, 어드바이저, 플래너가 되어라.

15. 다르게 생각한 것이 맞아 떨어지면 대박이다.

16. Go 할 때 Go 하라. 확신을 못 가지면 Go 할 때 Stop 한다.

17. 자신을 믿고, 회사를 믿고, 상품을 믿고, 고객을 믿어라. 믿음은 소통이다.

18. 사랑은 아무하고나, 아무나 하는 것도 아니다. 고객과 연애하라.

19. 교회나 절에 가서 기도하듯 간절한 마음이어야 한다.

20. 소심(小心), 의심(疑心), 방심(放心), 욕심(慾心), 변심(變心)하지 마라.

21. 성장 지표를 설정하고 자기 성장표를 작성하라.

22. If가 아니라 Even if이다.

23. 일본과 스리랑카 경기 VS 한국과 일본의 경기가 관심 있고 흥미 있다.

24. 목표를 가져야 Sub 목표도 방법도 찾아진다.

25. 과일 가게 아저씨의 하루를 벤치마킹하라.

26. 단순한 영업의 개념을 비즈니스의 개념으로 확장하라.

27. 세일즈 업의 개념은 고객 수의 증대이다.

28. 상품을 거래하는 것이 아니라 마음을 나누는 것이다.

29. 날 바꿔야 상대도 바뀐다.

30. 고객과 세일즈맨은 '주고받음'의 관계이다.

31. Push가 아니라 Pull이다

32. 착각하지 마라. 결정은 고객이 한다.

2

Sales Process Innovation

33. 공부 잘하려면 앞좌석에 앉아라.

34. 알면서 안 하는 것은 다음에도 안 한다.

35. 눈 가는 곳에 마음도 가야 기억할 수 있고 소통할 수 있다.

36. 주사위를 10번 굴리는 것이 5번 굴리는 것보다 1이 나올 확률이 높다.

37. 스스로 자신을 갖기 위해 학습하고 투자했으면 고객보다 당신이 더 많이 안다.

38. 고객이 당신을 거절할 이유가 없고 혹 거절한다면 당신이 아닌 상품이다.

39. 즐기려면 노력하게 되고 노력하다 보면 즐길 수 있는 기쁨이 생긴다.

40. 풀어라, 그리고 뚫어라. 화병은 화가 나는데 꾹 참고 화풀이를 못해 생기는 병이다.

41. 휴식은 확대 재생산을 위한 영양소이고 재충전이다.

42. 당신에게 누군가 기대하고, 누군가 바라보고, 누군가 소망한다.

43. 지금까지 잘못되었어도 지금 시작하는 사람보단 앞서 있다.

44. 조금만 더 참으면 설익은 밥이 아니라 맛있는 밥을 먹을 수 있다.

45. 비즈니스 골프는 19홀, 20홀이 중요하다.

46. 계약은 끝이 아니라 시작이다. 고객은 마침내 당신을 인정했다.

47. 떴다 떴다 비행기가 아니라 높이 높이 날아라이다.

48. 사랑도 맴돌다 지치면 결혼으로 골인 못한다.

49. 고객의 마음도, 시장의 상황도 항상 현재 진행형이다.

50. 오라는 곳은 없어도 갈 데는 많다.

51. 주재료만으로 요리할 수 없다. 멋과 맛을 위해 소품과 양념과 조미료도 준비하라.

52. ○○답게 하고 ○○처럼 하고 ○○같이 하지 마라.

53. 가장 확실한 판촉물은 지식과 정보의 제공이며 공유이다.

54. 할아버지에게 빈티지를, 할머니에게 미니를 팔지 마라.

55. 보여주면 할 말, 해 줄 말도, 들을 말, 듣고 싶은 말도 더 생긴다.

56. 더 받았으면 더 주려 하는 것이 주고받음의 지속이다.

57. Take & Give가 아니라 Give & Take이다.

58. 고객에게 스트레스를 풀어주기는커녕 스트레스를 주지 마라.

59. 고객이 80% 얘기하고, 세일즈맨은 20% 얘기하라.

60. 관심과 경청을 유발하라.

61. 세일즈맨의 역할에 충실하라.

62. 약속을 지키기 위하여 자기 관리가 전제되어야 한다.

63. Do you love me?가 아니라 Do you trust me?이다

64. 남과 다른 모습을 보여라. 똑같은 의례적인 월초 안부 메일은 감응을 주지 못한다.

65. 당일치기의 집중력으로 공부하면 장학금도 문제없다.

66. 타자가 스윙을 하는 순간 80kg의 하중이 어금니에 실려 어금니 상한 선수가 많다.

67. 히딩크 마법의 극단적인 승부수는 공격이다.

68. 실전을 대비하여 실전 같이 연습하라.

69. 상대를 알고 나를 알면 백전백승이다.

70. 9회 말 2아웃, 2스트라이크 3볼, 주자 만루의 상황을 연상하라.

71. Risk만큼 Return, Contribution만큼 Compensate이다.

72. 아기들도 수 없이 넘어지며 기다, 일어서고, 걷고, 뛴다.

73. 우선순위도 파격적인 절차도 필요하다.

74. 찬스와 위기는 생각의 차이이다. 위기는 기회이다.

75. 착각하지 마라. 바로 지금 만나 상담하는 사람이 결정권자다.

76. 네 탓이 아니라 내 탓이다.

77. 장기나 바둑도 훈수를 둘 때 수가 더 잘 보인다.

78. 내가 해도 불륜이고, 남이 해도 로맨스다.

79. 성공한 사람보다 실패한 사람이 더 많다.

80. 군대 주특기, 애널리스트 담당 업종, 대학도 전공이 있다.

81. 노력 상승의 법칙과 노력 역전의 법칙이 적용된다. 노력한 만큼은 성과를 내라.

82. 내가 피하면 상대방은 더 피하고 피하는 것도 고통이다.

83. 척하다가 갑돌이와 갑순이는 장가가고 시집가서 첫날밤에 달 보고 운다.

84. 죽는 소리 하지 마라. 죽겠다는 사람에겐 희망이 안 보인다.

85. 난 포기 했으니 도와 달라가 아닌, 나도 노력할 테니 도와달라고 하라. 그래야 돕는다.

86. 로또 당첨도 복권을 사야 당첨되고 펌프 물도 물을 부어야 나온다.

87. 유도와 씨름의 기술은 무게 중심을 빼앗는 것이다.

88. 영업은 先見, 先手, 先制이다. 갈 곳이 없는 것이 아니라 갈 곳이 넘친다.

89. 하늘에서 보물이 떨어져도 받을 그릇이 준비되어 있어야 한다.

90. 고객에게 도움을 주고, 기쁨을 주고, 이익을 주어라.

3

Sales Product Innovation

91. 1명이 250명이면 250명은 62,500명이다.

92. 낚시는 당기는 맛, 카지노 오락기도 당기는 맛이다.

93. 고객을 점에서 선으로 선에서 면으로 확장하라.

94. 프로의 목표는 고객이고 아마추어의 목표는 판매이다.

95. 교과서 다음에 참고서이다.

96. 박지성도 한국-일본-네덜란드-영국으로 성과를 이어갔다.

97. 작은 성과가 큰 성과로 이어진다.

98. 영업에도 예상치 못한 횡재가 이루어진다.

99. 영업의 결과는 보유 고객의 수이다.

100. 큰 목표는 큰 과정을 거쳐 큰 성과를 창출한다.

Epilogue

영업의 VIP(VERY IMPORTANT PERSON)가 되어야 한다.

꿈을 향해 개혁적인 열정의 세일즈맨(Vision, Innovation, Passion)

영업의 MVP(MOST VALUABLE PLAYER)가 되어야 한다.

긍정적 마인드와 활력으로 인내하는 세일즈맨(Mind, Vitality, Patience)

영업은 항상 생각하고 마음을 갖고 정도로 활동해야 한다. 영업은 씨 뿌리고 돌보고 수확하는 농부의 마음이요, 농사일이다. 콩 심은 데 콩 나고 팥 심은 데 팥 난다고 했던가?

영업은 궁극적으로 알고 있는 것에 대한 실천이다. 실천하지 않는 지식은 창고 속의 폐물과 같다. 헉슬리는 "인생의 위대한 목표는 지식이 아니라 행동이다."라고 말했다. 즉, 행하는 자 이루고 가는 자 도달하는 것이 영업이다.

　　자기만의 독특한 비결로 Top세일즈맨이 된 사람은 많다. 신규 고객을 개척하는 데 뛰어난 사람, 고객 관리가 탁월한 사람, 판매 비결이 월등한 사람, 융통성이 비범한 사람, 임기응변이 우수한 사람, 그러나 그들 모두 세일즈의 기본을 갖추고 자신의 강점을 개발하고 특기를 가지게 되었다는 것이다. 즉, 기본과 정도에서 자신의 특기를 십분 발휘할 전략과 전술을 행한다는 것이다.

　　영업의 기본을 갖추고 정도를 행하지 않고는 영업에 성공할 수 없다.

　　영업의 기본과 정도는 고객과 세일즈맨 간의 관계를 결합하는 것이다.

　　고객을 알고 또한 성공하는 프로 세일즈맨의 조건을 알아야 한다.

　　고객의 관심은 구매하고자 하는 상품의 필요성, 효과성, 우월성이요, 고객의 기대는 구매를 통해 얻고자 하는 문제 해결, 편리, 이익이며, 고객의 결정은 지명도, 선호도, 신뢰도를 반영하여 구매 의지를 표현하는 것이다.

　　고객은 세일즈맨에게 성과와 소득을 보전해 주는 권한을 행사하는 결정권자이다.

그러한 고객에게 세일즈맨이 부드러운 눈길을 주고, 사랑스러운 얼굴을 보이고, 따뜻한 말을 전하고, 몸으로 도움을 주고, 마음으로 행동하는 것은 기본이요 필수인 것이다.

세일즈의 승자와 패자

승자는 행동하고 패자는 말이 우선이다.

승자는 시간을 관리하고 패자는 시간에 끌려간다.

승자는 일을 지배하고 패자는 일이 지배한다.

승자는 용감하고 패자는 두려움이 앞선다.

승자는 과정이 중요하고 패자는 결과만 생각한다.

승자는 성공을 경험하고 패자는 성공의 경험이 없다.

승자는 땀을 믿고 패자는 행운만 바란다.

승자는 꿈이 있고 패자는 욕심만 있다.

승자는 여유가 있고 패자는 바쁘기만 하다.

승자는 넘어져도 일어나고 패자는 넘어지면 포기한다.

세일즈는 결코 쉽지 않다 때로는 넘어지고, 깨어지고, 부러지기도 한다. 그러기에 굴하지 않는 지속적인 도전과 용기가 필요하다.

진정한 용기란 포기하지 않는 것이다. 1951년 에베레스트 등정에 실패한 에드먼드 힐러리는 실패 후 에베레스트를 보며, "에베레스트여, 너는 자라지 못한다. 그러나 나는 자랄 것이다. 또한 나의 힘도, 장비도 자랄 것이다. 나는 다시 돌아올 것이다. 기다려라." 그리고 1953년 마침내 세계 최초로 에베레스트에 오르게 된다.

한 생명보험회사가 설계사 가운데 상위 1%를 대상으로 성공 비결을 조사한 결과 '성실과 신용'이 56%, 인맥 17%, 주변의 도움이 7%였다. 남들보다 한 발 앞서 뛰고 더 많은 고객들과 더 자주 만나는 것이 바로 성공 비결이었다. 그들 중 61%는 일을 시작하고부터 1년 안에 힘든 시기를 겪었다고 답해 1년이라는 시간이 지나면 진정한 홀로서기가 가능했다는 얘기다.

세일즈맨이여,
자신이 힘들고 어려울 때
산에 한번 올라가라. 그리고 산 정상에서 내려다보라.
모든 것이 내 발아래 있고 모든 것이 그렇게 작아 보인다.
모든 것을 볼 수 있고 자신이 넘친다.
마음을 다지고 큰 소리로 한번 외쳐라.
나는 왕이다. 세일즈 왕이다.

이 책에서 필자는 직접 영업과 영업 관리 및 기획의 경험을 토대로 현장에 있는 세일즈맨들에게 도움을 주고자 했으나, 이것을 얼마나 제대로 담았는지 걱정도 앞선다. 하지만 이 책을 읽는 독자들이 넓은 아량으로 헤아려 주리라 믿는다.

독자들 모두 세일즈의 VIP, MVP가 되기 바라며, 부디 독자들이 가는 영업의 길에 꽃이 활짝 피고 열매 맺기를 진정으로 기원한다.

최광돈

삼성생명 지역단장과 풀무원 ECMD 영업 본부장을 거쳐 현재 멀티 컨설팅 대표로서 저
서로는 『회사생활 잘하는 기술 50』이 있으며, 기업체 직장인 및 세일즈맨들에게 '회사생활
잘하는 법', '성공하는 직장인', '프로세일즈', '비즈니스 마인드' 및 마케팅과 고객 관련 강
의, 저술, 기고활동을 하고 있다.
E-mail: chkdkd@yahoo.co.kr

프로 세일즈의 조건

영업에는 왕도가 없다? 아니다 프로세일즈는 왕도가 있다!

초판인쇄   2011년 8월 30일
초판발행   2011년 8월 30일

지은이   최광돈
펴낸이   채종준
기 획   강태우

펴낸곳   한국학술정보(주)
주 소   경기도 파주시 문발동 파주출판문화정보산업단지 513-5
전 화   031) 908-3181(대표)
팩 스   031) 908-3189
홈페이지   http://ebook.kstudy.com
E-mail   출판사업부 publish@kstudy.com
등 록   제일산-115호(2000.6.19)

ISBN   978-89-268-2516-7 13320 (Paper Book)
        978-89-268-2517-4 18320 (e-Book)

이담 BOOKS 는 한국학술정보(주)의 지식실용서 브랜드입니다.

.